FLUIR PARA NO SUFRIR

Ismael Cala

FLUIR PARA NO SUFRIR

11 principios para transformar tu vida

Primera edición: enero de 2022

© 2022, Ismael Cala
© 2022, Penguin Random House Grupo Editorial USA, LLC
8950 SW 74th Court, Suite 2010
Miami, FL 33156

Fotografía del autor: Rubén Darío, rubendario.biz / Cortesía de Ismael Cala
Ilustraciones: Gsus Monroy, @gsusmonroy / Cortesía de Ismael Cala

Impreso en México / *Printed in Mexico*

ISBN: 978-1-64473-483-4

22 23 24 25 26   10 9 8 7 6 5 4 3

✧

Este libro va dedicado a mis padres: Tania López, mi guerrera de la luz, e Ismael Cala, mi valiente gladiador de la mente. A mis hermanos Adonis y Alexis, con quienes he compartido una historia de fluir para no sufrir basada en herencias y predisposiciones. Los honro y los admiro por siempre buscar, como yo, la paz, la libertad y la felicidad. Y este libro es, especialmente, un tributo a Bruno Torres, timonel en tormentas y aguas mansas, en busca siempre de nuevas latitudes. Fue él quien un día me aconsejó ser más flexible, como el bambú. De allí nació mi pasión por entender los valores y cualidades que desde la bio-empatía podía aprender de la naturaleza y sus leyes universales.

Índice

Índice

Introducción

¿Es la vida una lucha o simplemente es? Lamentablemente, quizás para la mayoría de los seres humanos de este planeta —debido a un programa que se ha memorizado desde el condicionamiento temprano en la infancia y por el bombardeo de noticias catastróficas de su presente—, la vida es un proceso doloroso, cuesta arriba, donde sufrir es algo que se asume y la felicidad es un estado alucinatorio que se nos escapa a cada instante.

Recuerdo mis primeros años de vida en Cuba. Cuando alguien me preguntaba: "Ismael, ¿cómo te va?", sin saber de dónde salía la respuesta yo reproducía como un papagayo: "Ahí voy, en la lucha". Incluso en lo más sutil de mi vibración energética, no se sentía bien adoptar ese lenguaje que no solo implicaba aceptar, sino también recrear una realidad ya asumida de carencias, desesperanza y pesimismo.

Mi primer intento de sofocar esa penumbrosa visión de vida llegó de forma intuitiva, y yo trataba de quitarle fuerza usando un diminutivo. "¿Qué tal te va, Ismael?" "Ahí voy, en la luchita". Al descargar de drama no solo la palabra sino el tono en que la expresaba, la vida se me hacía menos tensa y más placentera.

Cuando estamos conectados a la fuente del amor y nuestro propósito es hacia el bien mayor, la vida se vuelve una maravillosa aventura que nos hace expandirnos, crecer y evolucionar desde lo más trascendente que somos, que es nuestra consciencia.

Este libro abre la ventana a ese fascinante mundo de preguntas profundas y simples; preguntas que nos invitan a diseñar una ruta con intencionalidad y nos garantizan nuestra pertenencia a esta realidad dual y tridimensional. Preguntas que nos formulamos sin olvidar que nuestra existencia es eterna, inocente, amorosa y está llena de dicha.

Pensando en la pandemia del COVID-19, me pregunto, como tantos otros: ¿qué nos ha pasado?, ¿cuánto hemos sufrido?, ¿qué enseñanzas se quedarán para siempre en nuestra memoria?

En 2020, el mundo entero se detuvo como por orden divina. Las calles quedaron semivacías, niños y maestros convirtieron los hogares en aulas, empresas y mercados bursátiles colapsaron, el desempleo creció a niveles alarmantes, hospitales y médicos se tensaron al máximo, cientos de miles de personas murieron y millones enfermaron. A diferencia de otras enfermedades con mayor mortalidad, lo que pareciera habernos puesto en alarma mundial en este caso es *lo incontrolable*. Sin previa consulta, la naturaleza nos arrancó de la "zona segura" y nos invitó a ser flexibles y a adaptarnos a una nueva realidad de forma vertiginosa.

El teletrabajo aumentó exponencialmente. Algunos sectores, como la televisión y los medios sociales, se reinventaron con escenografía hogareña, pero también los *call centers*, los bancos y muchas otras industrias. Mantener la actividad económica sin perjuicio de la salud colectiva se constituyó en un objetivo prioritario. Las rutinas diarias de las personas se quebraron y aumentaron sensiblemente las horas dentro de casa; ahora con un nuevo desafío: conservar la salud mental frente al aislamiento. La capacidad humana se puso a prueba, y la creatividad y la resiliencia pasaron a un primer plano. En muchos casos, la crisis fue la gran oportunidad de probar aquello que, hasta ahora, no nos atrevíamos a hacer por miedo al cambio.

Antes de la pandemia, nos disponíamos a disfrutar de un año redondo. Muchos hablábamos de la Visión 2020, haciendo una analogía con la idea de la vista perfecta, y enfocábamos las energías en un período prometedor y de grandes avances. Incluso la Organización Mundial de la Salud preveía un programa con el mismo nombre y su objetivo era eliminar la ceguera evitable. Por supuesto, todos sus planes se vieron trastocados, al igual que los nuestros.

Paradójicamente, hoy estamos frente a la oportunidad de evitar nuestra mayor "ceguera", que es ignorar los graves problemas de consciencia de la humanidad. Estos problemas persistirán más allá de la pandemia y son: el egoísmo, la avaricia y la apatía.

Hoy nos paramos frente al dilema de qué tipo de liderazgo queremos ejercer, tanto interno como externo. Porque, independientemente del lugar que cada persona ocupe en el tejido social, ya sea empresario, colaborador, emprendedor o esté de momento desempleado, lo que nos iguala a todos es que buscamos lo mismo: ser felices, sentirnos plenos. Y ese camino empieza por liderarse a uno mismo.

Fluir para no sufrir no es un simple eslogan, sino la síntesis de una filosofía de liderazgo holístico. Pero, cuidado: *fluir y aceptar* no significa dejar que las cosas pasen, sino *permitir que las cosas sucedan*.

¿Cómo sería esto? Generalmente nos encontramos en tres estados. El primero es de aburrimiento: estamos inquietos y esperando que pase algo excitante en nuestra vida y, al carecer de emoción, buscamos distracciones en la televisión o en las redes sociales. El estado contrario es de preocupación y ansiedad: se nos presenta una situación muy estresante, tenemos que terminar un trabajo o arreglar un problema y la presión se vuelve cada vez más intensa.

Sin embargo, hay un tercer estado. El psicólogo húngaro Mihály Csíkszentmihályi realizó una investigación en donde comprobó que la verdadera felicidad se encuentra justamente en el medio. Es en este punto donde se accede a la experiencia óptima llamada *fluir*. Una corriente de bienestar psicológico donde nuestras habilidades se encuentran alineadas con los desafíos que asumimos y donde incluso el tiempo pareciera detenerse.

A este estado llegamos no mediante una lucha descarnada que nos priva de paz y libertad, sino a través de una nueva propuesta de liderazgo bio-empático que son los *Once principios del líder bambú*. Estos plantean el camino de la transformación del ser humano en un líder capaz de generar una exponencial diferencia en su vida y en la de los demás.

Estos principios son el resultado de un proceso de investigación sobre el camino hacia la felicidad, la plenitud y la autorrealización del ser humano. Están basados en la observación de las propiedades de esa planta tan versátil y venerada que es el bambú. Muchos lo catalogan como una maravilla de la naturaleza; otros, más místicos, aseguran que es un regalo divino y que en su interior guarda la espiritualidad del Ser Supremo. Lo cierto es que el bambú se ha ganado ambas definiciones porque es una planta útil y, a la vez, de profundo contenido espiritual.

Te cuento solo una de sus cualidades: las semillas de algunas especies de bambú requieren de seis a siete años para germinar. En ese lapso, van creando una red de poderosas y profundas raíces. Solo cuando está listo su cimiento, brotan a una velocidad impresionante, y en cuestión de un mes, la planta puede alcanzar los tres metros.

Se trata de una perfecta parábola del liderazgo pues, para llegar a dar frutos, el líder necesita madurar y afianzarse en un consagrado proceso de autoconocimiento o autocultivo. Recuerda que la más importante inversión es aquella que haces para convertirte en la mejor versión de ti mismo, y que es esta la carrera que importa más. Este ha sido tu maratón de autosuperación consciente. Has ido creciendo y añadiendo valor a otros a tu paso, mientras que con tus huellas vas haciendo tu destino.

La determinación del bambú de lanzarse a conquistar las alturas luego de haber creado una sólida base en sus raíces es la clave para evaluar nuestra autodeterminación para crecer hacia la excelencia en la vida. En esta línea hemos diseñado un modelo de liderazgo de once principios que te ayudarán a convertirte en tu mejor versión tanto en tu casa como en el trabajo; tanto con tus amigos como frente a ti mismo, cuando nadie te ve. Aquí te los presento:

1. Integridad
2. Espiritualidad
3. Fuerza serena
4. Flexibilidad
5. Versatilidad
6. Pasión
7. Colaboración
8. Exponencialidad
9. Resiliencia
10. Consciencia-elevación
11. Gratitud

Mi intención es que este libro sea de consulta priorizada, no solo en tiempos de turbulencias globales, sino también en cada momento donde una decisión puede impactarte o influir sobre el grupo natural que te rodea. En los momentos de zozobra, estos principios pueden guiarte como un faro para tomar las decisiones adecuadas. Entre más cristalinos y firmes son nuestros principios, más difícil resulta violarlos por satisfacer una necesidad no cubierta. Y todos somos humanos.

Tras la experiencia de la crisis humanitaria que desató el COVID-19, todos los modelos están bajo revisión y el mundo es cada vez más VUCA (*Volatility, Uncertainty, Complexity, Ambiguity*; en español, Volatilidad, Incertidumbre, Complejidad, Ambigüedad). En este imperioso contexto en el que mucha gente ha perdido el norte, padece ansiedad permanente y recurre a los fármacos, *Fluir para no sufrir* te ayudará a desarrollar tu liderazgo en la llamada "nueva normalidad". Sin duda, esta "nueva normalidad" será mejor si desde la crisis sabemos gestionar nuestro crecimiento en el fluir, y redireccionar la resistencia que muchas veces nos frena o paraliza mientras otros se movilizan a la transfiguración creativa.

Lo que se pone en evidencia, en este escenario bisagra para la humanidad, es la falta de liderazgo *mindful* o la distorsión del liderazgo en su sentido más pleno. La ausencia de líderes con propósito y búsqueda de equilibrio mente-corazón-espíritu es lo que me motivó a crear, con nuestro equipo de investigadores de CALA ACADEMY, un nuevo modelo de liderazgo. Un modelo que empieza en lo individual, en casa, y luego se traduce a lo colectivo. Un modelo que te anima a hacerte cargo de tu propia vida y a no esperar a que otros la resuelvan porque te resulta más cómodo no colocarte en el *front desk*.

Cada quien es líder de su propia vida y de su comunidad. Mi propuesta es alejarme del paradigma de la búsqueda de un líder externo que resuelva los problemas, porque sencillamente: eso no funciona. Como dice John Heider en su libro *The Tao of Leadership*: "Todo crecimiento se expande desde un núcleo fértil". Y tú eres ese núcleo. Si quieres seguir esperando resultados mágicos que vengan de otras personas o de los astros, te recomiendo respetuosamente que detengas tu lectura en este renglón y tomes una suave respiración y reclames ese poder de crear, provocar y permitir todo lo que sucede en tu historia de vida. Si, por el contrario, lo que deseas es tomar las riendas de tu propia vida a otro nivel, te invito a que con alto entusiasmo continúes haciendo camino a través de las páginas de este libro.

IDENTIFICAR ÁREAS, ESTABLECER METAS

No hay dudas de que el cambio que deseamos ver en el mundo debe comenzar por nosotros mismos. Primero, en un proceso de introspección y autoconocimiento, de transformación de adentro hacia fuera, y nunca en sentido contrario. De ello trata justamente este libro, que aporta las claves para asumir el liderazgo bambú a través de principios de vida.

Para evaluar nuestros resultados, necesitamos identificar las áreas a mejorar y establecer nuevas metas. Es aquí donde la Rueda de la Vida ejerce su mejor papel.

La rueda es una simple pero poderosa herramienta visual y reflexiva en un proceso de mentoría y *coaching* individual que acelera la claridad de nuestra visión de los aspectos que forman parte de la vida y, además, mejora nuestro nivel de satisfacción y el tan ansiado equilibrio de todos los aspectos. La técnica fue originada por Paul J. Meyer, pionero en el área de desarrollo personal y profesional y fundador del Success Motivation Institute. Sin embargo, el origen de la representación gráfica de las áreas vitales se remonta al budismo, donde existe una rueda de la vida tibetana o rueda del karma.

La Rueda de la Vida favorece una toma de consciencia sobre el momento vital en que nos encontramos y los aspectos en los que debemos trabajar y mejorar para alcanzar una mayor satisfacción. Esta herramienta es muy útil y sirve para:

- Obtener una perspectiva de las esferas que conforman nuestro día a día.
- Identificar la importancia que otorgamos a cada una de ellas y cuáles precisan de un mayor trabajo.
- Facilitar el proceso de toma de decisiones respecto a qué áreas debemos mejorar.
- Estimular la acción. Clarificar la dirección en la que debemos focalizar las energías.

Te invito en este momento a que elabores tu propia Rueda de la Vida, ya que será una herramienta que utilizaremos como referencia a lo largo del libro. ¿Cuánto hace que no tomas un lápiz? Pues este es el momento de revivir a tu niño dibujante dormido. Te explico cómo hacerlo en cinco pasos muy sencillos:

I. Representar las áreas en un círculo

En primer lugar, dibujas un círculo y lo divides en diferentes segmentos o porciones, que representan las diferentes esferas de tu vida. El nombre de las áreas se escribe fuera del círculo. No existe un número establecido y fijo de divisiones. Aun así, normalmente se analizan ocho áreas:

- Crecimiento personal / Espiritualidad
- Familia / Amigos
- Salud / Cuidado físico
- Trabajo / Estudios
- Finanzas / Dinero
- Relaciones de pareja
- Ocio / Recreación
- Servicio / Contribución a la sociedad

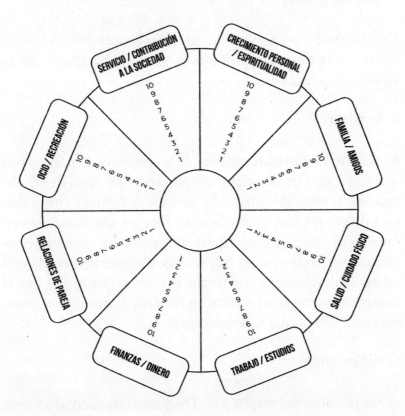

2. Puntuar cada área

Elige una puntuación para cada uno de los aspectos trazados, de acuerdo con el grado de satisfacción que sientes respecto a ellos. El rango va del número 1 al 10, siendo 10 la máxima puntuación. Cuanto más baja es la puntuación, el área se sitúa más hacia el centro (insatisfacción). Y cuanto más elevada la puntuación, más cerca estará el área con respecto al borde. En caso de obtener la calificación más alta, el área se situará directamente sobre el borde (satisfacción plena).

3. Unir los puntos

La siguiente fase implica la unión de los puntos o puntuaciones, y la observación de la forma que ha adquirido tu Rueda de la Vida.

4. Analizar

Si el dibujo o forma resultante de las líneas es armónico y se asemeja a un círculo, significa que existe un nivel de equilibrio en tu vida. Por otro lado, cuando la forma es irregular, con diversos picos y altibajos, se revelan aquellas áreas en las que necesitas trabajar para aumentar los niveles de satisfacción. Lo normal o habitual es obtener una rueda con aspectos desiguales y con forma irregular, que indica que el esfuerzo y tiempo invertidos en esa área, hasta el momento, no están siendo del todo efectivos.

5. Reflexionar

¿Qué percibes del resultado? ¿De qué te das cuenta? ¿Existe algo obvio que ya no puede ser "evadido"? ¿Cuáles son las áreas que más necesitas apuntalar en tu Rueda de la Vida? ¿Qué estrategias utilizaste hasta el momento en las áreas donde no obtienes satisfacción y que no te han funcionado?

El último paso de la Rueda de la Vida es establecer un plan de mejora y de trabajo en aquellas áreas que lo requieren. A medida que avances en este libro, irás registrando los elementos para elaborar un plan de acción que dé mayor armonía a tu vida y fortalezca tu estilo de liderazgo.

En geometría, el círculo es una figura que representa la armonía perfecta. En la vida real, la perfección no existe. Pero el encanto está en acercarnos a la armonía de la rueda para que el paseo por la Tierra sea cada vez más placentero. La rueda propicia nuestra toma de conciencia de las luchas y resistencias que necesitan ser trabajadas y liberadas, de modo que un área afectada pueda fluir en armonía con las otras. Ese debe ser cada día nuestro trabajo consciente en un mundo que nos distrae, segundo tras segundo, con falsos poderes y recompensas inmediatas.

CAPÍTULO 0

La arquitectura del ser

**Los analfabetos del siglo XXI no serán aquellos
que no sepan leer ni escribir, sino aquellos que no
puedan aprender, desaprender y reaprender.**

—ALVIN TOFFLER citando a Herbert
Gerjuoy en su libro *Future Shock*

No es un secreto para nadie la necesidad que tiene el ser humano de descubrirse para luego conocerse a sí mismo. ¡Lo que primeramente no se descubre, nunca se conoce! No hay que ir a ninguna universidad para saberlo. Aunque descubrirse y conocerse no son sinónimos, la relación entre ambos términos es muy estrecha, por cuanto el conocimiento se sustenta en un proceso de descubrimientos continuos.

Podemos descubrir algo sin pretenderlo, por una simple jugarreta del sincrodestino, pero no tenemos que llegar, por obligación, a conocer ese "algo". Te pongo un ejemplo: Colón descubrió América cuando intentaba llegar a lo que llamaban las Indias Orientales; sin embargo, si no se hubiese bajado de las carabelas y puesto pie en tierra, jamás habría conocido el nuevo mundo. ¡Para nada hubiera servido su descubrimiento!

Los mercaderes medievales cuando transportaban el vino en barcos lo hervían antes para que el agua se evaporara y el volumen del líquido fuera menor. Lo que transportaban en sus barriles era la esencia del vino, y cuando llegaban a su destino le volvían a echar agua.

Una noche, a un marinero aburrido se le ocurrió beber esa esencia y, con solo un par de copas, agarró una borrachera inolvidable. Sin saber lo que bebía, descubrió el brandy, licor de uvas, extraído de la destilación del vino.

Si ese marinero curioso y borrachín al día siguiente no hubiera contado lo que provoca beber la "esencia del vino", posiblemente hoy no se conocería el brandy; pero, al compartir su "descubrimiento", indujo a que todos se interesaran en esa bebida… ¡Y de qué manera!

A partir de ahí, el ser humano, bendecido por el Dios Baco, averiguó cuál era la mejor uva para fabricarlo, la temperatura y los suelos idóneos, y otra serie de requisitos que exige la uva para que salga de ella el mejor brandy. Hoy el descubrimiento de aquel marinero es nada menos que un licor demandado en todo el mundo.

Cuentan también que cuando ese marinero llegó a su pueblo, le contó al cura su descubrimiento. Lo hizo con un noble propósito, porque sabía que el vino se utilizaba en determinados oficios religiosos. El marinero seguramente pensó: "Si el vino es bueno para los oficios religiosos, esto que bebí, más puro y sin agua, debe ser mucho mejor". El cura, que era complaciente con sus feligreses, bebió un par de copas para comprobar lo que decía el marinero. Como te imaginarás, se embriagó de tal manera que, según dicen, ni siquiera pudo oficiar la misa de ese día.

Con esto quiero decirte que para que un descubrimiento manifieste su valor y se convierta en algo útil, exige después un análisis valorativo y consciente de lo descubierto.

Igual sucede con los seres humanos. Cuando descubrimos algunas de nuestras cualidades, necesitamos desarrollarlas a través de la práctica y de un autoestudio valorativo, constante y consciente, para sacarle provecho.

Por lo tanto, no solo tienes la obligación de autodescubrirte como ser humano, sino también de autoconocerte. ¡Tu autodescubrimiento de nada sirve, si no lo tomas como el primer paso hacia tu autoconocimiento consciente!

Este interés por el autoconocimiento no es una corriente esnobista hija del nuevo milenio. ¡Nada de eso! Hace más de tres mil años, en el vestíbulo del Templo de Delfos que estaba dedicado al dios griego Apolo, ya se leía la frase: "Conócete a ti mismo".

La gente iba hasta allí para que el famoso oráculo de Delfos le dijera cuáles eran sus responsabilidades como seres humanos, y así no sobrepasar la frontera que los separaba de las responsabilidades de los dioses. El primer consejo que le daba el oráculo era: "Conócete a ti mismo". ¿Por qué?

Porque si te conoces a ti mismo, de lo primero que te enteras es de que no eres un Dios. Descubres que eres mortal e imperfecto, y que solo de ti depende ser mejor y triunfar fluidamente en esta experiencia terrenal de seres hechos de energía, y con un cuerpo físico que nos ha sido prestado para experimentar dolor y placer, pasado, presente y futuro.

Por el año 400 antes de Cristo, Sócrates también repetía la misma frase a sus discípulos, porque, según decía: "Solo podrás aprender a cuidar de ti, si te conoces". Repito, para que lo leas de nuevo: "Solo podrás aprender a cuidar de ti, si te conoces".

Esa afirmación de Sócrates es cierta, pero para empezar a cuidar de ti, cada acción dedicada a autoconocerte debe ser consciente, no hay cabida para el azar. Una buena forma de hacerlo es a través de lo que llamo "la Arquitectura del Ser". Esto es un mapa del crecimiento humano sustentado en decenas de investigaciones de psicólogos, sociólogos, médicos y científicos, tanto modernos como de la antigüedad. Su intención es describir el proceso de transformación y consciencia que ocurre en un ser humano.

Quiero agradecer a todas las fuentes de las que he bebido para llegar a esta conclusión y este modelo. Estos estudios e investigaciones confirman, ante todo, que no podemos delimitar el crecimiento de los seres humanos en una cifra de años, sino en las diferentes etapas por las que atraviesan en la vida.

La Arquitectura del Ser contempla siete fases que nos llevan desde el nacimiento hasta el despertar de la consciencia.

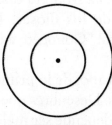

NACIMIENTO   DOMESTICACIÓN

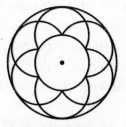

HURACÁN DE   SALTO AL ABISMO   TOCAR FONDO
PRESIÓN SOCIAL

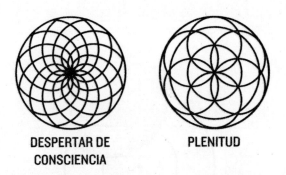

DESPERTAR DE
CONSCIENCIA   PLENITUD

Quiero explicarte cada fase en detalle porque muchos nos veremos identificados en algunas o quizás en todas. Y digo que "quizás" en todas porque, aunque todos nacemos, no todos conseguimos llegar a la plenitud y así sentir que tenemos una razón de ser, un propósito que nos rebasa como personas y nos entrega al bien mayor. Así que hay mucha gente que se queda perdida en la hierba después del nacimiento, sin poder trascender nunca la domesticación a la que todos somos sometidos por la sociedad. La Arquitectura del Ser nos prepara para estudiar los once principios del líder bambú, en el camino de fluir para no sufrir.

Fase I. Nacimiento

Es el único momento del ciclo natural de la vida que contempla la Arquitectura del Ser, ya que marca el inicio de la potencialidad creativa del ser humano.

En esa instancia de vida temprana, somos inocentes, llenos de pureza, sin prejuicios o falsos valores. Aún no nos han manipulado y disponemos de la máquina de aprendizaje más poderosa del universo: el cerebro de un niño. Adicionalmente, la coherencia entre la mente no deformada y nuestras acciones nos lleva a un estado alto de integridad. No reconocemos la diferencia entre lo correcto y

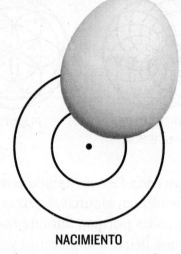

NACIMIENTO

lo incorrecto, lo moral y lo amoral, lo lindo y lo feo, y crecemos bajo el concepto de sintropía exponencial.

Los científicos dicen que tenemos, como promedio, 37 mil millones de células en el cuerpo. La sintropía exponencial es la capacidad innata que hay en cada una de las células de los organismos vivos para desarrollar y explotar el potencial infinito que hay en ellas. Si lo piensas, son tan solo dos células las que inician el proceso de formación de una criatura. Poco a poco se van multiplicando a una velocidad exponencial y en solo nueve meses aproximadamente nace un bebé.

La sintropía plantea la capacidad de replicarse, formarse y buscar el máximo de potencial de la célula como organismo libre e independiente que, al mismo tiempo, colabora con otras para formar tejidos y organismos vivos. Esa sintropía exponencial viene con nosotros. Solo alrededor del 5 % de las personas que nacen en el mundo tiene algún tipo de precondición genética. El resto de las enfermedades son causadas por nuestros estilos de vida. Ten en cuenta que el 95% de las personas que vinimos al mundo no llegamos con una deficiencia genética, cromosómica, que nos provoca una necesidad especial en nuestro diseño de vida.

¿Qué nos impide entonces ser como las células, libres y expansivas, en cada espacio y oportunidad de crecimiento que tenemos a lo largo de nuestra vida?

Fase 2. Domesticación: comienza el sufrimiento

¿Qué pasa después de que esa estrella luminosa que es el nacimiento llega a la vida? Se inicia el proceso de educación, que también podemos llamar "domesticación". Algunos le llaman edu-castración porque en la transferencia de normativas y expectativas sociales a ese bebé, comienza su adaptación funcional a la tribu y también al sufrimiento. Y el sufrimiento es el tema central de este libro.

DOMESTICACIÓN

Estamos acostumbrados a utilizar el concepto de domesticación en animales. ¿Llevaste alguna vez un cachorrito a tu casa? ¿Qué sucedió a partir de ese momento? El cachorro corre, se come los muebles, hace sus necesidades en todas partes y entonces comenzamos a domesticarlo... ¡Siéntate! ¡Párate! ¡Aquí sí! ¡Aquí no! ¡Come! Etcétera.

El proceso de domesticación de los animales se asemeja al que vivimos los humanos. A partir del nacimiento, padres, familiares, escuela, sociedad, religión y cultura van modelando nuestra manera de ser y estar en el mundo en modos que, probablemente, nada tienen que ver con nuestra esencia. Nos inculcan creencias y valores con el fin de que nos integremos, sin traumas, al entorno.

Esta etapa es crucial, pues comenzamos a darnos cuenta de nuestras diferencias con el resto de los animales. Aunque existen varias teorías, la más sustentada es que, a partir de los siete años, comenzamos a razonar. Por lo general, antes de esa edad actuamos miméticamente, es decir, como el resto de los animales: hacemos lo que vemos. Y somos literalmente esponjas que absorben todo y descargan todo lo que viven para crear su personalidad.

El poder mimético, unido a la pérdida de la virginidad de la mente, hace que la persona comience a imitar acciones, comportamientos y puntos de vistas ajenos. En esos años la realidad personal crea nuestra personalidad.

Como te digo en mi libro *La vida es una piñata*, desde que nacemos nuestro cerebro comienza a llenarse como una piñata vacía. ¿Por qué? Porque todavía no tenías consciencia, ni siquiera tu cerebro se había desarrollado del todo cuando ya te estaban poniendo golosinas, caramelitos y cosas envueltas. Cosas que ni siquiera sabrás quién las puso. Algunas las identificas, pero otras no, ¿verdad? Y tampoco sabes qué tienen dentro. ¿Te suena alguna de estas?: "Tú no puedes", "Eso no es para ti", "No soy merecedor", "Eres muy joven para…", "A esta edad ya no puedo", "El dinero es sucio", "Los hombres no lloran"… Y tantas otras.

Al "comprarlas", las creencias se van instalando en lo más profundo de nuestro inconsciente y, a partir de allí, vamos creando nuestra autoimagen y nuestros pensamientos. Las creencias no son ni buenas ni malas, sino que unas nos abren posibilidades y otras nos limitan. Al igual que las emociones, hay dos tipos de creencias: las que se sienten bien y me hacen bien, y las que se sienten mal y me hacen mal. Esas que nos limitan nos generan sufrimiento ya que, lejos de conectarnos con nuestra esencia extraordinaria y con el desarrollo del inmenso potencial de creación que traemos al nacer, nos alejan de todo ello.

Entonces, nuestra mente ha sido y es una piñata. Y dejará de serlo cuando hayamos tomado la decisión de iniciar un "despertar de consciencia" y seamos capaces de explorar qué somos, tanto en nuestra mente consciente como en la subconsciente.

➡ **TE INVITO A PREGUNTARTE:**

¿Identificas conscientemente si existen dentro de ti autojuicios o creencias limitantes producto de tu domesticación?

¿Cuáles son esas creencias que hoy te impiden hacer aquello con lo que sueñas?

¿Qué tanto contribuyen esas creencias a relacionarte desde el alma contigo mismo y con el otro?

Fase 3. Huracán de presión social

Una vez que nos han domesticado y aprendemos a respetar las opiniones de los demás, porque nos inculcan que son las correctas, entramos en un proceso destructivo.

¿Por qué aceptamos este proceso al que nos somete la presión social?

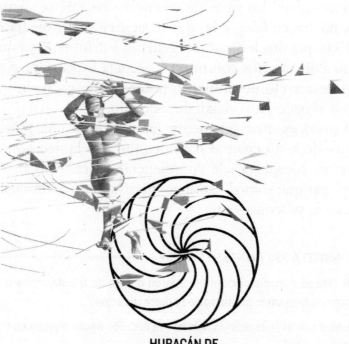

**HURACÁN DE
PRESIÓN SOCIAL**

Lo aceptamos porque los seres humanos necesitamos pertenecer a una "tribu" y nos domina el instinto gregario. Recuerda que somos manejados por tres instintos básicos: el de conservación, el sexual y el gregario. Este último nos define como seres que necesitan vivir en colectividad.

Por lo tanto, el ser humano, por lo general, cae más en el "yo aparento" que en el "yo soy". Y así disuelve su identidad porque comete el error de querer parecerse a los demás, en vez de intentar ser auténtico y aceptar la diversidad dentro de la colectividad.

En la adolescencia, cuando uno aspira y crea independencia de sus padres —aunque viva con ellos— se da cuenta de que quiere comerse el mundo. Esta etapa es verdaderamente compleja. Nos encontramos perdidos entre pensamientos propios y ajenos que, unidos a las hormonas y al crecimiento de la autonomía, hacen que parezca que nos estrellamos contra una muralla medieval.

Es entonces cuando pronunciamos la famosa frase: "El mundo está contra mí". ¿Quién no lo ha dicho? Y es que todos somos conscientes de que si nos mostramos como somos realmente, el mundo nos podría rechazar. Al menos esta es la falsa percepción que tenemos cuando nuestra necesidad de aprobación externa es mucho más grande que nuestro amor propio. Por esa misma razón se interpreta a los adolescentes como "rebeldes", porque al adolecer de autonomía están aprendiendo a crear la propia o, lamentablemente, a comprar la de otros. Esto ocurre cuando prevalece la necesidad no consciente de "pertenecer" a un grupo o una tribu.

Recuerda un momento de la adolescencia en el cual sacrificaste tu propia identidad, aparentando ser lo que no eras, con el fin de pertenecer a un grupo y ponerte a tono con el entorno. Reflexiona unos minutos sobre ese momento, identifica cómo y por qué buscabas aprobación para poder integrarte a tu realidad más cercana.

➡ **PREGÚNTATE:** ──────────────────────────

> ¿Qué experiencias te proporcionó esa manera de actuar? ¿Estabas persuadido de que actuabas movido más por el interés de "aparentar" que por el de ser tú mismo? ¿Lo hiciste conscientemente? ¿Buscabas aceptación? ¿Se repite ese patrón de comportamiento en algún ámbito actual de tu vida? ¿En cuál?
>
> En tu tribu actual, ¿quién te apoya para que logres ser tu mejor versión? ¿Quién sabotea tu proceso de crecimiento interno?

Durante la etapa número tres de la Arquitectura del Ser, acatamos aquello que los demás esperan de nosotros y acallamos la voz interior, porque esa presión social rige nuestra manera de actuar.

Es muy difícil salir de esta fase, porque hay que enfrentar un instinto básico: el gregario. Ahora bien, debes entender que actuar como un ser independiente no contradice ese instinto. Simplemente, lo que hacemos es impedir que la colectividad nos disuelva como seres únicos e individuales.

Uno se reinventa, evoluciona desde el ser saltando al vacío.

Fase 4. Salto al abismo: autoconfianza perdida

¿En qué consiste este salto? Es un salto de baja energía, de poca fe y anorexia creativa, porque lo damos después de perder la identidad y el rumbo y, a través de él, nos desconectamos por completo de nuestra esencia.

Durante el salto al abismo vives como un autómata. Pierdes todo poder de liderazgo. Todo ese potencial creativo que vino contigo cuando naciste, se queda estancado, y esto se refleja en los diferentes ámbitos de la vida. Te quedaste

SALTO AL ABISMO

en el "modo supervivencia", como piñata inerte, esperando que un palazo o el jalón de las cuerdas (es decir, los eventos externos) te hagan reaccionar. Eres incapaz de conectar con tu alma y con la de otros. Vives desde un ego herido y maltratado, un ego que te separa del amor y la fuente del amor. Se incrementan y justifican los miedos y las inseguridades y perdemos la autoconfianza. Allí es cuando uno, sin darse cuenta, comienza a convertirse en víctima de sus circunstancias y de sus realidades, esas que se crearon a partir de nuestras creencias y a las que buscamos sobrevivir. En otras palabras: empezamos a sentir insatisfacción y actuamos de forma mediocre.

La famosa actriz Drew Barrymore, célebre por su actuación de niña en *E.T.*, relata en su autobiografía *Little Girl Lost (Pequeña Niña Perdida)* cómo se perdió en el alcohol y las drogas a los 14 años. Según dice, creció demasiado rápido para poder estar a la altura de lo que su entorno le exigía, y así perdió su inocencia.

En medio de esa pérdida de energía y de esa poca fe, nos sentimos desorientados, sin brújula, y comenzamos a buscar algo afuera de nosotros que no sabemos bien qué es. El problema ahora consiste en que buscamos en los lugares equivocados y tomamos como vías de escape aquellas soluciones paliativas que nos hacen terminar bajo el flagelo de las adicciones. Esto último es sintomático de esta etapa, y no solo me refiero a las drogas (como fue el caso de Drew), sino también a otras adicciones, como el trabajo, la televisión, la comida, el sexo o la internet. ¿Cuántas horas improductivas estamos dedicando a las redes sociales y a las nuevas tecnologías?

En esta etapa de salto al abismo también se presenta la señal de que "haces más de lo que eres"; es decir, estás más en el hacer (vivimos constantemente en el afuera) que en el ser, ya que quedarnos en el ser nos genera incomodidad. Nos sentimos ajenos a nosotros mismos.

Estamos presos, como dije antes, de la realidad que hemos creado inconscientemente. ¿Crees que eres el único que se ha sentido perdido, en soledad, o en pleno caos mental? Cerca de 264 millones de personas sufren depresión, según la Organización Mundial de la Salud. Nuestra mentalidad se queda atrapada en esos traumas de la infancia y encontramos la excusa perfecta para no avanzar. ¿Cuántos de nosotros nos hemos quedado atrapados en el pasado?

Esta etapa pide a gritos un cambio, pero el cambio debe encontrarse dentro de nosotros mismos. ¡Tú mismo eres el único capaz de generar ese cambio en ti, aunque requiera ayuda externa! Pero, en muchas ocasiones, antes de tomar consciencia de la necesidad de ese cambio, es necesario tocar fondo.

> **➡ PERMÍTETE REFLEXIONAR:** ─────────────
>
> ¿Qué trauma generado en el pasado está pesando en tu poder de actuar?
>
> ¿Qué creencia limitadora está detrás?

Fase 5. Tocar fondo: desconexión total con el alma

Cuando intentamos salir de una manera equivocada de ese letargo, tocamos fondo, ampliamos la crisis de identidad y, lo peor, no comprendemos por qué nos sentimos vacíos. Nos disolvemos en una sociedad que de por sí es discordante.

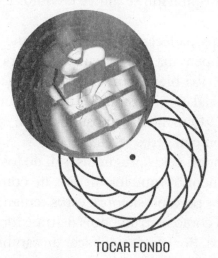

TOCAR FONDO

Según los psicólogos, esta etapa puede durar hasta los 30 años. Es más, dicen que el despertar de consciencia sucede entre los 30 y los 60 años. Hay quienes despiertan mucho antes, y hay algunos a quienes la transición de la muerte les sorprende todavía en un mundo de lucha, tribulaciones y responsabilidades. Los segundos aún operan con el guion socialmente construido para las masas y todavía tienen su enfoque centrado en la supervivencia.

Cuando cae un objeto al piso, un dicho popular afirma: "De ahí no pasa". Esto nos sucede a nosotros mismos. Cuando damos un salto al abismo acabamos, eventualmente, tocando fondo.

Tocar fondo es una experiencia que puede manifestarse en varias áreas de la vida. Podemos fracasar en la vida afectiva porque, en vez de compartir en plenitud, buscamos llenar nuestro vacío con otras personas. Nos sentimos insatisfechos en el trabajo porque perdemos la conexión entre nuestro propósito y lo que hacemos. Perdemos el entusiasmo en nuestros emprendimientos cuando dejamos de disfrutarlos y la inspiración se diluye en dolor e impaciencia infértil.

En esta etapa padecemos de una perenne insatisfacción. Yo en 2012 pensaba que lo tenía todo. Era un comunicador al que le iba bien, tenía "éxito", pero comencé a preguntarme: ¿Cuál es mi misión? ¿Qué es lo que realmente me hace feliz? ¿Qué me da la posibilidad de conectar de corazón a corazón con otros seres humanos?

Tras responder a esas preguntas, salí de los falsos mitos del éxito y encontré que los medios de comunicación sí eran mi pasión, pero no siempre estos tenían un fundamento profundo como instrumentos de transformación de los seres humanos. Por eso decidí hacer un cambio e incluir en mi faceta de comunicador la voluntad de hacer la diferencia en el mundo a través de un liderazgo más consciente. Junto a esto, también me he propuesto integrar lo que he aprendido del desarrollo humano no solo en mi vida, sino también en la de los otros. Tocar fondo es un proceso distinto en cada persona. En algunos ocurre de modo traumático y en otros de un modo más sereno. Para los últimos es posible una toma de conciencia desde la inspiración y no únicamente desde el dolor y la desesperación.

En tu caso, ¿cómo fue? ¿Has tocado fondo alguna vez en tu vida? Te pido que identifiques ese momento y respondas con sinceridad:

¿Cuál fue la causa? ¿Cuánto tiempo estuviste atrapado en esa fase? ¿Cómo comenzaste a salir? ¿Qué experiencias ganaste? ¿Crees que pudiste haberlo evitado? ¿Cómo?

Fase 6. Despertar de consciencia: reconciliación al rescate del ser

En esta fase autodescubrimos y rescatamos nuestro ser. Llegamos a autoconocernos, por lo que recuperamos la energía perdida, nos elevamos a un estado de consciencia superior y potenciamos nuestra inteligencia.

DESPERTAR DE CONSCIENCIA

En este punto, es preciso aclarar la diferencia entre las definiciones de *consciencia* y *conciencia*.

Consciencia, según la Real Academia Española, es el conocimiento inmediato o espontáneo que el sujeto tiene de sí mismo, de sus actos y reflexiones; es el acto psíquico a través del cual el sujeto se percibe a sí mismo en el mundo. A ella nos referimos cuando decimos que "tomamos consciencia" o "nos damos cuenta" de algo.

Por su parte, conciencia (sin "s" intermedia) es el conocimiento del bien y del mal que permite a la persona enjuiciar moralmente la realidad y los actos, especialmente los propios. A ella nos referimos cuando decimos que tenemos "cargo de conciencia".

Pero como este viaje no se trata de cargas sino, más bien, de ir soltando el exceso de equipaje, a partir de ahora me referiré mayormente al concepto de "consciencia", con la "s" intermedia.

La consciencia muestra cómo el ser humano puede ser sujeto y objeto de una determinada acción al mismo tiempo. Por ejemplo: las personas vemos a través de los ojos, pero, a la vez, nos damos cuenta de que estamos viendo. Es decir, existe una toma de consciencia respecto a dicho acto.

Mirar y oír son dos acciones naturales del ser humano. Inconscientemente, a través de la vista y del oído, recibimos a diario decenas de miles de estímulos externos; ahora bien, cuando ejercemos ambas acciones de manera consciente, más que mirar y oír, lo que hacemos es observar y escuchar, porque, como dije antes, tomamos consciencia respecto a ambos actos.

Consciencia no solo es darle rienda suelta a la capacidad de pensar; es darnos cuenta de que estamos pensando. Es esto a lo que yo llamo activar el "observador consciente". Esto es lo que diferencia al ser humano del resto de los animales: la capacidad de reflexionar sobre su propia existencia debido a que es capaz de existir de manera consciente. ¡La única especie animal que conoce lo que es, es la especie humana!

Tomando como referencia la mente, producto inmaterial del cerebro, podemos afirmar que la consciencia es la manifestación de la mente "atenta". Es la parte de la mente que se encarga de percibir la realidad, de juzgarla y recordarla. Existe también la mente subconsciente o inconsciencia, que conoce y guarda las experiencias vividas por la mente consciente. Es algo así como un almacén en constante movimiento, un disco duro que recoge cada uno de nuestros pasos por el mundo.

A mayor consciencia de lo que somos y de lo que generamos, mayor libertad, y menor poder damos al piloto automático del inconsciente. Cuando a Buda le preguntaron: "¿Quién eres?", negó ser un dios o un hombre. Dijo, según varias traducciones: "Soy el despertar", "soy un ser despierto" o "soy un ser consciente". ¿Y a qué se refería Buda? Pues, al despertar de la consciencia. Y esto solo lo logras a través de un profundo proceso de autoestudio.

Varios investigadores del tema explican en sus publicaciones que la consciencia tiene los siguientes atributos: equilibrio, automotivación, coherencia, intuición, creatividad, inspiración y la visión de trascender. Por esos atributos, en esta etapa adquirimos el control de nosotros mismos y por fin logramos saber quiénes somos, qué queremos, hacia dónde vamos y qué nos proponemos.

¿Conoces al dios romano Jano? Inicialmente era un guerrero cuya valentía y dedicación le llevó a fundar la ciudad Janículo. Cuando el dios Saturno fue destronado por su hijo Júpiter (a quien en la mitología griega conocemos como Zeus), se escondió en el reino de Jano. En agradecimiento, le concedió a Jano el poder de ver el futuro y el pasado para que pudiera tomar decisiones justas. También se le considera a Jano el dios del comienzo y el final, ya que le da nombre al primer mes del año, enero, *Januarius* en latín.

Como el dios Jano, en esta etapa miramos nuestro pasado. Se purgan los pensamientos enquistados, se procesan los traumas, se sanan y aceptan las heridas, se conecta con la matriz que es nuestra madre naturaleza. Pero, sobre todo, se revela un *dharma*, *ikigai* o llamado de vida en ese día maravilloso cuando sabes para qué naciste.

En conciencia plena, estamos abiertos a llegar a la etapa de Plenitud.

7. Plenitud: crecimiento y contribución

Esta es la fase más alta de la Arquitectura del Ser, la más desafiante.

No es imposible llegar a ella, pero se requiere de voluntad, esfuerzo fluido, inteligencia espiritual y valentía. Confieso que como humilde mortal con mentalidad de principiante, sigo cada día en la práctica para llegar a ese deseado punto vibracional en conexión con la Fuente de Amor. Ante todo, debemos autodescubrirnos, detectar habilidades y oportunidades de cambio, así como todo lo que nos impide avanzar en la ruta de la excelencia, la felicidad y el bienestar.

El término *felicidad* es interpretado de muchas formas, pero cada vez que me refiera a él apelaré al principio del "funcionamiento humano óptimo". Este principio implica que los seres humanos vivamos en un estado productivo, creativo y saludable. Algunas personas confunden felicidad con euforia. La verdadera felicidad es endógena al igual que la alegría que produce desde dentro de nuestro ser al sentirnos conectados, sintonizados al vórtice del amor, el servicio y la gratitud. Ese concepto de felicidad expresa la dicha que fluye desde el corazón.

PLENITUD

En la plenitud, el éxito se convierte en una fórmula perfecta que suma crecimiento y contribución. El servicio a los demás y la abundancia se mantienen como premisa de beneficio.

La información y el conocimiento son precursores de la transformación. Nadie se transforma si no cree en el conocimiento y la información que está percibiendo, y en el beneficio y la utilidad que le proporcionan llevarlos a la acción. Se trata de "creer, crear, crecer", una filosofía de vida que he aplicado en mi día a día y que he llevado por toda Latinoamérica a través de los seminarios con el mismo nombre.

Esta filosofía la dividimos en tres partes. La primera es la base para poder cumplir nuestros propósitos. Como vimos, una creencia es la aceptación de una idea u opinión que consideramos verdadera, y que determina el conjunto de juicios y criterios que tenemos de nosotros mismos y del mundo que nos rodea. Un pensamiento generalmente cuando nace es aún débil en intensidad vibracional, y cada vez que se repite en tu mente gana fuerza. Ese mismo pensamiento se hace más importante en tu psique con la repetición y frecuencia en que le permitas rumiar en tu mente. Si nada le detiene, será pronto un pensamiento dominante y solo bastará un salto para que este se sedimente en tu subconsciente como una creencia adoptada. Si esa creencia nos limita en lugar de abrirnos paso para desarrollar nuestro potencial, poco o ningún resultado positivo obtendremos por mucho que nos empeñemos en salir adelante. Por esa razón, insisto en la necesidad de sustituir viejas creencias limitantes por otras que nos empoderen. Tenemos la capacidad de cablear de nuevo los hilos o sinapsis del cerebro que forman nuestro aprendizaje o aquello que llamamos nuestra verdad.

En esta línea, me gusta mucho pensar que la intención meditada es el auténtico poder que da vida a nuestros deseos. ¿Qué quiere decir esta afirmación? Quiere decir que para alcanzar un objetivo no basta solo con desearlo, sino que necesitas tener una determinación consciente para hacerlo realidad, para manifestarlo, para "crearlo". En definitiva: creerlo para crearlo. Vibrarlo para sentirlo manifestado.

Una vez que cambies tu chip e instales el nuevo software, o sea, las nuevas creencias, estarás en capacidad de crear tu propio camino hacia la plenitud y la autorrealización, porque crearás, como ser consciente, exactamente aquello en lo que crees. Incluso aquí en esta tarea de cambiar creencias tampoco debe haber lucha o resistencia, sino quitar atención y energía a la que ya no deseas para llevar tu atención a la nueva forma de pensar y sentir que deseas. Aquella creencia a la que dejas de prestar atención se debilita hasta hacerse una pálida memoria de quien eras. La nueva creencia a la que dedicas tiempo y práctica se hace cada vez más automatizada dentro de tu memoria donde, en corto tiempo, ya son tu cuerpo y tu subconsciente quienes corren ese nuevo programa.

Llegado a este punto, me gustaría que identificaras una acción que realizaste sin creer verdaderamente en ella, y te preguntes:

¿Cuáles fueron sus resultados? ¿Qué lección aprendiste?

¿Están hoy tus intenciones alineadas con la realidad positiva que quieres crear?

Es curioso que hasta la gramática conspire para que la unión vital entre creer y crear sea imposible de destruir. Como debes haberte dado cuenta, ambos verbos se conjugan igual en el presente de la primera persona del singular: "Yo creo".

Ahora bien, en medio de este aparente juego de palabras, ¿cómo queda el tercer término? Crecer.

Crecer viene siendo el alumbramiento, resultado del matrimonio entre el creer y el crear. Es la criatura que crece en la medida en que más creemos y más creamos. Cuando armonizas la confianza en ti mismo con las funciones del creer y el crear, creces y ganas en desarrollo personal, tomas el control de tu vida y te transformas en un ser humano más pleno.

En este sentido, me parece muy inspirador el ejemplo de Hellen Keller, escritora y activista norteamericana. Ella, una mujer ciega y sorda, fue capaz de expresar: "Cuando una puerta de felicidad se cierra, se abre otra; pero a menudo no la vemos porque seguimos mirando la puerta cerrada".

Quien no cree en sí mismo ni en lo que hace, mantiene la vista fija en la puerta cerrada y jamás traspasará el umbral de la felicidad. Vive, más que con la creencia, con la convicción de que no lo logrará y, lamentablemente, tiene razón. Porque si cree que no lo va a lograr, pues ¡no lo va a lograr! Ya lo dijo Henry Ford cuando expresó: "Si crees que puedes o si crees que no puedes ambas veces estás en lo cierto".

En este momento es donde la línea de tiempo se bifurca para ti. ¿Qué camino vas a elegir tomar? El que te propongo a través de estas páginas no es una poción mágica ni un analgésico para el dolor emocional. Es una caja de herramientas que te guiará en el camino a convertirte en líder de tu propia vida. Como el bambú, solo puedes elevarte hacia el crecimiento exponencial de tu ser si te dedicas primero a fortalecer tus raíces.

Cuenta una leyenda budista que, una tarde, un alumno le pregunta a Buda:

—Maestro, ¿cómo puedo llegar a conocerme?

Buda le responde:

—¡Vigílate siempre!

Sigue las enseñanzas de Buda: primero vigílate, después descúbrete, luego aprende y, por último, conócete.

Ya has empezado por "descubrir" este libro. Espero que las primeras líneas hayan servido para descubrir algo en ti que sea la puerta para conocerte mejor. Como dijimos antes, el ser humano tras descubrirse tiene la gran oportunidad de aprender y conocerse. Este es solo el principio para entender los 11 principios del líder bambú que vienen a continuación.

1 INTEGRIDAD

El líder bambú ANCLA la integridad a través de la humanidad, la simplicidad y la coherencia.

2 ESPIRITUALIDAD

El líder bambú manifiesta su espiritualidad descubriendo la sabiduría que existe en el vacío.

3 FUERZA SERENA

El líder bambú utiliza su fortaleza y paciencia para mantener un enfoque y una dirección clara.

4 FLEXIBILIDAD

El líder bambú tiene la capacidad de fluir con el entorno, sabe medir la resistencia y es flexible ante los cambios.

5 VERSATILIDAD

El líder bambú reconoce en su potencial creativo, la innovación y la capacidad de conocer sus talentos para ser útil en sus diversas dimensiones.

6 PASIÓN

El líder bambú es entusiasta y toma acción alineado con su propósito generando un movimiento consciente, comprometido y constante.

7 COLABORACIÓN

Un líder bambú crece en equipo manifestando su cooperación y solidaridad con empatía, sirviendo a un bien común.

8 EXPONENCIALIDAD

Un líder bambú tiene un compromiso con su crecimiento exponencial en un proceso de constante evolución.

9 RESILIENCIA

El líder bambú emerge fortalecido de los errores y las crisis gracias a la resiliencia.

10 CONSCIENCIA-ELEVACIÓN

El líder bambú es mindful. Se apoya en el "estar presente" como un trampolín para elevarse hacia la luz.

11 GRATITUD

El líder bambú aprecia la simplicidad del milagro de su existencia y valora toda experiencia para su crecimiento y madurez.

Caminemos juntos para dar respuesta a las interrogantes que nos plantea la vida. Trabajemos para buscar soluciones, romper paradigmas y crear nuevas realidades. Te acompaño en este camino de transformación para ser un líder como el bambú, que crece internamente para lanzarse con más fuerza en busca de sus sueños. Un líder con principios claros y firmes será un visionario y le irá bien en salud y prosperidad en cualquier circunstancia. La otra opción es la de vivir como un simple observador que usa su lenguaje solo para describir la realidad, en vez de usar su lenguaje y mente para crear una realidad propia. A los observadores les va bien únicamente cuando la vida no les crea contraste con su plan mental maestro o cuando sus expectativas son cumplidas. Este libro es un manual para visionarios y un llamado de atención para los observadores porque siempre es posible cruzar la calle de la observación victimizada a la visión creativa infinita.

CAPÍTULO I

Integridad

Consciencia de lo que realmente somos

El líder bambú ancla la integridad a través de su humildad, simplicidad y coherencia.

Me gustaría comenzar este viaje de once estaciones por el punto de partida fundacional y el principio de los principios. La integridad es aquello que da sentido a un todo desde la unión y amalgama de sus partes, que sumadas dan algo mucho más grande que su valor como piezas individuales. Porque, como todos sabemos, dentro de un huevo no hay solo yema y clara, sino la posibilidad de una tortilla y numerosas combinaciones culinarias.

Quiero contarte una historia personal de cuando me sentí verdaderamente *íntegro*. Es decir, que dentro de mí no había solo huevo y clara, sino los ingredientes para crear algo más grande, elevado y coherente. Corría 2016 y ya llevaba cinco años y medio haciendo el programa *Cala* para CNN en Español, al cual estaré siempre muy agradecido. Fueron años de felicidad donde me sentí realizado como periodista y comunicador. Había cumplido el sueño de aquel joven que en 1997 veía la señal en los monitores internos del Instituto Cubano de Radio y TV, donde trabajaba en Cuba y se dijo: "Algún día voy a trabajar ahí".

En 2016 había empezado un proceso dentro de mí. Había comenzado a autoexplorarme más profundamente, a conocerme, a meditar, a interesarme por temas como la consciencia y el alto rendimiento humano. El programa era todo un éxito, sin embargo, empecé a sentir que el mundo de las noticias me asfixiaba y me dejaba perturbado por su naturaleza repetitiva y tóxica. Llegó un momento en el que Cala, el personaje, que además daba nombre al show, era más visible y preponderante que Ismael, el verdadero ser humano con el que convivía cuando las luces se apagaban y estaba a solas frente al espejo. Y ese dialogo privado cada día me iba mostrando una grieta que debía cerrar si es que quería ser feliz y congruente con lo que sentía.

Fue ahí que me di cuenta de que tenía que ser ínte-gro y coherente conmigo, y que desde el corazón había un llamado que me decía: "Haz una pausa en esto. Abandona temporalmente este éxito porque, en realidad, el gran éxito es que te explores más, que te conozcas más, que viajes por el mundo, que descubras culturas, que sigas aprendiendo sobre lo que no te dieron en tu educación tradicional".

Ninguna de las cosas aprendidas (ya adulto) para elevar mi estado de consciencia me las impartieron en la escuela o en la universidad, donde nos prepararon más bien para ser entes productivos y para entender lo de afuera, pero no lo de adentro. Entonces, al uno elevar su nivel de consciencia, necesita tomar decisiones más elevadas que lo lleven a los resultados elevados que uno espera. Ninguna solución llega si no cambiamos el nivel desde donde se generó el conflic-to o la necesidad, parafraseando al maestro Albert Einstein.

No fue fácil ese proceso. Me costó más de seis me-ses y noches de insomnio tomar la decisión de no cumplir con el plazo estipulado por un contrato. Nadie me apoyaba en este inicio, ni mi propia madre ni mis amigos. Con la mejor de las intenciones mis seres más cercanos no querían que perdiera el estatus que había alcanzado invirtiendo tanto tiempo. Tomó tiempo que entendieran que no sería un "suicidio profesional", como muchos vaticinaron.

Y la verdad es que fue una de las decisiones más complejas pero íntegras que he tomado en mi vida, porque puse mi alma a dirigir los próximos pasos, inciertos, pero, al mismo tiempo, llenos de la certeza de que era una decisión coherente. Había prevalecido lo que yo quería desde lo profundo del corazón, aunque el ego siguiese dando pataletas.

Hay algo que recordar: donde no está tu pasión, la vida empieza a sentirse como a contracorriente, como una lucha, como un esfuerzo desmedido. A diferencia de esto, el alma siempre fluye con tu pasión y propósito verdaderos. Y yo siento que integridad es hacer el esfuerzo correcto para que todo fluya en dirección a la FUENTE. Solo de este modo uno puede sostener el compromiso que nos lleva a entregarnos, a través del servicio, a los demás.

Fue ahí, cuando comuniqué la decisión a los ejecutivos de CNN, que sentí que, por primera vez, había sido íntegro, coherente y leal a mi propia verdad. Esa noche, lo recuerdo como si fuera hoy, dormí plácidamente de nuevo tras noches de insomnio.

LA MESA DE LA INTEGRIDAD

Según el diccionario de la Real Academia Española, íntegro es aquello "que no carece de ninguna de sus partes" o, en otra de sus acepciones, "dicho de una persona recta, intachable". Si para ser íntegros necesitamos no carecer de ninguna de nuestras partes, ¿cuáles serían esas partes? Para desentrañar este punto, vamos a seguir los consejos del científico y pensador Albert Einstein, quien dijo: "Mira profundamente en la naturaleza y entonces comprenderás todo mejor".

Esta idea, que hoy en día puede canalizarse a través de la *biomímesis* —ciencia que estudia a la naturaleza como fuente de inspiración para resolver problemas humanos—, nos lleva a prestarle atención a una planta que cuenta con múltiples cualidades que podrían adecuarse al desarrollo humano: el bambú. Entre esas cualidades intrínsecas está la integridad.

Pero volviendo a la pregunta original, si tomamos como ejemplo una mesa que necesita de tres pilares para sostenerse: ¿cuáles son esas tres cualidades que forman la "mesa de la integridad"? En primer lugar, si observamos profundamente, como sugería Einstein, veremos que el bambú, cuanto más alto crece, más aprende a inclinarse. Frente a los grandes vientos y tormentas, el bambú se dobla, pero no se rompe. Por más alto que llegue, se apoya en sus fuertes raíces. Es, en este sentido, un excelente ejemplo de humildad desde el punto de vista humano.

Por otro lado, el bambú es simple y despojado, ya que estéticamente no luce ramas frondosas ni enormes troncos, sino más bien una caña sencilla que es, de hecho, vacía en su interior. Por último, desde su mismo diseño, el bambú es una planta simétrica que responde a una unidad de funcionamiento basada en un sistema de raíces fuertes, unidas y bien articuladas, por lo que podemos decir que sigue una línea de coherencia.

Es por todo esto que mi proposición para un nuevo modelo de liderazgo humano basa la integridad en tres pilares fundamentales: humildad, simplicidad y coherencia.

Esas son las tres bases que van a sostener la mesa de la integridad y que debemos cultivar para consolidar un proceso de desarrollo humano a nivel exponencial.

Si la mesa tuviera una pata floja, sería difícil utilizarla, ¿verdad? Quiero remarcar que no se trata aquí de exigir la perfección, ya que todos somos falibles e imperfectos, pero sí debemos mantener una búsqueda consciente y óptima de aquellos aspectos en los que debemos mejorar o, siguiendo con el simbolismo de la mesa, apuntalar. Pero veamos de qué trata cada uno de estos valores que nos conforman; siempre sin conformismo, ¡por supuesto!, más bien como personas íntegras.

LA HUMILDAD COMO FORTALEZA

> Todos los ríos confluyen al mar porque está debajo de ellos. La humildad le da su poder. Si quieres gobernar a las personas, te tienes que poner por debajo de ellas. Si quieres liderar a las personas, primero tienes que aprender a seguirlas.
>
> —LAO TSE.

El primero de los valores es la humildad. En este punto me gustaría empezar por diferenciar humildad de timidez, porque suele haber confusión y mala interpretación alrededor de ambos conceptos. Es conveniente distinguirlos para destacar la humildad como un valor. La timidez es una calamidad, porque arrebata oportunidades. Ser humilde no significa dejar que te pase el tren de la vida por no tener la valentía de actuar en el momento necesario.

Todavía recuerdo como si fuera hoy el día en que, a mis ocho añitos, tuve el valor de levantar la mano en el aula cuando la escritora y directora de programas infantiles de radio, Nilda G. Alemán, estaba reclutando niños para un programa muy conocido de radio. Esto, que puede sonar simple, para mí fue un salto al vacío que cambió mi destino.

Me temblaban las manos y las rodillas, pero si yo, que era un niño tímido, retraído, con una autoestima muy frágil, me hubiera guiado por mis miedos y dudas, si no hubiese levantado apenas unos centímetros la manito, a lo mejor mi vida hubiese sido completamente distinta. Ese es el día donde un gran momento de valentía pudo cambiar mi destino, no solo porque vencí la timidez sino también porque generé una oportunidad. Eso, por supuesto, no me hizo una persona menos humilde.

Pero vayamos a la definición misma de la palabra. Según el diccionario de la RAE, humildad es "la virtud que consiste en el conocimiento de las propias limitaciones y debilidades y en obrar de acuerdo con este conocimiento". A esta definición, muy exacta y en sintonía con lo que venimos desarrollando, le agregaría que es también el conocimiento de las propias cualidades. De este modo, nos separamos de las otras acepciones de la palabra humildad que, según la Real Academia Española de la Lengua, también puede referirse a: bajeza de nacimiento o de otra especie; sumisión, rendimiento.

Por supuesto que humildad, desde nuestro punto de vista, no significa humillación ni avergonzarse de uno mismo... ¡Más bien, todo lo contrario! En la humildad radica la sabiduría de lo que somos, es decir, el autoconocimiento.

Reconocer que no somos omnipotentes y que no tenemos la verdad absoluta nos predispone hacia una actitud de apertura al conocimiento, al aprendizaje, a la aceptación de nuestros errores como parte del camino, y a la aceptación del otro como alguien diferente. La humildad nos eleva en la consciencia y nos libera de la fantasía de la verdad individual, entendiendo que nuestra mirada es una comprensión parcial que solamente puede completarse con la perspectiva de los demás.

¡Ojo! Esto no significa rendirse a que otros tengan razón ni abandonar nuestra capacidad de razonamiento, sino poder identificar mi visión de la realidad como una aproximación o también como una pieza que es parte integrante de un *todo*.

Para ilustrar este último punto me gustaría contarte una parábola originaria de la India, que relata que un rey reunió en su palacio a un grupo de ciegos y los puso frente a un elefante para que lo describieran. Por supuesto, su forma de conocer era a través del tacto y cada uno de ellos palpó una parte distinta del elefante. Al comparar, sus observaciones no coincidieron en absoluto en su manera de describir al animal: el que tocó la cola, dijo que era como una cuerda; el que tocó la pata, que era como una columna; el que tocó la oreja, como un abanico; para el que tocó la trompa, era como una rama, y así.

Los ciegos comenzaron a discutir entre ellos y no lograron ponerse de acuerdo sobre cómo era un elefante. La soberbia llevó a cada uno a afirmar que el elefante era únicamente como la parte que ellos estaban tocando.

En las distintas tradiciones espirituales, el mensaje transmitido por esta parábola es que todos están en lo cierto, porque el elefante tiene las características mencionadas. Es decir, cada persona desde su perspectiva, experiencia, cualidades individuales y su cultura, dijo una verdad diferente y complementaria a las de los demás. No es necesario pelear y discutir para hacer prevalecer una sobre otra. Aferrarse a una creencia o a un punto de vista nos hace ver un solo lado de las cosas y, por lo tanto, empobrece nuestro conocimiento.

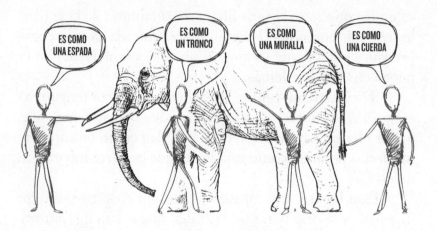

Llegado a este punto te pregunto: ¿cuál es esa parte del elefante a la que te has aferrado con tanto cariño que te impide apreciar el resto de los aspectos?

Ten en cuenta que esto no aplica solo a ideologías políticas o religiosas. La humildad puede verse reflejada en la más nimia e insignificante realidad cotidiana, como una discusión de pareja sobre qué marca de mayonesa comprar en el supermercado.

¿Te resulta familiar? Tal vez, en este caso, se trate solo de gustos, pero existe la posibilidad de que la otra persona tenga información valiosa sobre ese producto (del precio, o de sus propiedades) que nos haría aprender. Y, para eso, debemos disponernos a una actitud de escucha humilde. Debemos estar abiertos a las nuevas ideas, a escuchar y pedir consejos; también a ser capaces de valorar las contribuciones y fortalezas de los demás y dejar de compararnos de una buena vez para trascender los juegos competitivos del ego en busca de un bien mayor.

Desde una perspectiva espiritual, la humildad es una virtud de *realismo*, porque significa ser conscientes de nuestras cualidades, limitaciones e insuficiencias. Es la sabiduría de aceptar nuestro real nivel evolutivo y la consciencia de lo que somos; se trata, en definitiva, de autoconocimiento. Como virtud moral se opone a la soberbia. Quien enfrenta al mundo desde la soberbia estrecha su camino al dedicarse a confirmar a cada paso lo previsible de sus propias creencias.

Como hemos dicho, practicar la humildad no significa renunciar a tener una opinión ni dejarse avasallar. La humildad no es un signo de cobardía sino, más bien, de valentía, del coraje de poder mirarse en el espejo del alma y reconocer que no somos mejores ni más importantes que los demás. El coraje de atreverse a aprender, a replantearse, a reformularse, a repensarse desde la noción de que no somos omniscientes. En este sentido, la humildad nos eleva del ego y nos hace más íntegros.

Ahora bien, para poder elevarnos del ego, para des-pegar y des-apegarnos, es importante diferenciar la humildad real de la llamada "falsa humildad". Es sabido que la humildad tiene muy buena prensa y genera buenas reacciones y recompensas de los demás, pero si esto no resulta honesto y sincero, resulta que se vuelve contraproducente. La humildad de corazón no es convenida ni espera reconocimientos. Sin embargo, muchas veces ocurre que lo que tiene apariencia de modestia no es otra cosa que arrogancia disfrazada. Te voy a dar un ejemplo: ¿Has escuchado alguna vez a alguien manifestarse sorprendida o sorprendido por cómo la gente le atribuye menos edad de la que en realidad tiene?

Puede que en algún caso esto sea honesto, pero, en muchos otros, la falsa modestia enmascara una actitud vanidosa y engreída. Muchas veces, no es más que una estrategia para llamar la atención sobre determinadas cualidades restándoles importancia. Esto, en realidad, es una manera de esconder el ego.

En efecto, no hay nada de malo en reconocer las cualidades propias. Es, de hecho, más saludable que esconderlas porque desde esta posición de sinceridad seremos capaces también de reconocer nuestros defectos y limitaciones.

Como decíamos en un principio: la humildad significa consciencia de lo que realmente somos, pero la forma más segura de medirla no es desde nosotros mismos, sino a través de los demás. En la página de recursos vas a encontrar un test muy interesante que mide la humildad a través de terceras personas, para cuando te sientas a gusto de realizarlo.

Menos es más

La siguiente pata de la mesa de la integridad es la simplicidad. Ella se basa en la idea de que "menos es más".

Cuenta la historia que había un maestro escultor indio, de notable excelencia y pocas palabras, a quien uno de sus discípulos preguntó una vez:

—Maestro, ¿cómo haces para tallar tan bellos elefantes?

Su respuesta fue:

—Simple, tomo la piedra y luego saco todo menos el elefante.

Contundente, ¿verdad? El contenido y la forma de su respuesta fueron muy sencillos. Lo que quiso decir el maestro indio, en definitiva, es que la esencia no necesita ornamentos. La esencia es pura y simple. Todo lo que existe en exceso, en el fondo refleja una carencia. Como dice el famoso proverbio: "dime de qué alardeas y te diré de qué careces".

El exceso nos desvirtúa y aleja de nuestra verdadera esencia. Es importante también recuperar el valor positivo de la palabra "simple", puesto que suele confundirse con algo tonto, dócil o insulso. De hecho, algunas de las definiciones de la RAE para la palabra simple son *desabrido, falto de sazón y de sabor; manso, apacible e incauto; mentecato, abobado.*

Por supuesto, no son estas las definiciones que tomaremos, ya que no representan el espíritu del mensaje dado por el escultor indio. Otras definiciones que propone la RAE son:

- Constituido por un solo elemento.
- Sencillo, sin complicaciones ni dificultades.

En estos casos sí nos acercamos al criterio de simplicidad que supone un contacto con la esencia, con aquello que es puro, es decir, de un solo elemento, y que no necesita de complejidades.

En efecto, distanciándonos de aquella acepción que describe la simpleza como algo débil, es preciso remarcar que en la simpleza se encuentra un gran poder: el poder de lo esencial. En su libro *Esencialismo*, Greg Mckeown propone la búsqueda consciente de "menos para mejor", en el sentido de apartarnos de todo aquello que no sea esencial para nosotros. También aquí se enfatiza en la necesidad de una toma de decisiones conscientes, basadas únicamente en nuestros propios criterios, sin dejar que ningún interés ajeno (como la presión social) interfiera. Ese trabajo de búsqueda de "menos para mejor" implica también distinguir las muchas cosas triviales de las pocas realmente vitales para nuestro bienestar.

Mckeown propone algo muy interesante, que es convertirnos en editores de nuestra vida, de modo que podamos "invertir de la manera más inteligente posible el tiempo y la energía" para obtener el mejor resultado, de acuerdo a nuestros propios objetivos e intereses.

En definitiva, la tarea de enfocarse en lo que verdaderamente importa (es decir, donde finalmente invertiremos el mayor capital humano: el tiempo y la energía) nos otorga un gran poder: el poder de lo simple.

INTEGRIDAD E IDENTIDAD: ¿QUIÉN SOY?

Ahora bien, así como dijimos que la esencia es pura y simple, también debemos ser conscientes de que el ser humano es un conglomerado: cuerpo, mente, emociones, experiencias, cultura. El contacto con lo esencial no implica excluir el psiquismo, los pensamientos, su vínculo con las emociones y las acciones que tomamos. Por eso, el último ingrediente de este mosaico llamado integridad es la coherencia.

La contradicción interna es algo propio del ser humano y no debemos asustarnos de ella. La misma implica un dinamismo necesario que nos mantiene en movimiento y nos lleva, por ejemplo, a permitirnos el saludable ejercicio de cambiar de opinión. Y solo porque a todos los seres humanos nos ha sido conferido el derecho de cambiar de opinión. Nada es rígido en el mundo, la mente funciona mejor cuando es capaz de abrirse como lo hace un paracaídas.

Sin embargo, no debemos abandonarnos a ser gobernados por estas tensiones, sino buscar el balance, el equilibrio, la cohesión entre lo que pienso, lo que siento, lo que digo y lo que hago. Como dijo Mahatma Gandhi: "Cuida tus pensamientos porque se convertirán en tus palabras. Cuida tus palabras porque se convertirán en tus actos. Cuida tus actos porque se convertirán en tus hábitos. Y cuida tus hábitos porque se convertirán en tu destino".

El delicado tejido de pensamientos, sentimientos, palabras y acciones que elaboramos como orfebres no es otra cosa que la arquitectura de nuestra vida. En esta misma línea, la RAE nos propone dos definiciones de coherencia con distintos enfoques, pero conectadas entre sí:

- Conexión, relación o unión de unas cosas con otras.
- Actitud lógica y consecuente con los principios que se profesan.

Para que las distintas partes que conforman nuestro Ser (cuerpo físico, mente, espíritu y, a la vez, pensamientos, emociones, palabras y acciones) lleven una coherencia, deben estar unidas y conectadas. Del mismo modo, los principios que se profesan deben ir alineados con el ejemplo (esas acciones que se convierten finalmente, como decía Gandhi, en hábitos y en destino).

Por supuesto que siempre hay fracturas entre estas piezas interconectadas; repito, eso no debe asustarnos, pero sí instarnos a activar el "observador consciente" para detectarlas y tomar acción. Desde el punto de vista de la comunicación, estas serían las brechas entre lo que pienso, lo que siento, lo que digo y lo que hago.

Me imagino que ya estarás pensando en cuáles son esas famosas brechas en tu caso, pero no te preocupes, al final del capítulo propondré un ejercicio como guía para que puedas identificarlas y tomar acción.

En este punto quiero compartir algunos conceptos que me resultan útiles a la hora de pensar la "esencia" como el centro puro y simple de nuestra integridad. Una de las preguntas centrales que acompañan al ser humano durante toda su vida es: ¿Quién soy? Incluso antes de "¿Hacia dónde voy?", el hombre necesita saber quién es. Poder responder a esta pregunta con éxito es fundamental para identificar cuándo estás en tu esencia, o, en otras palabras, cuándo eres a fiel ti misma o a ti mismo.

Si bien esta pregunta, como dijimos, es central para la humanidad y ha sido el eje de la historia de la filosofía, debemos prestar atención a la forma en que solemos responderla. Tendemos a llenar este vacío con caracterizaciones como nombre, género, ocupación, nacionalidad, edad y demás ingredientes que, en verdad, forman parte de lo que llamo "el proceso de domesticación", como te conté antes.

Incluso, si sumásemos todas esas cualidades, ¿responderíamos realmente a la pregunta de quién soy? Veamos: "Yo soy Ismael Cala, estratega de vida y potencial humano, comunicador, escritor y conferencista cubano de 52 años de edad". Suena pobre, ¿verdad? Más bien puede ser útil como una primera línea de definición en Wikipedia, pero no para adentrarnos en la profundidad del Ser.

En realidad, al definirnos a nosotros mismos de esta manera, incluso a través rasgos de la personalidad como "soy inteligente, calmado, distraído, impulsivo, bondadoso o creativo", no abordamos el fondo de la cuestión. Estos son todos conceptos creados en la mente durante la etapa de "domesticación" del individuo, que sesgan nuestra mirada interna.

¿A qué me refiero con esto? Como te conté, el nacimiento marca el inicio de una creación perfecta con la potencialidad pura de tu ser. Eres todo en potencia. Eres inocente porque tu energía no está aún cargada de prejuicios, valores y creencias. Las acciones alineadas con tu mente no deformada derivan a un estado de alta integridad del ser.

Lo que ocurre es que, desde el nacimiento, el cerebro empieza a llenarse como una piñata vacía y comenzamos a guardar experiencias personales y enseñanzas dirigidas, tanto positivas como negativas. Comenzamos a eliminar la inocencia y la pureza con la que somos creados.

Durante el proceso de "domesticación" (similar a lo que ocurre con los animales), se modela nuestra forma de ser con el fin de que nos integremos, sin traumas, al entorno. Desde luego que es un proceso necesario para la sociabilización del individuo. No se trata aquí de pensar que se hace con mala intención, sino de tomar consciencia de sus efectos. Pongamos atención al siguiente modelo:

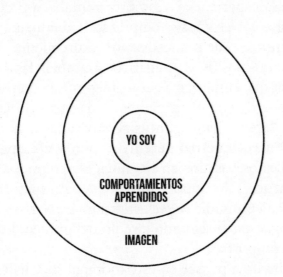

Cuando nacemos y estamos en nuestra esencia (esto es previo al proceso de domesticación), nos encontramos en un lugar que a partir de ahora llamaré el "Yo soy". Este lugar, ubicado en el centro del círculo, es la esencia pura de lo que somos. Podemos asociar este momento con un niño desde que nace hasta los dos años, y es una excelente aproximación. ¿Qué observas en un niño a esa edad? Curiosidad, observación, disposición a aprender, transparencia, espontaneidad, inocencia, sinceridad, amor...

Te invito en este momento a que actives tu observador consciente para identificar tu "Yo soy", ese lugar originario de energía pura y sagrada. Así como el bambú tiene raíces profundas y no crece exponencialmente hasta que están sólidas, tómate un tiempo, el que consideres necesario, para conectar con ese suelo fértil, con tu esencia pura, con el "Yo soy". Observa cuáles son sus características y cualidades. Yo estaré aquí, esperándote exactamente en la misma página para continuar.

Muy bien. Bienvenida, bienvenido de vuelta. ¿Cómo ha sido esa experiencia? Como te contaba, a partir de esa edad —dos o tres años— empieza, de una manera "agresiva", el proceso de domesticación. Aprendemos los comportamientos positivos y negativos y también las actitudes y conductas que empiezan a conformar nuestra personalidad.

Recuerda cómo tus padres o maestros decían: "Eres tímido", "eres callado", "no sirves para las matemáticas". Eso entraba a nuestro cerebro-esponja y empezamos a comportarnos basados en los juicios y creencias que nos implantaron. Y lo importante es que, al repetirlos tanto, llegamos a confundir *lo que somos* con *lo que estamos siendo*. A este lugar, en el segundo círculo del gráfico, lo llamaré: "Yo me comporto".

Te invito a pensar en este momento: ¿Cuáles son los comportamientos aprendidos, tanto "positivos" como "negativos", que recuerdas que son producto de ese proceso de domesticación? ¿Vives en una constante lucha interna entre lo que pide tu verdadero ser y lo que te impone el "debe ser"? ¿Cuánto desgaste produce esta situación dentro de ti?

Tómate un tiempo, el que sea necesario, para observarlo. Yo te esperaré aquí, en este mismo renglón, para seguir avanzando.

Bienvenida, bienvenido de nuevo. Continuamos con el viaje. Con posterioridad a esta etapa, al ser adolescentes y empezar nuestro proceso de adultez, queremos ser aprobados y aceptados por el entorno. ¿Quién es el entorno? Ya no es papá o mamá, ya no son los maestros, sino los amigos, la novia o el novio. Y como su aprobación es importante, empezamos a actuar representando las cualidades del Yo soy: empezamos a fingir que estamos bien, que somos agradables, que somos empáticos, que somos alegres, que estamos serios.

En otras palabras: construimos una imagen o una falsa representación de lo que somos en esencia. A este lugar, ubicado en el tercer círculo del modelo, lo llamaremos "Yo aparento".

Aterricemos esta idea: ¿Recuerdas esas veces en que estabas atravesando un proceso difícil en tu familia pero tenías que llegar sonriendo a tu trabajo? ¿O recuerdas cuando tuviste una pelea con el jefe y llegabas a casa fingiendo que estabas en paz? ¿Cuántas veces en la intimidad sabías que tu relación de pareja te hacía infeliz, pero cuando te reunías con amigos te mostrabas como la persona más feliz del mundo con tu pareja?

Me vienen pensamientos así: ¡Qué amable eres, Ismael! (y por dentro yo estaba sin deseos de hablar). ¡Qué energía tienes y muestras! (y por dentro quería irme a mi cama a dormir). Hoy en día, las redes sociales nos sirven el "Yo aparento" en bandeja. Allí podemos recortar y fragmentar instantes de la vida en fotos y videos y así proyectar la imagen que deseamos que los demás tengan de nosotros.

¿Identificas esos momentos de incongruencia o falsedad? ¿Cuáles son los aspectos de tu imagen que conscientemente sabes que no representan lo que eres en esencia?

Puedes tomarte un tiempo para reflexionarlo en este momento antes de continuar.

Muy bien, retomemos. ¿Qué quiero que te lleves de todo esto? Solo si estás en la posición de observador consciente, vas a saber si estás en tu "Yo soy" o simplemente jugando a ser tu imagen. La teoría es fácil, el desafío para ti es estar consciente en tu observador e identificar la esencia del ser de la imagen en apariencias del personaje que creemos ser. El núcleo de la integridad, que es el eje de este capítulo, es tu propia esencia pura y simple, tu energía divina, tu "Yo soy".

Mi definición

Llegado a este punto del capítulo, me gustaría proponer una nueva definición de *integridad* para el líder bambú. La misma reúne a la definición clásica con estos conceptos que estuvimos revisando: "El líder bambú es íntegro porque desde la humildad se conecta con su esencia pura y simple, mientras que, a la vez, es coherente con sus pensamientos, emociones y acciones".

Al conectarte con tu esencia, con tu verdadero ser, habilitas la coherencia de sus tres elementos que son mente, cuerpo y emociones: lo que pienso, lo que hago y lo que siento. Cuando están alineados, te conectas con tu esencia y viceversa, ya que se trata de un círculo virtuoso de congruencia.

LAS TRES CLAVES

Para poder aplicar este principio a tu vida, a tu propia realidad, quiero darte tres claves prácticas que serán de mucha utilidad. Pon atención al siguiente gráfico:

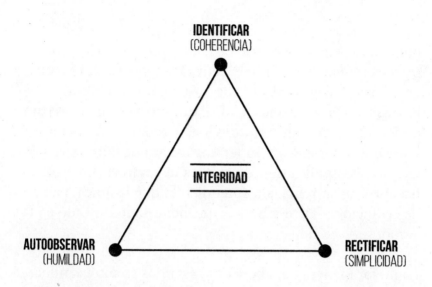

Autoobservar: El primer movimiento es siempre hacia adentro. Fortalecer la mirada del observador consciente, siempre desde el punto de vista de la esencia, y no desde el "juez rector". Autoobservarnos *humildemente* y sin juicio es el primer paso en busca de la integridad. Atento: humildad no significa escasez. La clave es manifestar mi humildad desde un lugar de abundancia interna, y simplificar mi vida mirando hacia adentro, no hacia afuera. Lo que hacia afuera se complica, hacia adentro se simplifica. Es dentro donde tengo la posibilidad de hacer cambios en aceptación amorosa y agradecida para ir elevando mi nivel de consciencia.

Identificar: Una vez que estamos "tierra adentro", el paisaje puede presentarse de manera confusa y desordenada. Por eso, la tarea que debemos emprender en busca de la integridad es "identificar": dónde no estoy siendo coherente; cuáles son las brechas en mi integridad; quién es mi saboteador: mi pensamiento, mi acción, mi emoción, o quizás son mis palabras que me impiden estar conectado con mi esencia.

Rectificar: Por último, una vez que hicimos una tarea fina y minuciosa de autoobservación e identificación, el siguiente paso es tomar la acción correctiva para alinear las brechas de mi integridad. Una vez que observamos con humildad e identificamos con honestidad, el camino está allanado para poder rectificar. Esto es quizás lo que requiere de un mayor valor porque implica romper una inercia de hábitos y, muchas veces, implica salir de la zona de confort. La clave es hacerlo con simplicidad, entendiendo que la única manera de evolucionar es rectificar lo que hemos identificado en la autoobservación.

La mejor manera de saber cómo estamos es autoexaminarnos, porque para conocerse primero hay que descubrirse. Por eso, en el siguiente cuadro te propongo un ejercicio de autodiagnóstico sobre estos tres puntos o claves; pero tranquila, tranquilo, que esto no es un examen y nadie va a calificarte. Esta es solo la manera de que tú mismo sepas dónde estás parado en este camino y además tengas un primer diagnóstico, íntimo y privado, sobre cómo te autopercibes en el principio de integridad.

La tarea es simple: te invito a que marques en cada una de las columnas del cuadro que se refieren a las tres

	AUTOOBSERVACIÓN (HUMILDAD)	IDENTIFICAR (COHERENCIA)	RECTIFICAR (SIMPLICIDAD)
NO TENGO EL HÁBITO DE HACERLO			
INTENTO PERO NO CONSIGO REALIZARLO			
LO HAGO HABITUALMENTE			

claves del principio, si consideras que no tienes el hábito de hacerlo, si lo intentas pero no consigues alcanzarlo, o si lo haces habitualmente.

COMENZAR POR LOS PRINCIPIOS

En su libro *Principles*, Ray Dalio dice que los principios "nos permiten vivir coherentemente según nuestros valores. Sirven para guiarnos y ayudarnos a seguir hacia adelante. Tus principios deben reflejar los valores en los que crees".

Tus valores son lo que consideras importante, lo que realmente "valoras". Por supuesto que los valores no son iguales para todas las personas, e incluso pueden variar según la etapa de la vida. Para quien la seguridad de su familia sea un valor principal, las acciones que den coherencia a su vida no serán las mismas que para quien valore, por sobre todas las cosas, la experimentación personal.

Sin principios, la persona se vería obligada a reaccionar ante las circunstancias sin tener en cuenta lo que más valora. Y esto se ve sobre todo en circunstancias adversas, donde debemos tomar decisiones difíciles que nos enfrentan a contradicciones internas.

Me viene a la mente el ejemplo de Job, el personaje bíblico que es un ícono de fidelidad a sus principios en las tradiciones judeocristiana y musulmana. Según el relato de la Biblia, Job era un hombre muy rico, un comerciante dedicado al ganado, con diez hijos y numerosos amigos y criados. Al presentarse Satanás ante Dios, argumentando que la fidelidad de Job se debía a las bendiciones recibidas y no a un amor real, Dios le concede al diablo que pruebe su integridad.

Es así que Job es sometido a durísimas pruebas y padece múltiples desgracias que van desde enfermedades dolorosas a ataques a sus criados; experimenta, además, la pérdida de su ganado y la consiguiente pobreza, el rechazo de su mujer e incluso la muerte de sus hijos. Acabadas las pruebas, Job continúa siendo fiel a su Dios.

A pesar de todo lo ocurrido, Job sale triunfante pues le es restituida su anterior felicidad (exceptuando, por supuesto, la vida de sus hijos) y las riquezas que anteriormente poseía se duplican, de modo que llega a vivir una existencia larga y próspera. Me parece importante recalcar que, más allá de que se trata de un claro ejemplo de honestidad y fidelidad a sus principios, es la coherencia interna de este personaje lo que finalmente trae como consecuencia la abundancia externa. Por mantenerse fiel a sí mismo y a sus principios, o sea, "íntegro internamente", lo de afuera se arregló y se multiplicó en su beneficio.

Hay algo que también se desprende de este texto: la importancia de nuestras decisiones. Nuestra calidad de vida depende de las decisiones que tomamos, y son nuestros principios los que nos guían al tomar decisiones.

Como bien refleja este relato, en las circunstancias más adversas es donde se pone a prueba nuestra integridad y la forma en que tomamos decisiones. Pero esto no aplica únicamente a las grandes gestas de personajes míticos. Este tipo de disyuntivas, en mayor o menor dimensión, aparecen a diario en nuestras vidas, solo que no siempre somos conscientes de cada pequeña decisión que tomamos.

En juego el bienestar

Seguramente te estás preguntando: ¿Qué consecuencias tiene, en términos prácticos, si aplico o no la integridad en mi vida? La respuesta es contundente: lo que se pone en juego, a fin de cuentas, es tu propio bienestar.

Al no ser fiel a tu esencia, al desconectarte de ella, se verá afectada tu propia calidad de vida. Actuar de modo incoherente puede traernos consecuencias en el ámbito de la salud física y emocional.

Según el Instituto HeartMath, que lleva décadas en la investigación sobre la coherencia cardíaca, cuando hay coherencia psíquica (mente) y fisiológica (corazón) hay un aumento de la armonía entre los sistemas cognitivo, emocional y fisiológico, que resulta en un mejor funcionamiento de los tres en conjunto. En un estado de coherencia cardíaca, todos nuestros sistemas biológicos están sincronizados con los ritmos del corazón. Es decir, los sistemas nervioso, arterial, endocrino, respiratorio e inmunológico se ponen a tono con el ritmo cardíaco y funcionan con mayor armonía y eficacia. Por lo tanto, el resultado en tu salud de esta coherencia es que se reducen el estrés y la presión arterial, se activa el sistema inmunológico, aumenta la capacidad de autorregulación emocional, mejoran la memoria y la capacidad de aprendizaje, aumentan la concentración y los niveles de energía… En definitiva, mejora tu calidad de vida.

Hoy en día, no es una novedad para la medicina que lo que pasa en la mente pasa en el cuerpo y viceversa. Es por eso que la integridad del ser humano no es solamente un asunto ético o filosófico, sino también de salud física y emocional. Los distintos componentes del Ser están relacionados entre sí y funcionan en cooperación y coordinación, como una rueda. Es un círculo virtuoso. Del mismo modo como ocurre con *la rueda de la vida*, de la que hemos hablado en la introducción de este libro, cuando hay coherencia el punto de la rueda donde enfoco el desarrollo personal es el eje para que otras cosas funcionen (familia, salud, amistad, trabajo, amor, etcétera). Y aunque sea solo una arista, cuando coloco mi energía y mi trabajo en ese eje, la rueda empieza a moverse y a girar —empieza a ser "más rueda"—, a pesar de que otras áreas de mi vida aún no estén funcionando.

¿No has sentido alguna vez, como si fuera un resultado de la casualidad o de la mala fortuna, que cuando un área de tu vida empieza a funcionar, automáticamente otras empiezan a deslucirse? No estamos condenados a ese desbalance. La pregunta que debemos plantearnos en ese caso sería: ¿en qué eje estoy poniendo mi energía para que la rueda gire en armonía?

Recordar y reconocer

Antes de meternos de lleno en el siguiente principio del libro, voy a proponerte un llamado a la acción a través de un ejercicio para hacer que gire tu rueda.

Recuerda dos episodios de tu vida en donde hayas sentido un desafío de integridad (independientemente de si fuiste coherente o no). Un episodio del pasado que haya sido importante en tu vida, y otro más reciente, aunque sea menos significativo. En ambos casos, quiero que te ubiques en ese preciso momento y te preguntes, tomando el tiempo necesario para cada reflexión:

¿Qué pienso?

¿Qué siento?

¿Qué digo?

¿Qué hago?

¿Están mis pensamientos, sentimientos, palabras y acciones alineadas?

> Si no es así, ¿dónde está mi brecha de coherencia y a qué se debe esa debilidad?
>
> Si es así, reconoce esa fortaleza para poder aplicarla en otras áreas donde falte integridad.

Te pondré un ejemplo sencillo de mi entorno, para que tengas una idea del ejercicio. Un amigo dice siempre que hay que mantener una alimentación saludable. Realmente lo cree y lo predica con fundamentos, y estoy seguro de que así lo siente. Sin embargo, tiene una debilidad por las gomas de mascar y no puede dejar de consumirlas. Allí se encuentra su brecha de coherencia. Si bien lo que piensa, siente y dice están alineados, no son coherentes con lo que hace.

Como antes dijimos, la integridad puede verse reflejada tanto en decisiones cruciales para nuestra vida como en ejemplos aparentemente insignificantes como el que acabo de contarte. En el entrenamiento diario está la clave para que, cuando las decisiones cruciales lleguen, tengamos una base íntegra que nos sostenga.

Y ahora sí vamos concluyendo este capítulo dedicado a la **integridad**, el principio de los principios del líder bambú, la columna vertebral que debemos enderezar y fortalecer para que todo lo demás funcione. Como dijo Rick Warren, autor del libro *The Purpose Driven Life*: "La integridad es el denominador común del liderazgo", porque es la plataforma de raíz, el suelo firme que nutrirá todo lo que vayamos a cultivar en él. Es, en definitiva, una invitación a vivir desde tu verdadero Ser, desde tu esencia más pura, desde tu Yo soy, porque es aquello que haces incluso cuando nadie te está mirando. Como reza una frase que me sirve mucho: "Mientras la honestidad es decirles la verdad a los demás, la integridad es decírtela a ti mismo".

Te invito al acto liberador de diseñar y honrar tu integridad. Y que lo que vaya hacia afuera y hacia adentro parta de la misma voz: tu Yo soy en esencia, la verdad de tu alma noble y tu corazón generoso. Nos vemos en el siguiente principio, porque, como en la vida, siempre estamos comenzando y nunca terminamos de aprender, desaprender y mejorarnos a nosotros mismos.

CAPÍTULO 2

Espiritualidad

El líder bambú manifiesta su espiritualidad
descubriendo la sabiduría que existe en el vacío.

𝍥 𝍥 𝍥 𝍥 𝍥 𝍥 𝍥 𝍥 𝍥 𝍥 𝍥 𝍥

Cuenta una leyenda hindú que, en los albores de la humanidad, todos los seres humanos éramos dioses y jugábamos y nos divertíamos sin cesar en cada rincón de la Tierra, gozando de las bondades ilimitadas de la divinidad. Tanto fue así que los humanos terminamos abusando de nuestros dones divinos y Brahma, el dios supremo, se reunió con el resto de los dioses para tomar una decisión. Resolvieron convertir al hombre en un ser mortal y limitado, y también esconderle el secreto de su divinidad en alguna parte donde no pudiera encontrarlo. La pregunta era: ¿dónde esconder el secreto?

Los dioses lanzaban sus propuestas con vehemencia: ¡En la cima de la montaña más alta! ¡En el fondo del mar! ¡En el centro de la Tierra! Esos eran los lugares hasta donde llegaba su imaginación, pero Brahma sabía que el hombre, tarde o temprano, llegaría a esos lugares recónditos. Y entonces tuvo una idea magistral: esconderían el secreto dentro de ellos mismos. Allí se decretó que viviera el secreto de la divinidad del ser humano, adonde más le costara encontrarlo. Sería algo que este llevaría siempre consigo mismo, sin verlo ni notarlo.

と と と と と と と と と と と と

¿No te ha pasado estar buscando algo por horas y horas, probando en los lugares más extraños e inimaginables, hasta que finalmente lo ves frente a tus narices, donde menos lo esperabas?

Es que los seres humanos tenemos la tendencia de buscar primero afuera, quizás porque es más fácil, o menos comprometido. Esta historia hindú sobre el origen de la humanidad me lleva a pensar que el ser humano, desde la noche de los tiempos, siempre ha buscado a Dios. En cada continente o masa de tierra que habitó, en épocas donde no había comunicación entre ellas, y por lo tanto tampoco entre sus culturas, el hombre buscó la divinidad.

Los hindúes, los indígenas americanos precolombinos, los griegos, los egipcios, todos han buscado dentro de sí el camino para sondear el misterio de su existencia en la Tierra. El hecho de que en cada caso se hayan encontrado distintas formas, relatos, mitos e imágenes de lo divino solo habla de los elementos con que cada cultura contaba para representarlo.

Hoy en día, con la hipercomunicación o lo que expertos llaman la info-toxicación, el escenario no ha cambiado mucho, solo que nos cuesta aceptar que cada persona experimenta a Dios de acuerdo con los elementos que tomó de su cultura y, también, los que eligió de este mundo globalizado. ¿El denominador común en cada caso, a pesar de las formas? El "secreto escondido" de Brahma: la divinidad que vive dentro de cada ser humano.

Y en este punto me gustaría hacer una diferencia entre espiritualidad y religiosidad. La religión es, según describe el autor peruano David Fischman, "un conjunto de dogmas, creencias, ritos y prácticas, usualmente basadas en un libro sagrado y seguidas por una comunidad", mientras que la espiritualidad es "la necesidad del ser humano de estar conectado con algo más grande que sí mismo, con lo divino o con una nobleza excepcional".

Es decir, la religión es una forma de organizar o enmarcar en un sistema la espiritualidad, que es la relación íntima del ser humano con lo divino, o con lo *esencial*. Es importante aclarar que todas las vías de espiritualidad, incluida la religiosa, son válidas mientras sean genuinas.

El camino espiritual es inclusivo de todos los credos. Pero es preciso también diferenciar las creencias incorporadas durante el proceso de domesticación de la *experiencia espiritual* en sí. La intención de este libro, de todos modos, no es hacer un tratado de religión, filosofía o metafísica. Este es un libro de liderazgo que propone ir hacia la esencia, y desde ese lugar conectar con la divinidad que hay en cada uno.

Esa divinidad no está afuera. Todo lo contrario: es la parte sabia, elevada, pura y noble que habita en todo ser humano. Un líder no tiene que adaptarse necesariamente a las formas ni a los ritos de una religión, sino que se enfoca en la esencia. En las creencias y dogmas es donde entran los comportamientos y los juicios.

El líder bambú no busca segmentar, sino integrar, incluir partiendo de la base de que todos somos expresiones de lo divino. Como dice el escritor y sacerdote jesuita Anthony de Mello: "Espiritualidad es nunca estar a la merced de acontecimiento, cosa o persona alguna. Espiritualidad es haber hallado la mina de diamantes dentro de usted".

꙳ ꙳ ꙳ ꙳ ꙳ ꙳ ꙳ ꙳ ꙳ ꙳ ꙳ ꙳

Cuentan que dos monjes se disponían a cruzar un río, cuando una chica joven se les acercó y les pidió que la ayudaran a cruzar. Uno de los monjes siguió adelante como si no hubiera escuchado. En cambio, el otro la cargó, cruzó las aguas y la dejó al otro lado de la ladera del río. Los monjes siguieron caminando juntos sin hablar.

Pasada una hora del incidente, el monje que no ayudó a la joven le dijo al otro:

—No me puedo aguantar más. No sé cómo pudiste tocar y cargar a la joven. Nuestra religión explícitamente nos prohíbe acercarnos a mujeres.

—Cargué a la mujer hace una hora. Lo hice para ayudar a otro ser humano. Lo que no entiendo es por qué la sigues cargando tú.

꙳ ꙳ ꙳ ꙳ ꙳ ꙳ ꙳ ꙳ ꙳ ꙳ ꙳

En la historia, un monje era simplemente religioso y el otro era religioso y espiritual.

Observa el siguiente gráfico:

¿Qué quiero que diferencies con esto? Una persona puede ir a su templo todas las semanas, orar con sus libros sagrados, seguir todos los rituales y respetar un conjunto de creencias, pero no sentir la divinidad en su corazón. Otra, en cambio, puede que nunca vaya a un templo ni se dedique a orar; además, puede no seguir ninguna religión en particular y, a pesar de todo esto, ser altamente espiritual. Basta con que sienta una conexión profunda con su ser elevado y traiga su sabiduría a su vida diaria.

Por ejemplo, hay personas no religiosas que dedican su vida al servicio de los demás. Lo hacen por amor y son muy espirituales. También existen personas que usan otras estrategias para conectarse con su ser elevado, como puede ser meditar. En definitiva, la espiritualidad no proviene de la religión, sino de nuestra alma.

EL VACÍO DEL BAMBÚ: ¿RELIGIOSO O ESPIRITUAL?

El bambú es hueco por dentro, algo muy curioso para una planta del tamaño de un árbol. Esto, desde un punto de vista práctico, le da la ligereza necesaria para doblarse y no romperse frente a los grandes vientos. En un sentido más elevado, este es el atributo esencial que hace que muchos pensadores la consideren una planta sagrada.

Nada material hay dentro del bambú. Él simboliza la grandeza de *la nada*, porque desarrolla su tronco alrededor del vacío. Ese vacío es, según el pensamiento asiático, el contenedor de su inagotable espiritualidad. ¡Allí guarda el bambú su gran secreto!

¿Qué nos quiere enseñar la planta? El secreto está dentro de nosotros, donde según cuenta la leyenda lo escondió Brahma. En ese vacío, el líder bambú se conecta con su propia esencia y divinidad, obteniendo un estado *mindful* o de alta consciencia.

Quiero aclararte que esto nada tiene que ver con lo que conocemos vulgarmente como "vacío espiritual". Este aparente vacío, en realidad, está lleno de cosas superfluas y banalidades. Es el espacio sagrado invadido por las demandas del ego y de la mente.

El vacío está en el origen, detrás de ese cúmulo de pensamientos con los que lo hemos llenado. Conectar con ese vacío interno es una manera de ser *desde la esencia*, de manifestar la divinidad a partir de tu Yo soy. Como dice mi maestro y mentor Deepak Chopra, en sus 15 pasos hacia la consciencia divina: "El reino de Dios es tu esencia. La realidad interior, oculta detrás de los pensamientos, alberga todo el conocimiento no solo individual sino colectivo".

De esta sabiduría que reina en el vacío se alimenta el líder bambú para manifestar su espiritualidad. Es un lugar que no tiene dogmas, ni creencias, ni juicios de conducta moral. Es energía pura de la matriz divina. Por lo tanto, al ser un espacio sagrado y de conexión interior, el vacío tampoco puede ser encerrado en palabras. Te invito a identificar y a reencontrarnos con ese espacio de vacío dentro de nosotros, al que llamo *la nada*, ese espacio sereno, en calma, parecido al ojo de un huracán. Es ahí donde brotan todas las respuestas que afanosamente buscamos en nuestra mente revuelta y domesticada. Aprender a habitarlo es de vital importancia para poder hacernos cargo de nuestra vida.

LA EPIFANÍA DE ED MITCHELL

Muchas veces olvidamos algo que nos enseñaron en la escuela primaria: la materia está compuesta por átomos, y los átomos son espacios vacíos. Quisiera contarles, en relación con este concepto de la física, una historia que resulta sumamente interesante a la hora de relacionar la ciencia con la espiritualidad.

Ed Mitchell fue uno de los tres astronautas estadounidenses que formaron parte de la misión Apolo 14 a la Luna. Ese viaje cambiaría su cosmovisión de la vida para siempre. Ed era un científico, pero tenía interés en temas que escapaban del dominio de la ciencia, como los alcances de la consciencia humana. De hecho, ensayó en la nave algunos experimentos de comunicación telepática con la Tierra, en el poco tiempo que dispuso entre las ajustadas tareas de ese costosísimo viaje.

Estaban emprendiendo el camino de vuelta, a unos 400,000 kilómetros de la Tierra, mientras Ed miraba por la ventanilla del Apolo 14 la inmensidad de la noche estelar. Fue en ese momento, viendo la Tierra en perspectiva como un diminuto globo azul y el cielo como una entidad infinita que la acunaba por completo, que Ed tuvo una experiencia majestuosa que transformaría su vida.

En su libro *El campo*, la periodista y escritora Lynne McTaggart relata el episodio de la siguiente manera: "Parecía haber un enorme campo de fuerza que conectaba a todas las personas, sus intenciones y pensamientos, y todas las formas de materia animada e inanimada que hubieran existido nunca. Cualquier cosa que él hiciera o pensara influiría en el resto del cosmos, y cada ocurrencia del cosmos tendría un efecto similar en él".

En definitiva, de lo que está hablando esta experiencia intransferible del astronauta es, en los términos de la física cuántica, el fenómeno de cómo el observador afecta lo observado, que más adelante explicaremos.

Esto, aun siendo Mitchell un hombre de ciencias, era algo que escapaba a la comprensión racional de su mente. Había tenido una epifanía de sentido, como la que las religiones orientales denominan "éxtasis de Unidad". Sin duda, había tenido una experiencia espiritual porque hizo conexión con la Totalidad que había dentro de sí. Se había lanzado a la conquista del espacio exterior y acabó conquistando el espacio interior, al comprender que, en definitiva, todos estábamos unidos y éramos parte del mismo vacío del que están compuestos los átomos.

LA INTELIGENCIA DEL ESPÍRITU

Este tipo de salto cualitativo que tuvo el astronauta de poder comprender por encima del intelecto tiene que ver con lo que denominamos "inteligencia espiritual".

En su libro *El laboratorio del alma*, Maruso dice que para experimentar la plenitud o la felicidad, la inteligencia racional no nos alcanza, y tampoco la emocional. Hace falta ir un paso más allá. Hace falta algo que nos haga cambiar la percepción identificada de toda la vida, que nos conecte con lo eterno, con la verdad profunda, con lo esencial y, por consiguiente, que nos transforme. Del mismo modo que la inteligencia emocional es la sabiduría del corazón y la racional es la sabiduría del conocimiento, la inteligencia espiritual es la sabiduría de la consciencia. Es ella la que nos conduce a una visión profunda y trascendente de la vida.

IEm
CONSCIENCIA Y MANEJO
DE LAS EMOCIONES.
EMPATÍA EN LAS
CIRCUNSTANCIAS

IEs
CONSCIENCIA DEL SER ELEVADO.
COMPASIÓN Y SABIDURÍA.
PAZ AL MARGEN
DE LAS CIRCUNSTANCIAS

IR
CAPACIDAD DE
CONOCIMIENTO A TRAVÉS
DEL PENSAMIENTO ANALÍTICO
Y PROCESOS LÓGICOS

En el caso de los astronautas que realizaron la misión Apolo 14, está claro que todos contaban con una amplia inteligencia racional que les permitió desarrollar esa sofisticada tarea. También podemos suponer que un viaje de nueve días con ese nivel de exigencia y trabajo en equipo implica una alta dosis de inteligencia emocional. Sin embargo, solo uno de los tres se abrió a la sensibilidad de la inteligencia espiritual y no lo logró por ser una persona superdotada. No hace falta ser un astronauta perdido en el espacio para desarrollar la inteligencia espiritual. Tan solo se necesita abrir la mente y el corazón al encuentro de lo trascendente. Dejarse conmover y transformar en cada pequeño detalle donde se manifiesta la Totalidad.

La vía espiritual transforma lo ordinario en extraordinario. Somos, en esencia, energía y espíritu, somos potencial extremo en transfiguración. Igual que en el capítulo anterior: el espíritu no es juzgarte ni castigarte, sino conocerte y tomar consciencia de la acción que debes emprender.

Todos hemos vivido la conexión con nuestro ser elevado en momentos puntuales de nuestra vida. Quiero pedirte, ahora, que hagas una pausa y recuerdes una experiencia espiritual que hayas vivido en el pasado. Puede ser algo que viviste haciendo algún tipo de servicio o prestando alguna ayuda a los demás. Pudo ocurrir en algún momento en el que sentiste una conexión especial con el Todo. Quizás cuando presenciaste el nacimiento de tu hijo o el de algún familiar, o simplemente cuando observaste la gloria de un paisaje que te emocionó hasta las lágrimas. Pudo haber ocurrido en cualquier momento de profunda conexión donde sentiste la divinidad dentro de ti.

Recuerda dónde fue, con quién, cómo fue. Recuerda qué sentías cuando viviste esa experiencia de dimensión espiritual. ¿Cómo describirías este sentimiento?

La gran mayoría de la gente suele describir estas experiencias como de una enorme felicidad, amor y paz. Quisiera detenerme en este último concepto, porque me parece vital a la hora de desarrollar nuestra inteligencia espiritual. Para ello voy a contarte la siguiente historia:

※ ※ ※ ※ ※ ※ ※ ※ ※ ※ ※

Un rey ofreció un gran premio para aquel artista que pudiera pintar la paz perfecta. Muchos lo intentaron. El rey observó todas las pinturas, pero solo hubo dos que le gustaron y tuvo que escoger una.

La primera representaba un lago muy sereno, un espejo perfecto donde se reflejaban las plácidas montañas que lo rodeaban bajo un cielo azul intenso con tenues nubes blancas. Quienes vieron esa pintura pensaron que era la que mejor reflejaba la paz perfecta.

La segunda pintura también tenía montañas, pero eran escabrosas y desoladas, y estaban cubiertas por un furioso cielo del cual caía un impetuoso aguacero de rayos y truenos. Montaña abajo parecía retumbar un espumoso torrente de agua. A primera vista, la imagen no parecía nada apacible, pero, al observar cuidadosamente, el rey vio tras la cascada un delicado arbusto creciendo en la grieta de una roca. En el arbusto había un nido y allí, en medio del rugir de la violenta caída de agua, permanecía plácidamente posado un pajarillo.

Esta pintura fue la ganadora.

〽 〽 〽 〽 〽 〽 〽 〽 〽 〽 〽 〽

¿Qué nos quiere transmitir esta fábula? Paz no significa estar en un lugar sin ruidos, sin problemas, sin trabajo duro o sin dolor. Paz significa que, a pesar de estar en medio de todas esas cosas, permanezcamos calmados dentro de nuestro corazón. Ese camino es una decisión, no un don de santidad de unos pocos elegidos. Se trata de abrirnos a desarrollar la inteligencia espiritual que todos tenemos, la capacidad de escoger al ser elevado sobre el ego, tomando de su sabiduría las herramientas para mantener nuestra paz interior al margen de las circunstancias que estemos enfrentando.

EL VACÍO AQUÍ Y AHORA

Esta paz se encuentra, como te hemos dicho, en el vacío interior, que es la esencia del bambú. Quiero invitarte a hacer un breve ejercicio de reconocimiento de ese espacio sagrado, de esa intimidad que es absolutamente tuya e intransferible. Es momento de mirar dentro de ti.

Te voy a pedir que permanezcas con los ojos cerrados durante un minuto. El tiempo lo estimas aproximadamente, y también puedes quedarte más si lo deseas. La idea es que observes tu espacio interior sin juzgarlo, que solo revises lo que hay allí, dígase tus pensamientos, emociones y espacios de "nada". Cuando hayas terminado, puedes regresar a esta parte del texto.

¿Qué descubriste?

¿En ese vacío encuentras algo de paz o solo ruido?

Ese ruido, ¿de qué está compuesto?

¿Puedes distinguir los pensamientos y emociones que se entremezclan?

¿Estás familiarizado con ese espacio? ¿Cuál es tu relación con ese mundo interior espiritual, que no es el del ego o la mente?

Ese espacio detrás del ruido es donde acudimos para encontrar las respuestas y la calma, como el pajarillo posado en el arbusto en medio de la tempestad. Es el espacio de conexión con tu sabiduría interior, y solo tú tienes la llave para acceder a él. Nadie más puede entrar por ti.

Solo necesitas la voluntad de hacerlo y tomarte el tiempo para activar tu inteligencia espiritual. Ella te guiará en el camino hacia la esencia divina. No olvides que, como dice el escritor y conferencista Stephen R. Covey, "no somos seres humanos en una travesía espiritual, somos seres espirituales en una travesía humana".

EL PROPÓSITO DEL ALMA

Por supuesto, no podemos estar el ciento por ciento de nuestro día en conexión total con el vacío, porque eso nos haría inoperantes en las habilidades que requieren inteligencia emocional y cognitiva. Esa paradoja entre cognición y percepción, hacer y permitir ser, es parte de la travesía humana en nuestro camino de evolución espiritual y consciente. Pero sí podemos estar despiertos y conscientes, en estado *mindful*. Para ello, es fundamental dar un propósito a la vida, que es lo que los japoneses llaman *ikigai*. Esto es, en un sentido muy práctico, "una razón para vivir". De acuerdo con la cultura japonesa, todo el mundo tiene un *ikigai*. Encontrarlo requiere una búsqueda profunda en uno mismo y es de vital importancia porque su descubrimiento trae sentido a la vida de la persona y orienta sus propios deseos y anhelos. En otras palabras, nos provee de una razón concreta y específica para levantarnos cada mañana. Volveremos nuevamente sobre el *ikigai* en El principio de pasión.

Ese "propósito para el alma", eso que nos hace nacer antes de morir, es llamado de múltiples maneras. Algunos lo conocen como dharma, *ikigai*, razón de ser. ¿Te has preguntado alguna vez si estás viva, vivo, más allá de si los órganos vitales funcionan? Todos necesitamos volver a nacer durante nuestra vida como una forma de despertar la consciencia y de darle un sentido trascendente a cada cosa que hacemos.

Para ello, debemos conocernos, descubrir los dones y talentos que nos hacen únicos, nuestra particular nota en la melodía del Universo. Porque, si bien somos todos partículas de la misma matriz divina, cada uno tiene su peculiaridad, algo que nadie más posee en igual medida. Con ello podemos hacer cosas que nadie más puede realizar de la misma manera.

No estoy hablando aquí de las acciones que te ves obligado a hacer, sino de aquellas que son naturales y espontáneas, donde sientes que tu alma se involucra plenamente en tu vida. Tener un propósito es lo que hace que las posibilidades de uno florezcan, y así podemos sentir la

¿Cuáles son esos dones y talentos que te hacen única, único?

¿Qué le da sentido a tu vida? ¿Cuáles son las cosas que hacen que tu vida valga la pena?

gloria de la vida en nosotros mismos y en nuestro entorno. Tener un propósito es, ni más ni menos, la diferencia entre vivir y simplemente existir.

Hemos hablado de la relación entre espiritualidad y religión. Quisiera contarte ahora cómo cambió mi concepción de la espiritualidad en relación con la ciencia. Es sabido que, en la Edad Media, la Iglesia Católica era dueña de la espiritualidad y el conocimiento. Ese matrimonio terminó desde el Renacimiento y fue saludable para la evolución libre del conocimiento humano y el descubrimiento científico. De otra manera, seguiríamos pensando que la Tierra es el centro del sistema solar.

Sin embargo, la *New Age* o nueva era (en astrología, la era de Acuario) de la hipercomunicación y el conocimiento holístico, pide un nuevo acercamiento entre ciencia y espiritualidad. La fusión, entre otras filosofías y creencias, de Oriente y Occidente. Yo, desde mi experiencia personal, tuve que incorporar ese acercamiento para desafiar mis propias creencias y prejuicios.

En 2019, leí en un periódico español un artículo que decía que el reiki era una pseudociencia. Eso despertó mi curiosidad. ¿Por qué lo llamaban así? Entonces descubrí que era considerado una pseudociencia porque no ha podido ser totalmente evidenciado. Fue en ese momento —desde mi escepticismo como periodista, porque también yo estaba dentro del viejo paradigma de la ciencia que reza que debemos "ver para creer"— que decidí estudiar reiki para *ver* qué tan cierto era. Matriculé en una maestría de nueve meses que realmente cambió mi vida. Recuerdo que el primer día hicieron la iniciación con un pequeño acto ritual. El maestro *intencionó* que se activara la energía de todo el cuerpo y se canalizara hacia las manos. Entonces, mis manos empezaron a soltar llamaradas de fuego. Allí entendí que el mundo está hecho de lo tangible y de lo intangible, de lo efímero y de lo eterno, y que vivimos bajo un viejo paradigma donde el espíritu está sometido bajo la materia. Porque lo cierto es que pude experimentar, vivir y validar la realidad de cómo podemos usar nuestra energía para autosanarnos y sanar a otros.

Si bien no tengo una práctica profesional prolongada como reikista, tuve la oportunidad de ayudar a sanar el tobillo a una señora en La Montaña Azul, durante uno de los retiros que hicimos en Costa Rica. Se lo ofrecí desde mi mayor humildad, amor e intención de canalizar mi energía hacia su sanación, y resulta que funcionó. A la mañana siguiente, el tobillo estaba desinflamado. Esa fue mi primera comprobación de que el reiki es una ciencia terapéutica.

Entonces, no quiero convencerte desde mi experiencia, lo que te sugiero es: sé más consciente, experimenta, vive, estudia, saca tus propias conclusiones. Como dijo Leonardo da Vinci: "Me cansé de ser yo quien tenga la respuesta correcta… Prefiero ser quien la encuentra".

TÚ CREAS LA REALIDAD

Con la teoría de la relatividad y su concepción del espacio-tiempo, Einstein socavó los fundamentos de nuestra concepción absoluta de la realidad y estableció un cambio de paradigma. Sus teorías partieron de una investigación sobre la extraña conducta de la luz (experimento de la doble rendija), donde los científicos observaron que la luz algunas veces se comportaba como una onda (cuando, por ejemplo, doblaba una esquina) y otras, como una partícula.

¿Cómo era posible que la luz fuera una onda y una partícula a la vez? Para Descartes y Newton, esto era imposible: un fenómeno tenía que ser una cosa o la otra.

A partir de este experimento se encontró que la mirada del observador definía el comportamiento final de los electrones. En su estado natural, los electrones son una onda, como un pensamiento, pero desde que son vistos se vuelven una partícula, es decir, se vuelven una cosa. Esto que te acabo de contar es una revelación de vital importancia para la historia de la humanidad, ya que dejamos de ser observadores pasivos en el sistema del Universo y nos convertimos en los creadores de la realidad.

NUEVO PARADIGMA: CREER PARA VER

La mecánica cuántica —rama de la física que estudia los fenómenos a escalas muy pequeñas o atómicas— trabaja con probabilidades, no con certezas. Esa es la mayor dificultad que tuvo para ser entendida y aceptada socialmente. El principio de incertidumbre, presentado en 1927 por el físico alemán Werner Heisenberg, dice que es imposible medir exactamente la posición y la velocidad de una partícula al mismo tiempo, por lo que solo se pueden conocer las probabilidades de que un corpúsculo esté en determinado lugar a una velocidad dada.

Este cambio de mirada alteró por completo la imagen del mundo donde creíamos vivir. Nos descubrimos colgando del vacío cuando creíamos estar con los pies bien plantados en la tierra. ¿Cómo ocurrió? ¿Te acuerdas de los antiguos modelos del átomo elaborados con palillos y bolitas de poliestireno? Antes de la aparición de la física cuántica, se creía que el átomo se componía de un núcleo sólido formado por los objetos menos sólidos situados dentro o alrededor de él. Fue así como muchos crecimos entendiendo al universo de una solidez hoy cuestionable.

A)   B)

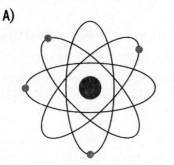

A) Átomo clásico. Versión clásica newtoniana de un átomo de "la vieja escuela". Se centra sobre todo en lo material.

B) Átomo cuántico. Versión cuántica de "la nueva escuela" de un átomo con una nube de electrones. El átomo se compone de un $99,99999\,\%$ de energía y de un $00,00001\,\%$ de materia. Materialmente, eso es casi nada.

El modelo cuántico reveló que las cosas no eran como creíamos. Los átomos se componen principalmente de espacio vacío, son energía. Piensa en lo siguiente: en tu vida todo lo físico no se compone de materia sólida, sino de campos energéticos o de patrones de frecuencia de información. La materia es más *nada* (energía) que *algo* (partículas).

Los físicos cuánticos también descubrieron que la persona que está observando (o midiendo) las infinitesimales partículas del átomo afecta la conducta de la energía y la materia, como explica muy bien el Dr. Joe Dispenza: "Los experimentos demostraron que los electrones existen como una infinidad de posibilidades en un campo invisible de energía, pero solo cuando el observador se fija en cualquier localización de un electrón, es cuando aparece ese electrón". Increíble, ¿no? Pero no es magia, es en tal caso la magia natural del Universo.

¿Qué quiero que saques de todo esto? No es una clase de Física. Lo que quiero que veas es que luego de estos descubrimientos, mente y materia están unidas, ya no solo desde una perspectiva esotérica o espiritual, sino también desde el campo de estudio de la ciencia.

¿Te acuerdas de la historia del astronauta en el espacio que tuvo un sentimiento de conexión como si todos los planetas y todas las personas de todos los tiempos estuvieran vinculados por una trama invisible? Pues, desde el modelo cuántico, se explica que el universo físico es un campo de información inmaterial, interconectado y unificado, que en potencia lo es todo, pero físicamente no es nada. Ahí estuvo el rol activo de Ed Mitchell que permitió que, por observar, la gloria se manifestara. Él creyó y vio. Observó y el Todo se manifestó. La inteligencia espiritual se desempeña, también, en nuestro papel de observadores de la realidad, bajo un nuevo paradigma que ya no es *ver para creer*, sino *creer para ver*.

> ¿Te imaginas cómo cambiaría tu vida si aprendieras a dirigir el efecto observador y a colapsar infinitas ondas de posibilidades en la realidad que eliges? ¿Serías un mejor observador de la vida que deseas vivir?

El mundo cuántico nos está esperando para tomar una decisión y saber cómo comportarse. A través de nuestra atención, tenemos el control y la responsabilidad total sobre lo que elegimos manifestarse en el campo de lo posible. Somos verdaderamente, además de campo unificado, maestros de la creación. Eso nos hace responsables de nuestras vidas y de nuestra espiritualidad. Dios ya no es alguien que esté afuera, vigilándonos, y a quien debamos temer: está adentro. Nuestro vehículo fisiológico está hecho de lo mismo que el resto del Universo. Dios es energía, nosotros somos energía. Si Dios colocó parte de sí para crearnos… entonces somos una manifestación de la energía divina.

LAS TRES CLAVES

Como acabamos de ver, el camino espiritual tiene más que ver con tomar las riendas de tu vida interior que con esperar una revelación del mundo exterior. Quiero darte, ahora, lo que para mí son las tres claves principales para desarrollar el principio de espiritualidad en tu vida:

Introspección: Cuando te enfocas en lo externo, en la apariencia, en los disfraces del ego, ¿cómo te sientes? ¿Sientes un desgaste por mantener un brillo que no dura?

Cuando nos enfocamos en lo interno, en cambio, el brillo no tiene fecha de vencimiento. Adentro está el tesoro espiritual, y para hallarlo hay que des-cubrirse. Mírate ahora, observa cómo estás vestido. Imagina que esa ropa que llevas puesta es tu personalidad, y que tu espiritualidad, que es tu cuerpo, está escondida debajo de todo lo que traes encima. Hasta que la descubres, no sabes cómo estás vestido ni cómo se esconde tu desnudez espiritual. Una buena forma de hacerlo es a través de la meditación. Te invito a ir a la página de recursos, donde encontrarás una meditación especialmente diseñada para este capítulo.

Conexión: En ese espacio de calma podemos conectar con el centro de nuestro ser, con la sabiduría que existe en el vacío, con la alta vibración del Universo. Es allí donde nos reencontramos con la luz y el amor divino que llevamos dentro; con la parte de Dios con la que fuimos creados, como relata el Génesis de la Biblia: "Entonces Dios sopló en su nariz el aliento de vida y fue el hombre un ser viviente".

Manifestación: Cuando conectamos con el vacío interno, lo que damos hacia afuera es lo más verdadero que podemos ser. Compartimos nuestra esencia divina, creativa y amorosa con el entorno. Expresamos nuestros dones y talentos en actitud de servicio a los demás. Nos manifestamos *desde* y *hacia lo divino*, reconociendo también en el otro la presencia de Dios.

Bien lo dice el saludo hindú *namasté*, que en sánscrito significa: "La Divinidad que vive en mí honra y reconoce a la Divinidad que hay en ti". Esto no significa que haya que vivirlo como algo serio o aburrido... ¡Todo lo contrario! La espiritualidad es estar cerca de la fuente creativa de la vida, y no hay nada más alegre que crear desde el juego y el amor. ¡Esto no puede vivirse con el ceño fruncido! Cuando somos capaces de encontrar la paz y la dicha interna, es muy difícil esconderlas. Lo demostramos en cada uno de nuestros actos y gestos.

El mundo está lleno de ejemplos de personas exitosas que se enfocaron en lo externo pero no tenían satisfacción interna (Elvis Presley, Michael Jackson, Howard Hughes, Jeffrey Epstein, por nombrar algunos). Sin duda, es un lugar común la idea de la persona exitosa que es infeliz, pero no deja de ser útil para pensar dónde estamos poniendo el foco.

El ejemplo de la vida de Nelson Mandela me parece muy inspirador en este sentido. Es sabido que Mandela tuvo unos primeros años de fuerte activismo político contra el flagelo del *apartheid*, el sistema de racismo institucionalizado en Sudáfrica. Este activismo llegaba a avalar e incluso a promover la resistencia armada violenta, ya que estaba influenciado, en aquel entonces, por el comunismo y la guerra de guerrillas. Su activismo lo llevó a pasar 27 años en la cárcel.

¿Imaginas esa cantidad de tiempo? ¿Qué podemos pensar que cultiva una persona en 27 años de encierro doloroso?

Al salir, Mandela fue elegido primer mandatario de Sudáfrica. En lugar de buscar venganza, inició un proceso de pacificación del país a través de gestos de reconciliación con la minoría blanca que había sido la opresora de su raza. El más icónico fue en 1995, cuando entregó la Copa del Mundo a los Springboks, el equipo de rugby de Sudáfrica que durante el *apartheid* no aceptaba a jugadores de raza negra.

¿Qué quiero decir con esto? Mandela hizo un profundo camino hacia lo interno durante sus años de reclusión, que lo llevó a reflexionar: "Al salir por la puerta hacia mi libertad, supe que si no dejaba atrás toda la ira, el odio y el resentimiento, seguiría siendo un prisionero". Más allá de la nobleza de las causas por las que luchó, él se dio cuenta de que el verdadero cambio estaba dentro de sí. Eso lo convirtió en un gran líder político-espiritual. Como dijo Mahatma Gandhi, quien fue una gran influencia para Mandela: "Sé tú el cambio que quieres ver en el mundo".

MI DEFINICIÓN DE ESPIRITUALIDAD

Por eso, basado en este ejemplo inspirador y en las claves que vimos, quisiera darte mi propia definición de lo que significa la espiritualidad:

Espiritualidad es el proceso de conexión del ser humano con su esencia divina a través de una observación interna que se manifiesta en su entorno.

Como hemos visto en la introducción del libro, la espiritualidad es una de las aristas principales que hace girar *la rueda de la vida*. Es una de las áreas que debes cuidar y cultivar para que esté en equilibrio con las demás y funcione la totalidad de la rueda (es decir, tu vida). Cuando a la gente se le pregunta por el sentimiento que produce conectarse con su dimensión espiritual, la mayoría de las respuestas son: amor, paz, felicidad.

¿Quién no quisiera tener esos sentimientos más a menudo? El trabajo es lograr que no sean episodios aislados y aleatorios en nuestra vida, sino poder buscarlos con intención y hacerlos parte de nuestra rutina. La pregunta es: ¿cómo hacemos para tener el ser elevado más presente en nuestro día a día? La respuesta en cada persona, por supuesto, puede variar, pero hacerte algunas de estas preguntas puede orientarte:

¿Llevo a cabo alguna práctica espiritual como meditar, orar, etcétera?

Meditar no es otra cosa que "mirar adentro" para conectarte con tu esencia, ese espacio de vacío donde encontramos las respuestas. Es una manera de que tu mente se ancle en el presente, en el aquí y ahora, y se libere de los pensamientos tóxicos que la pueden estar abrumando. La oración, en el caso de personas religiosas, también cumple la función de conectarse con el vacío interior y reconocer tu espacio sagrado.

¿Tengo que ir a un lugar para ejercer mi espiritualidad? ¿Necesito tener un guía o un maestro?

Desechemos un mito: para meditar no necesitas ir a una playa lejana o a un templo budista. Lo único que necesitas es un pequeño espacio en tu casa o en tu oficina, en el que, durante un lapso corto de tiempo (que puede ser un par de minutos), mires adentro y te reconectes con tu esencia. Puedes hacerlo de forma guiada o bien encontrar tu propio camino para ir "tierra adentro". Lo mismo aplica para las personas que practican la oración.

¿Hago servicio para asistir a otros? ¿Practico algún ejercicio de filantropía en mi vida?

Es importante pensar esta pregunta de forma amplia. El servicio puede hacerse desde la participación en una organización de acción social hasta la predisposición que tengas en cada minuto y en cada lugar para ayudar a las personas que lo necesitan (en tu casa, en tu trabajo, en la calle). Porque ser espiritual no significa ir a la iglesia a darse golpes de pecho y sentirse culpable: implica tomar acción (desde tu corazón y esencia) hacia ti mismo y hacia los demás, una acción enfocada en el servir, dar, cuidar y compadecer.

Espiritualidad no es realizar grandes actos de sacrificio o sufrimiento. Es, más bien, una consecución de pequeños actos de amor diario.

EL RETO DE LOS FRUTOS DEL ESPÍRITU

En relación con estos pequeños pasos para tomar acción y manifestar tu espiritualidad, me gustaría proponerte una tarea antes de continuar con el siguiente principio. Se trata del Reto de los Frutos del Espíritu. Los frutos del espíritu, mencionados por San Pablo en el Libro de Gálatas, en la Biblia, son las virtudes del espíritu humano en semejanza de Dios, contra las cuales, según el apóstol, "no hay ley que las condene".

Ellos son: amor, gozo, paz, paciencia, benignidad, bondad, fe, mansedumbre y templanza. Estas cualidades se manifiestan como una unidad, o sea, relacionadas entre sí y no por separado. Por eso, te propongo un reto de nueve días para manifestar cada uno de estos frutos, uno por día. No se trata de enormes sacrificios sino de micropasos en el camino de la espiritualidad que te ocuparán poco tiempo y esfuerzo y te permitirán acercarte a la divinidad. Te ayudaré con una breve explicación de cada uno de los frutos:

Día 1: Amor
Es la base fundamental de los frutos, la que hace que el resto sea una consecuencia. Se trata de una actitud de afecto sincera que busca el bienestar del prójimo por encima de los intereses personales. A través de él se manifiestan las demás cualidades del espíritu. ¿Estoy conectado con ese sentimiento en mi vida diaria? ¿Ejerzo un liderazgo amoroso en mi casa, en mi trabajo?

Día 2: Gozo
Más que un sentimiento, muestra una actitud de confianza suprema, basada en la fe en Dios o en un bien mayor. Se trata de una satisfacción interna que va más allá de las circunstancias o adversidades. Por ejemplo, en momentos de tristeza o desánimo, o cuando las cosas no funcionan bien en el trabajo, ¿soy capaz de manifestar un sentimiento de gratitud a la vida?

Día 3: Paz

Es una cualidad que tampoco está sujeta a las circunstancias, sino que es producto de la contemplación desde la perspectiva divina. Es una serenidad de espíritu que se consigue mirando hacia el interior; la paz con Dios, con uno mismo y con los demás. ¿Estoy habituado a tomarme un tiempo en mi día para anclar en la paz interna? ¿Tengo dos minutos de mi jornada laboral para meditar y reconectar con mi eje?

Día 4: Paciencia

Es la virtud de atravesar circunstancias adversas con la tranquilidad de que en ellas está obrando Dios o el bien mayor. Por ejemplo: ¿soy capaz de dominar mi temperamento y mantenerme en eje cuando las cosas no salen como espero? En la vida profesional, si tengo que dar un *feedback* negativo: ¿soy capaz de hacerlo con paciencia y desde mi posición de observador elevado?

Día 5: Benignidad

Es nuestra capacidad de ser compasivos aun con aquellos que nos han ofendido o agraviado. Perdonar es divino, pero también es humano. ¿Estoy dispuesto, por ejemplo, a mandar un mensaje de amor y reconciliación a una persona con la que estoy distanciado y me cuesta restablecer el contacto?

Día 6: Bondad

Es la inclinación a hacer el bien y a tener un comportamiento virtuoso. Por lo tanto, significa actuar con generosidad. ¿Estarías dispuesto, por ejemplo, a donar toda la ropa de tu clóset que no usaste en el último año? ¿O a brindar un servicio altruista de forma gratuita, sin ningún interés material o de negocios?

Día 7: Fe

Es la certeza de lo que se espera y la convicción de lo que no se ve. La capacidad de creer que nuestras acciones producirán un resultado que será beneficioso y positivo para nosotros. ¿Dónde me falta "creer" para poder "ver"? ¿A qué área de mi Rueda de la Vida pienso que le falta fe? Es una buena oportunidad para empezar a manifestarla.

Día 8: Mansedumbre

Atención, un *spoiler:* no malinterpretar esta virtud. Ser "manso" no significa dejarse atropellar. Es la capacidad que tenemos para moderar la ira y el enojo y evitar consecuencias indeseadas en nosotros mismos y en el entorno, como el resentimiento, la venganza y el rencor. ¿En qué ocasiones de tu vida crees que deberías ejercitar mejor la mansedumbre?

Día 9: Templanza

Consiste en la moderación de los placeres con el fin de obtener un equilibrio personal y el óptimo aprovechamiento de los bienes. Una persona con templanza es más proclive a cumplir con sus objetivos ya que, por medio de la voluntad, puede dominar sus instintos, lo que le ayuda a evitar distracciones innecesarias y mejorar su desempeño en todos los ámbitos. ¿Estoy dispuesto a hacer un ejercicio de contrición? Por ejemplo: ¿estoy dispuesto a hacer votos de silencio, apartarme de las redes sociales por unas horas, hacer ayuno o celibato por un tiempo? Aclaro: no se trata de tener una mirada moralista sobre los placeres o la carne, sino de aprender a moderar y controlar nuestros instintos en la búsqueda de un bien mayor. Nada nos domina en la experiencia de los sentidos, sino el gozo del corazón. Ese es el norte donde la satisfacción inmediata del placer puede ser aplazada en la dicha de lo que es eterno y esencial.

"Porque cada árbol se conoce por su fruto; pues no
se cosechan higos de los espinos, ni de las zarzas se
vendimian uvas".

LUCAS 6:44

Ahora sí vamos concluyendo este segundo capítulo dedicado al principio de la espiritualidad, que no es un bien de lujo sino una necesidad humana, un alimento sin el cual nos vamos, a veces sin darnos cuenta, desnutriendo y sin el cual nos desconectamos del alma.

El liderazgo debe ser espiritual. Liderar es mucho más que dirigir a seguidores. Liderar viene de nuestro interior y es servicio y misión de vivir en alta conciencia. Liderar desde adentro es una forma de orientarnos hacia un propósito, conectados con nuestra sabiduría divina.

Si aprendemos a ponernos en contacto con nuestro ser elevado, evolucionamos como seres humanos en todos los aspectos: como ejecutivos, jefes, padres, hijos, hermanos, amigos, pareja. ¿Cuál es la clave para desatar esa fuente de abundancia que brota de nuestro interior? Tan solo poder escucharla, identificando y no enganchándonos con los ruidos del ego y de la mente. Para ello, debemos dedicarnos a explorar ese espacio de vacío donde somos nuestros verdaderos interlocutores y desde el cual recibimos el soplo divino de la voz de Dios.

La última respuesta está ahí, en tu corazón, donde tan cuidadosamente la guardó Brahma. En ese pequeño hueco donde el bambú centra su crecimiento. Cuando muchas veces nos enloquecemos buscando respuestas complejas y rebuscadas a nuestra vida, olvidamos que en lo más hondo de la profundidad habita la simpleza. Como dijo Abraham Lincoln: "Cuando hago el bien, me siento bien; cuando hago el mal, me siento mal, y esa es mi religión".

CAPÍTULO 3

Fuerza serena

El líder bambú utiliza su fortaleza y su paciencia para mantener un enfoque y una dirección clara.

Corría el año 1893 en Sudáfrica. Un abogado indio que había sido formado en Londres se encontraba allí por trabajo. Al presenciar la discriminación que existía contra las personas de su raza y contra todos aquellos que no eran cristianos europeos (los que no lo fueran no podían siquiera caminar por la misma acera), decidió organizar una reunión con todas las minorías étnicas de la ciudad.

Congregados en una plaza, indios, musulmanes y otras comunidades, los incitó a quemar sus pases en un fogón. Los pases eran el símbolo de la discriminación legal en Sudáfrica, un documento que solo estaban obligados a portar en la vía pública las personas de raza no caucásica.

Al presenciar este hecho, y aduciendo que eran documentos del gobierno, las fuerzas de seguridad apresaron y reprimieron violentamente a todo aquel que lanzaba su pase al fuego. El abogado, de forma pacífica, continuó tirando al fuego los pases que habían quedado desparramados en el suelo. Por cada pase que tiraba, recibía un violento bastonazo de la policía. Esto no lo provocaba, pero tampoco lo detenía. Tiró pases al fuego mientras tuvo fuerzas dentro de sí. Terminó abatido en el piso y recibió una brutal golpiza de los oficiales, pero su acción ejemplar fue atestiguada por toda la concurrencia.

Esta persona era Mahatma Gandhi. Y la historia, que no es de las más conocidas de su biografía, fue el principio de su práctica conocida como "acción no violenta", que años más tarde llevaría a India a lograr su independencia del Imperio británico.

FUERZA VERSUS VIOLENCIA

He elegido de forma consciente usar el término "acción", en lugar de "resistencia" o "lucha no violenta", con el que también se conoce esta práctica. Lo he hecho porque en la fortaleza interna de Gandhi no hay una negación de la fuerza del otro —lo que implicaría una resistencia— ni una oposición a esa violencia —lo que supondría un contraataque—. No es la fuerza bruta sino la claridad y la paciencia para lograr su objetivo las que lo hacen fuerte. Y este es otro tipo de fuerza que bien podemos llamar fuerza serena, tal como lo aprendemos en artes milenarias como el Chi Kung o el Taichi Chuan.

La fuerza de la claridad unida a la paciencia es mucho más poderosa que la violencia del atropello, que tiene como fin último la dominación y el control. Esto último, como bien dice Stuart Wilde en su libro *God's Gladiators*, termina "controlando al controlador", y esa necesidad de control nos hace esclavos de su tiranía a través de una alta resistencia ante la fluidez de la vida. A diferencia del carcelero que entrega su vida a la tarea de controlar a un preso y solo logra que de los dos lados de la reja esté la cárcel, Gandhi persigue, en cambio, la liberación. No lo hace oponiendo la violencia a la dominación, sino que reconduce esa energía desde la consciencia del Ser. La fuerza serena no fluye del ego sino desde lo profundo del Ser superior. Si el control es el infierno del ego, la liberación es el paraíso de la consciencia.

Desde el punto de vista de la física, la fuerza es una acción que se ejerce sobre un objeto y que, como consecuencia, modifica su estado. Puede cambiarlo de lugar, romperlo, deformarlo, ponerlo en movimiento o detenerlo. No podemos ver la fuerza, pero sí reconocerla a través de los efectos que produce.

Ahora bien: ¿qué ocurre cuando dos cuerpos hacen fuerza en sentido contrario el uno contra el otro? Puedes imaginarte a dos personas empujando una caja en direcciones opuestas. ¿Qué crees que pasará entonces? Así es, las fuerzas se restan, se quitan fuerza y poder mutuamente.

Gandhi entendió que, como dice el lema del aikido, la verdadera victoria es vencerse a uno mismo y no imponerse al otro mediante la violencia o la agresividad. Las artes marciales proponen utilizar la fuerza del propio adversario para dirigirla en su contra. Es esto lo que hizo Gandhi con sus atacantes: dejarlos en evidencia, ponerlos de cara frente al poder dañino de la violencia que estaban ejerciendo.

En el Tai Chi, por ejemplo, que es un arte marcial desarrollado en China y practicado por millones de personas en todo el mundo, el principio fundamental es la suavidad. Esta disciplina se practica mediante movimientos relajados, sueltos y fluidos, y no se requiere de ejercicios de tensión o rapidez, como suelen ser las pruebas de rompimiento en los deportes de combate. Contrario a esto, el practicante busca adherirse al adversario manteniendo siempre el contacto con él, sin oponer resistencia y reaccionando de manera espontánea y natural. Es así como la fuerza en forma de violencia termina dañando a quien la ejerce.

LA NATURALEZA NO HACE FUERZA, LA USA

> Un enorme roble no hace esfuerzo para sostener sus vi-
>   gorosas ramas;
> su sola presencia irradia fuerza serena.
> No se tensiona el elefante para quitar un pesado obs-
>   táculo de su camino;
> los movimientos de su trompa son armónicos y podero-
>   sos a la vez.
> No hay rigidez ni temor en el grillo para dar largos saltos;
> se le ve suave y sosegado.
> No hay dureza en los movimientos del tigre cuando va
>   a cazar;
> está en total presencia y sus músculos se encuentran re-
>   lajados.
> La catarata no opone resistencia al agua del río;
> sencillamente la deja fluir y por ello es tan imponente y
>   majestuosa.
> La naturaleza no hace fuerza, la usa.

Estas palabras, extraídas del libro *La Fuerza Serena: Chi Kung Shaolin - Voces y Silencios*, escrito por Sifu Rama y Adelaida Nieto, explican con belleza poética de qué manera la sabiduría de la naturaleza ha previsto que la energía esté disponible en el Universo y que solo necesitemos aprender a utilizarla.

Sin embargo, los seres humanos nos inventamos una manera de vivir en la cual permanentemente estamos "haciendo fuerza" o probando nuestra fuerza contra algo.

Hacemos fuerza para que las cosas sucedan o no sucedan, para amar y ser amados, para no tener miedo, para ser aceptados y valorados; hacemos fuerza para dominar la rabia, la pereza, los celos, la envidia, para tener dinero, para tener paz mental… ¡Hasta para dormir y para despertarnos hacemos fuerza!

Estos comportamientos mucho tienen que ver con la cosmovisión de escasez con la que frecuentemente crecemos. También tienen que ver con la idea de que no hay para todos y tenemos que competir para triunfar y hacer fuerza para ganar. Lamentablemente, donde la vida es una batalla y el mundo es un lugar hostil, no fluye la corriente del bienestar. Suena agotador, ¿verdad? Es que realmente lo es. Esto no solo nos desgasta, también es inútil, porque, como bien dice mi gran amiga Adelaida Nieto, de esta manera "las cosas no salen bien y uno no sale bien de las cosas".

¿Cómo podemos convertir este *lose-lose* (perder-perder) en un *win-win* (ganar-ganar)? Entendiendo que la fuerza y la vitalidad que necesitamos están ahí, disponibles, que son energía vital y cósmica que podemos aprender a utilizar de una manera eficaz. Y ese es, precisamente, el arte del Chi Kung o Qigong.

En la medicina tradicional china, el *chi* —o *ki* en japonés— se traduce como "el flujo de la energía vital" y es un concepto parecido al del *prana* en el hinduismo. *Chi* es la energía del macrocosmos (Universo) en el microcosmos (el cuerpo humano y su psique). Es la fuerza vital que hace que podamos pensar, sentir, movernos y, en definitiva, existir.

Gracias al *chi*, el organismo realiza sus funciones fisiológicas y mantiene las actividades vitales. De acuerdo con la medicina china, la interrupción de ese flujo de energía en el cuerpo es la base de todos los trastornos físicos y psicológicos del ser humano. Cuando el empleo de una fuerza nos produce daño, significa que estamos usando mal la energía y que no la dejamos fluir con todo su potencial porque la bloqueamos con tensiones y resistencias de todo tipo.

Te pongo un ejemplo sencillo: obsérvate con atención cuando te sientes cansada o cansado, y verás que gran parte del desgaste no proviene de las tareas realizadas, sino de "hacer fuerza" para que estas salgan bien. Desperdiciamos la energía con preocupaciones —que no son otra cosa que ocuparse anticipadamente de algo— y remordimientos sobre el pasado; nos atamos a miedos y ansiedades infinitamente más agotadores que nuestras tareas. Creamos escenarios del pasado y del futuro en la mente, postergando el único lugar donde las cosas verdaderamente ocurren, que es en el presente, aquí y ahora. Y la verdad es que usar tu máquina mágica para inventar preocupaciones es desperdiciar su enorme energía creadora y su potencial de manifestación en gestar y crear cosas que no deseas que pasen. Este es un sinsentido mayúsculo que practicamos sin mesura ni cordura.

El Chi Kung aplica una serie de técnicas que comprenden la mente, la respiración y el ejercicio físico y tiene objetivos orientados al mantenimiento de la salud y, en ocasiones, puede ser empleado para tratamientos terapéuticos específicos. Sin embargo, la base fundamental del Chi Kung es curar a la persona y no solo la enfermedad. Esto significa que su mirada sobre el ser humano tiene un abordaje holístico que comprende los aspectos físicos, intelectuales, emocionales y espirituales, y los entiende como una unidad.

Los procesos curativos se canalizan hacia la persona, no solo hacia el órgano, hacia las causas de la enfermedad y no solo hacia los síntomas. En otras palabras, no se busca solamente eliminar la punta del iceberg, sino actuar sobre el origen o la base del problema. Desde esta perspectiva, existe una sola enfermedad: la alteración del sistema energético, y esta conlleva un sinnúmero de síntomas que, en Occidente, llamamos "enfermedades". Recordemos que la salud perfecta no es la ausencia de enfermedades, sino que, en ayurveda, la ancestral medicina en India, la salud radiante es armonía, equilibrio y paz con dicha divina.

En el aspecto físico, podemos hablar de fuerza muscular o mecánica, que produce tensión, y de fuerza energética o "interna", que la libera. Cuando vemos que un pequeño practicante de artes marciales parte un ladrillo con su delicada mano, sin hacerse daño, no se trata de un niño prodigio con superpoderes ni de un truco de ilusión óptica. El practicante simplemente está utilizando su fuerza interna en lugar de la fuerza de sus músculos. Es decir, está empleando la fuerza serena.

La fuerza serena busca mantener el eje y una circulación armónica del *chi*. Es por eso que el Tai Chi, así como el Aikido y otras artes marciales, es considerado una práctica físico-espiritual, además de una técnica de combate, lo que fue, quizás, su origen. Constituye, en sí mismo, una técnica de meditación dinámica que busca la percepción y el manejo de esta energía vital, ya sea aumentándola y haciéndola circular por todo el cuerpo o utilizándola de manera concentrada y dirigida.

ESTAR *MEDITADO* VERSUS *MEDICADO*

Desde el punto de vista occidental, hoy sabemos que lo que se conoce en Oriente como "energía", tiene una explicación científica. Las moléculas poseen un aspecto vibracional y otro de partícula o fisiológico. Actúan en los dos planos.

Por ejemplo, como señala la gran investigadora y maestra espiritual Stella Maris Maruso en su libro *El laboratorio del alma*, "las moléculas de las emociones se desplazan por el cuerpo y encajan en los receptores tal como una llave encajaría en su cerradura". Esto produce un cambio fisiológico en la célula. Por lo tanto, la mente, las ideas y las emociones afectan directamente a nuestra salud física. La armonía de uno está directamente relacionada con el funcionamiento equilibrado del otro.

Una vida saludable incluye entonces la movilización adecuada de los estados emocionales, pero esto no puede estar separado de la inteligencia racional, como vimos en el capítulo anterior.

Te pongo un ejemplo: ¿cuántas veces has confundido la tristeza con la rabia, con el rencor o con el miedo? Ninguna emoción es mala, todas son válidas cuando son correctamente identificadas y gestionadas. El problema es que cuando confundes las emociones no puedes expresarlas saludablemente y quedan prisioneras en tu interior. Esa represión trae severas consecuencias para la salud, no solo la psicológica, sino también la física. Al reprimir una emoción, reprimes también sus funciones orgánicas.

Hoy en día, la neurociencia afirma que si un cuerpo se excede en la generación de los bioquímicos de la tensión, disminuye su capacidad de discernir y discriminar, o sea, disminuye el potencial de la mente analítica para elegir con inteligencia. Cuando esto ocurre nuestra mente se vuelve caótica y, en vez de ser una herramienta, se transforma en un obstáculo.

Existe en el cerebro un órgano primitivo que procesa las emociones desagradables como el miedo y la rabia, entre otras: se llama amígdala. Esta glándula, ubicada en la parte interna del cerebro, es una vieja conocida del ser humano, ya que desde la prehistoria se encarga de generar el efecto pelea-fuga donde, o bien nos preparamos para escapar de una amenaza depredadora, o bien para enfrentarla. Algunas veces hay una tercera reacción, que es congelarnos sin poder reaccionar.

Hoy en día no existen los depredadores de entonces ni vivimos en constante peligro, pero sí enfrentamos frecuentes amenazas a nuestra sensación de valía o significado personal. Por ejemplo, experimentamos esto cuando alguien nos rechaza o cuando critican nuestro desempeño, nuestra imagen y nuestras capacidades.

Es absolutamente normal tener un instinto de defensa frente a una sensación de amenaza, ya que llevamos esta reacción en nuestro organismo. Pero también tenemos la potestad de entender que es solamente una sensación, y que no hay un peligro real sobre nuestras vidas más allá del valor subjetivo que le demos a esa amenaza; o sea, el peligro solo existe cuando permitimos que la amenaza nos afecte ciertamente y coloque las hormonas del estrés en nuestro torrente sanguíneo.

Hoy sabemos que una amígdala muy reactiva influye directamente en el nivel de estrés percibido, y que este es una de las grandes enfermedades de nuestro tiempo. También te traigo una buena noticia: no estamos presos en este pequeño injerto histórico en nuestro cerebro.

Aquí quiero hacer énfasis en una práctica que realizo diariamente y que es uno de los pilares fundamentales de mi calidad de vida: la meditación. Meditar es una excelente herramienta para reducir el estrés. En un estudio se enseñó a meditar a un grupo de diez personas durante ocho semanas y otras diez sirvieron de grupo de control (sin recibir ningún entrenamiento). El grupo que aprendió a meditar redujo sustancialmente su estrés percibido.

En otras palabras, la meditación sirve para calmar y desinflamar la amígdala y nos ayuda a tener más claridad, más reflexión crítica e intuitiva y más paciencia. Pero atención: tener más paciencia no significa ser más débiles o estar anestesiados… ¡Todo lo contrario! Lo que hace la meditación es despejar mi mente de basura para que yo pueda estar en paz, activo y conectado. La meditación es una gran técnica natural que no demanda de ayuda farmacológica para liberar el *spam* de nuestro cerebro, nuestra mente y nuestra memoria celular para así funcionar de una manera óptima. Como digo siempre: es mejor estar *meditado* que *medicado*.

En otra investigación con un aparato de resonancia, se compararon los cerebros de personas que meditaban versus las que no lo hacían y se encontraron diferencias sustanciales: los meditadores tenían más masa neuronal en las zonas relacionadas con la consciencia de uno mismo y el procesamiento de las sensaciones.

Hoy en día, los investigadores del cerebro aseguran que meditar desarrolla las conexiones neuronales y mejora la interrelación entre los hemisferios cerebrales. Literalmente, se "recablea" el cerebro cuando meditamos.

La excelente imagen que utiliza David Fischman en su libro *Inteligencia espiritual* es que la mente es como una esponja. Cada vez que meditamos la llenamos de agua limpia, paz y serenidad. Luego, durante el día, se intenta prender fuego en nuestra mente con los problemas, estrés y amenazas, pero como nuestra esponja está llena de agua, el fuego no se produce o no crece. Esa agua de calma apaga cualquier llama y nos permite enfrentar las situaciones sin explotar. Quiero hacer hincapié en que no se trata de un sedante, como pueden ser las "armas de distracción masiva", como me gusta llamar a la televisión y a las redes sociales. Por el contrario, es una herramienta para estar más atentos, sintonizados y encendidos.

EL LÍMITE AMOROSO

Te voy a contar un momento de mi vida personal en el cual fue muy importante estar *meditado*, es decir, ubicado en el presente, con atención plena y consciente. En mi carrera temprana en los medios de comunicación en Cuba, mi jefa era una mujer de altos decibeles a la hora de hablar. O sea, literalmente gritaba. Su estilo de liderazgo era impositivo, algo autocrático y muy emocional.

Recuerdo que un día entré a su oficina, ella me dio unos cuantos gritos, y yo me dije: "Esto no es algo que debo permitir, porque no quiero tratar a la gente así y, por lo tanto, no quiero ser tratado de esta manera". Y lo que hice fue decirle: "Mire, voy a salir de la oficina, voy a cerrar la puerta, y cuando vuelva a entrar, le pido que usted me hable en otro tono porque nada que yo pueda haber hecho merece esos alaridos. Si no nos entendemos, saldré definitivamente y usted podrá despedirme. Esa es su prerrogativa, y la mía es no tener que oírle sus gritos".

Ella se quedó en shock porque nadie se le enfrentaba. Nadie tenía la potestad moral o se sentía con la valentía de, en un buen tono, hacerle un reclamo para que se diera cuenta de que ser la jefa no le daba derecho a gritar. Mucho más en un país como Cuba, donde nos enseñaron a no cuestionar la autoridad. Es gracioso que, en ese momento tan tenso, me acordara de una canción con la que crecí, de la cubana Beatriz Márquez. La canción decía (con tono y ritmo de música alegre): "No me grites / que no hay por eso más razón en lo que dices".

Entonces, con esa hermosa melodía en la cabeza, salí de la oficina, cerré la puerta, volví a entrar y dije: "Hola, ¿qué tal? Aquí estoy. Dígame, por favor, lo que usted tiene que reclamarme". Me senté, ella bajó el tono, me ofreció disculpas, y esa fue la última vez que nuestra relación necesitó de gritos para comunicarnos. Es una mujer líder a quien hoy sigo respetando y a quien agradezco todo lo que de ella aprendí.

La jefa siguió gritando, eso sí, a los otros que se lo permitían; pero cada vez que teníamos una reunión, ella sabía cuál era el tono y la manera pacífica con la que yo quería relacionarme. ¿Y por qué digo esto? Porque muchas veces las personas se creen en desventaja, y no usan su fuerza serena ya que se intimidan por la posición o jerarquía del otro, o por las represalias que se puedan tomar. Entonces, actuamos desde el temor y no desde el poder personal, actuamos desde el miedo y no desde el discernimiento amoroso.

Para poder actuar desde el poder personal y desde el discernimiento amoroso, es fundamental tener entrenados el autoconocimiento, la autopercepción del amor propio y del amor a los demás y la consciencia del momento y de las energías sutiles que se están moviendo. Necesitamos todo esto para no dejarnos llevar por el temor ni por el enojo y para aceptar e identificar las emociones sin dejar que nos dominen como reacciones viscerales que no podemos gestionar y redireccionar apropiadamente.

Por lo general, esto es muy complicado de manejar en tiempo real y uno termina ajustándose a las normas de etiqueta impuestas por otros. Pero lo cierto es que —y este ejemplo es prueba de ello— desde la honestidad, la comunicación amorosa y el respeto, nos podemos hacer valer frente a cualquier persona. Esto es conectar con tu fuerza serena: reconocer tu poder personal sin perder la consciencia del entorno y la comunicación amorosa, y mantener la claridad y la paciencia para llevar a cabo tu objetivo.

Te invito, en este momento, a que hagas una pausa de evaluación. Trazando un paralelismo con el fútbol, los grandes jugadores de la historia son los que han entendido que hay un momento para hacer una pausa y obtener así una visión panorámica que les permita decidir cuál es la mejor acción. Este es el caso de Andrés Iniesta, exfutbolista del club Barcelona y de la selección nacional de España. Te invito entonces, en este momento del "partido", a que detengas la pelota y te tomes un tiempo para hacer un autodiagnóstico. No es un examen, no se trata de juzgarse. Es simplemente observarte desde la distancia para entender mejor dónde estás posicionado en este principio de la fuerza serena.

➡ EN LO PERSONAL:

Identifica en una relación del pasado un evento donde pudiste o no colocar un límite amoroso.

¿Quién fue la persona? ¿Qué tipo de relación era? ¿Por qué era importante colocar un límite? ¿Lo hiciste desde la emoción, desde la razón, o practicaste tu equilibrio mente-corazón para colocar este límite? ¿Te expresaste con claridad y valentía o fue un cúmulo de emociones mal gestionadas?

➡ EN LO LABORAL:

Recuerda una ocasión donde lograste alcanzar una meta importante en tu trabajo o en tu negocio.

¿Cuáles fueron las cualidades presentes dentro de ti que te motivaron a alcanzar la meta? Cuando dudabas en alcanzarla: ¿permitiste que la serenidad te apoyase para mantener la misión clara y firme o, en ocasiones, te entregabas al miedo y la duda?

竹 竹 竹 竹 竹 竹 竹 竹 竹 竹 竹 竹

Cuenta una leyenda asiática que un joven agricultor sembró semillas de bambú. Las regaba y cuidaba con esmero, pero a los seis meses se aburrió y dejó de hacerlo. No se explicaba por qué no florecían. Siete años después, vio brotar los troncos verdes y redondos. Su elevación fue tan rápida que el campesino, ya no tan joven, juraba que podía hasta verlos crecer.

Le dijo a su padre que los tallos habían logrado alcanzar seis metros en apenas un mes. El viejo campesino le respondió lo siguiente: "No es así. Los tallos, para alcanzar seis metros, han esperado siete años".

竹 竹 竹 竹 竹 竹 竹 竹 竹 竹 竹 竹

En eso radica la sabiduría del bambú. Durante siete años se prepara para convertirse en la planta de más rápido crecimiento del reino vegetal. En siete años acondiciona sus raíces, crece internamente y, cuando se siente listo, emana, se eleva y nada puede detenerlo. Su fuerza no es atolondrada ni busca el éxito fácil. Su fuerza es una fuerza serena, consciente del proceso de maduración que requiere lanzarse a conquistar las alturas. El bambú nos da un claro ejemplo de que la paciencia va de la mano de la fuerza y no al contrario, como muchos creen.

Te cuento una curiosidad que me llamó mucho la atención: esta sabiduría de la planta se ve reflejada incluso en el idioma chino, ya que el radical de la palabra "bambú" (竹) se encuentra, entre otros cientos de caracteres, en el de la palabra "esperar".

El bambú es paciente porque sabe que el verdadero éxito no tiene apuro. Encuentra su momento oportuno y

RADICAL DEL BAMBÚ

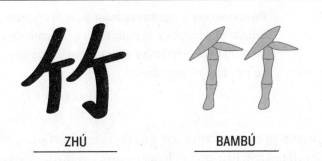

| ZHÚ | BAMBÚ |

luego nada lo detiene porque su entereza es interna. El éxito de su crecimiento se sustenta en la base sólida de sus raíces. Esta fuerza duradera del bambú se puede ver, también, en el uso que el ser humano le da a la planta en la construcción. En la actualidad, más de mil millones de personas viven en casas fabricadas con este material, que además sirve como refuerzo para la construcción de puentes y carreteras en China e India, respectivamente. También el bambú tiene otros usos como alimento y medicina, y en la elaboración de ropa, mobiliario, instrumentos musicales, armas y papel.

➡ PREGÚNTATE:

¿He sentido alguna vez la vocación de alcanzar la excelencia en mi vida, pero sin antes desarrollar o fortalecer mi "yo interno"? ¿Cómo vivo mi relación con los procesos?

¿Reconozco la fortaleza dentro de mí para alcanzar un objetivo?

¿Confundo a veces serenidad con pasividad o falta de entusiasmo?

EL CAMINO DEL GUERRERO

> Pretender ser valiente sin amor y ser el primero sin
> humildad conduce a la muerte. El que combate con
> amor ganará la batalla y el que se defiende con amor
> se mantendrá incólume.
>
> (Atribuido a Lao-Tse)

La primera pregunta que un guerrero debería hacerse es: ¿qué batalla estoy librando? Esta es una pregunta de la consciencia. En el día a día, en el minuto a minuto de mi vida, ¿cuál es el móvil que guía mis acciones? Estas acciones, ¿son determinadas y responden a un sentido? ¿Trazan un camino desde mi consciencia o se acomodan a los caminos y a los intereses de otros?

La diferencia entre un soldado y un guerrero es que el soldado muchas veces pelea una guerra ajena, mientras que el guerrero pone el cuerpo y el alma donde su consciencia le dicta. Define su campo de batalla, su camino.

En su libro *Las enseñanzas de Don Juan: una forma Yaqui de conocimiento*, Carlos Castaneda, como parte de su tesis de antropología, relata sus experiencias junto a un chamán del pueblo yaqui en el norte de México. Presta atención al siguiente fragmento:

"Un camino es solo un camino. Si sientes que no deberías seguirlo, no debes seguir en él bajo ninguna condición. Para tener esa claridad debes llevar una vida disciplinada. (…) Mira cada camino de cerca y con intención. Pruébalo tantas veces como consideres necesario. Luego hazte a ti mismo, y a ti solo, una pregunta: ¿tiene corazón este camino?

Si tiene, el camino es bueno; si no, de nada sirve. Todos los caminos son lo mismo, no llevan a ninguna parte. Son caminos que van por el matorral. Ningún camino lleva a ninguna parte, pero uno tiene corazón y el otro no... Uno hace gozoso el viaje; mientras lo sigas, eres uno con él. El otro te hará maldecir tu vida. Uno te hace fuerte; el otro te debilita".

Estas palabras de gran claridad y exquisitez nos dan una simple lección: la fuerza y la vitalidad surgen de un estado de apertura del corazón, de entrega a la vida en el aquí y el ahora. El amor es el baluarte del guerrero pacífico, esa fuerza incesante que brota del interior y actúa con firmeza. El amor es simple, el corazón es simple en sus respuestas, es la mente a la que le gusta la complejidad.

Vivimos, como dice Stuart Wilde, en una prisión invisible creada por nuestra mente y para nuestra mente. En esa prisión de ilusiones somos dominados por el ego y su necesidad de sentirse especial. Es bajo esta idea de especialidad y separación que el ego se siente seguro, persiguiendo incansablemente (porque nunca es suficiente) atención, *glamour*, dinero, poder y reconocimiento.

Nos hacemos auténticos gladiadores de la mente mientras buscamos convertirnos en celebridades. Como figura pública, entiendo perfectamente el "juego" de convertirnos en celebridades, ese juego que nos hace esclavos de la aprobación.

Mi propuesta en este libro es liberarnos del pesado grillete de la dependencia del elogio y empoderar nuestro estilo de liderazgo desde el amor. Trabajar desde el amor, gobernar desde el amor, liderar desde el amor, amar desde el amor. El amor es sinónimo de fuerza y es capaz de sacarnos de los laberintos más oscuros. Te invito, entonces, a convertirte en un verdadero gladiador del corazón. Y en cuanto a lo célebre, que sea el uso que le damos al cerebro reprogramado a conciencia lo que nos convierta en *"cerebridad"* y de ahí venga nuestra celebridad. Que el cerebro trabaje para tu corazón y tu alma y no que sea el único centro de comando para las decisiones de vuelo.

Mi maestro Sifu Rama habla de cultivar en nuestra vida cotidiana las cualidades del *monje guerrero*. ¿Te parece un oxímoron? Pues no lo es. Cada uno puede ejercitar en su vida diaria estas cualidades que son perfectamente compatibles: el coraje y la compasión. Y por coraje entendemos valentía y esa valentía no es ausencia de miedos, sino más bien un accionar a pesar y más allá de reconocer nuestros miedos.

El monje guerrero no concibe el coraje sin compasión, y no los busca por convicción de la razón, sino por impulso del corazón. Del guerrero tiene la claridad mental para la toma de decisiones rápidas y asertivas, es eficaz, valiente y osado. Del monje, la compasión, la serenidad, la voluntad de servicio y una armonía interior que lo hace imperturbable. Lo que actúa en estas dos cualidades es la fuerza serena. En este sentido, podríamos entender la palabra compasión como "con pasión", es decir, vivir con amor y entusiasmo, con empatía y fervor, con fuerza y serenidad.

Llegado a este punto del camino, me gustaría darte mis tres claves de cómo aplicar este principio en las distintas áreas de tu vida:

Sé creador, sé creativo en todo lo que sucede en tu vida. Es fundamental hacer anclaje en esta idea. Al identificarla, puedes conectar con la confianza de que realmente puedes alcanzar lo que te propones. Conectar con el amor propio y la autoestima es el primer paso para concebir el poder que tienes para afectar tu realidad y, aún más, para crearla tú mismo. La vida tiene algo de magia. A cada paso y a cada momento estamos creando realidad, nos demos cuenta o no. Como expresa el autor, psicoanalista e investigador argentino José Luis Parise en su libro *Los 11 pasos de la magia*: "Desde el inicio de la historia, la humanidad transmite un legado que enseña que es posible usar fuerzas sutiles que ayudan al hombre en su vida. Cuando el hombre perdió contacto con la magia… a esa fuerza la llamó casualidad".

No existen las casualidades, sino cuánto hemos aprendido verdaderamente a usar la fuerza que hay en las situaciones y dentro de nosotros para crear la realidad que deseamos. Recuerda que estás permanentemente creando al enfocarte en lo que quieres o no quieres. Tu lenguaje tiene poder de decreto y los visionarios usan su lenguaje para crear una nueva realidad personal, mientras los observadores usan su lenguaje para describir la realidad tal cual la sienten o perciben.

Sé impecable. La impecabilidad es uno de los cuatro acuerdos toltecas, un conjunto de consejos ancestrales que heredamos de esta cultura precolombina que se caracterizó por el amplio desarrollo de su sabiduría de vida. Los cuatro acuerdos toltecas representan la cosmovisión que el ser humano debe tener para estar en equilibrio personal, emocional y social.

El segundo de los acuerdos dice: "Honra tus palabras. Sé impecable con ellas". Si somos coherentes con lo que pensamos, decimos y hacemos, luego no hay lugar para el arrepentimiento. La palabra es potente. Úsala en el modo justo, úsala para compartir el amor. Aprende a decir lo maravilloso que eres. Usa las palabras para romper todos los pequeños acuerdos que te hacen sufrir… La claridad es fuerza. Si tengo claridad en mi propósito, me voy a mover al próximo nivel. Como dice Amador Fernández Savater: "Vivimos impecablemente cuando estamos presentes en lo que hacemos. Cuando nuestras decisiones son precisas. Cuando nos hacemos cargo de nuestros actos". La fuerza serena se representa en tu palabra. Es la fuerza que, junto con la integridad y la espiritualidad, nos eleva hacia un camino de plenitud e iniciación hacia la trascendencia y el buen legado.

Sé implacable. La fuerza serena es la manifestación del guerrero. Un guerrero que se basa en la espiritualidad se permite ser impecable con sus valores e implacable en el momento de cumplirlos. El primero de los acuerdos toltecas dice: "Haz siempre lo mejor que puedas". Dar el máximo no significa ser perfecto ni salir siempre victorioso ni ser invulnerable. Significa, más bien, intentar ser la mejor versión posible de ti mismo y hacer un uso consciente de tu inmenso potencial como ser humano.

Como dice el autor mexicano Miguel Ruiz: "Di NO cuando quieres decir NO y di SÍ solo cuando quieres decir SÍ". Tenemos el derecho de ser nosotros mismos y podemos serlo solamente si hacemos siempre lo máximo que podemos. Cuando no lo hacemos, literalmente nos estamos negando el derecho de ser nosotros mismos. Ser líderes invita a poner peso en el platillo de la balanza de nuestro amor propio y a honrar nuestro potencial y también a despojarnos de la necesidad de aprobación de los demás. Busca siempre lo óptimo, lo excelente. Necesitamos cultivar en nuestra mente, como una semilla, la idea de que se necesita aprender a dar siempre el 100 % de nosotros en aquello que hacemos. Es importante no juzgarnos para no caer en sentimientos de culpa: si damos lo mejor de nosotros, aprenderemos a aceptarnos en la transitoria imperfección. El camino del guerrero de luz no está libre de equivocaciones: es un camino honesto de aprendizaje, servicio y transformación.

EL CENTRO DE GRAVEDAD

Es fundamental desembarazar la idea de fuerza de la idea de control. La verdadera fuerza vinculada a la espiritualidad no controla ni manipula. Como dice Stuart Wilde: "Dios no controla, Dios tiene que permitir que las cosas sean libres". Abandonar el control es el primer paso en el plan divino. El control busca el poder máximo: todo control es un viaje de poder. Pero, como dijimos, todo control termina controlando al controlador.

Existe una dinámica entre la individualidad y la colectividad, en la pertenencia a un cardumen, a una tribu. Desde la individualidad, un pájaro aporta su línea en el diagrama que dibuja una bandada en el cielo, pero la dibuja junto a las otras aves. Su particularidad tiene sentido desde la unión y no desde la separación.

La búsqueda de control y de poder nos separa. Y la fuerza que nos puede liberar de esa ilusión de control es el amor. El amor incondicional nos libera y nos deja ir. Hoy en día, la naturaleza nos está avisando que no se puede controlar todo, que no se puede vivir desde la separación.

De alguna manera, con el paso de los siglos, el ser humano fue ubicando su "centro de gravedad" en la mente.

Es en ese escenario donde se construyen las fantasías de poder y control del ego, el movimiento hacia adentro que se pierde en sus laberintos y *no* vuelve afuera en forma de entrega amorosa, de energía multiplicadora.

El órgano del corazón es sabio en este sentido: el ciclo cardíaco tiene dos movimientos llamados sístole y diástole. Uno es de contracción y el otro de relajación; uno funciona hacia adentro y permite el ingreso de la sangre al corazón; el otro funciona hacia afuera y bombea la sangre a los vasos. Hay una relación indisociable entre lo que toma y lo que brinda el corazón. Cada proceso de la existencia generalmente tiene dos partes. Cada deseo en el corazón y la mente implica dos percepciones del mismo sujeto: uno su posibilidad y el otro su ausencia. Es importante saber desde dónde lo estamos sintiendo. Casi siempre el corazón se abre a la posibilidad y muchas veces el ego fabrica el autosabotaje, la resistencia y la necesidad de control y apego.

El ego tiene tendencia a desconectar porque busca obtener, satisfacerse y, dentro de ese plan, lo que existe afuera son "recursos". Lo que olvida el ego es que como es afuera, es adentro, por lo tanto, se está transformando a sí mismo en mercancía.

Por supuesto que no se trata de demonizar a la mente, que es una herramienta divina y sagrada. Tampoco al ego, que es necesario para la sociabilización del individuo que necesita cultivar una identidad. El tema es cuánto lo alimentamos y el lugar que le damos en nuestro camino espiritual. Por eso digo que bajar el centro de gravedad de la mente al corazón es un paso fundamental en el camino a la plenitud. De esa manera no estaremos "haciendo fuerza" con la ilusión de nuestros débiles músculos separados, sino que estaremos conectados de lleno a la fuente de energía total que es el Universo. De eso se trata la fuerza serena: conexión plena con la Fuente.

Quisiera darte, en este punto, una definición completa de este principio que incluye los conceptos revisados hasta aquí: "La fuerza serena es la claridad de dirección de nuestro Ser cuando actúa a consciencia, alineado con la fuerza del Universo y con su centro de gravedad en el corazón".

OBSERVA Y ACTÚA

> Un guerrero encuentra el amor en lo que hace.
>
> —DAN MILLMAN

Ahora, tomando como referencia La Rueda de la Vida que has hecho en el capítulo cero, te invito a que observes en cuál de las áreas necesitas implementar mejor el principio de la fuerza serena. Este principio se suele asociar a las esferas de "trabajo/estudio" y "crecimiento personal", pero, desde luego, es una cualidad que puede estar presente en todos los aspectos de la vida.

Observa cuidadosamente dónde necesitas conectar con esa fuerza que te empuja a lograr tus objetivos, manteniéndote firme, constante, con claridad y paciencia. Tómate unos minutos revisando tu *Rueda de la Vida* y luego regresa. Yo te espero aquí, en este mismo renglón.

Una vez que has identificado el área, lo que sigue es un llamado a la acción para manifestar tu fuerza serena. No olvides que el conocimiento no equivale a sabiduría, la sabiduría consiste en hacerlo. Como ejercicio para este capítulo, te propongo trazar un objetivo concreto y específico relacionado con el área elegida en tu *Rueda de la Vida*. El objetivo será modificar tu realidad de una manera tangible, aplicando las claves aprendidas en este capítulo. Para que puedas ordenarte en un plan de acción, te ayudaré con el siguiente cuadro:

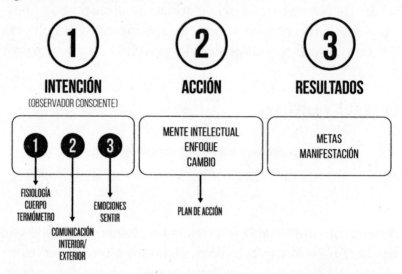

Este modelo se basa en tres pasos para materializar nuestras metas:

1. En conexión con nuestro observador consciente, identificar y colocar el foco en nuestra verdadera intención escuchando nuestro cuerpo, observando nuestro diálogo interno y externo y permitiéndonos observar y sentir nuestras emociones para poder gerenciarlas y alinearlas con nuestra intención.

2. Desde allí, diseñar un plan de acción utilizando nuestros recursos, enfocados en aquello que debemos poner en práctica para ejecutar (accionar) el plan.

3. El tercer paso es la manifestación y materialización de esa meta.

Recuerda que eres cocreador de tu realidad y que, a mayor consciencia de la situación, harás un empleo aun mayor de tu fuerza. En otras palabras: cuando por fin logres vivir el presente consciente, te sorprenderá todo lo que puedes hacer y lo bien que lo haces. Para comenzar, te sugiero elegir un objetivo cercano que previamente puedas visualizar como accesible y que te permita conectar con tu autoconfianza para alcanzarlo.

Nos acercamos al final de este capítulo dedicado a la fuerza serena, también llamada fuerza sin tensión. Me gusta pensarla como el arte de vivir sin "hacer fuerza", que no es lo mismo que ser pasivo o descomprometido con la realidad. Muy por el contrario, la fuerza serena implica hacer el esfuerzo correcto para lograr una mayor eficacia en la acción. Podemos comparar al que usa la fuerza serena con un windsurfista que al afinar su percepción de la fuerza del viento, mueve la vela en la posición que lo pondrá en dirección a su objetivo. Doblegar nuestras fuerzas para ir en contra del viento no suena como una buena idea, ¿verdad? Pues el mismo desafío se nos presenta en la vida diaria.

Cuando usamos la fuerza bruta o fuerza con tensión, puede que tengamos la ilusión momentánea de que funciona, pero, a largo plazo, termina siendo terriblemente desgastante para quien la emplea y quien la sufre. Produce angustia y dolor en uno mismo y en los demás. ¿Qué sentido tiene, entonces, insistir en imponernos unos a otros en un juego de pulseada china, donde terminamos, a fin de cuentas, todos aplastados?

Está en nuestras manos elegir entre vivir el presente o vivir de (y en) ilusiones. Está de nuestra parte elegir qué modelo de liderazgo queremos seguir. Lo ideal sería adoptar el modelo que nos convierta en Guerreros de la Mente o en verdaderos Guerreros del Corazón. Ser Guerrero del

Corazón es ser guerrero de la luz. Abrirse a que la fuerza serena inunde nuestra vida es permitir que la sabiduría y la fuerza del Universo actúen en y a través de uno. Es dejarse llenar de amor antes de ir a cada posible batalla, ya sea en el mundo externo o en el interno.

En definitiva, como dijo Mahatma Gandhi: "Los únicos diablos en el mundo existen en nuestro corazón. Es ahí donde debemos pelear todas las batallas". Encontrar la fuerza serena es encontrar la serenidad y, a decir del escritor Jorge Luis Borges: "Buscar la serenidad me parece una ambición más razonable que buscar la felicidad. Y quizás, la serenidad sea una forma de felicidad".

CAPÍTULO 4

Flexibilidad

El líder bambú tiene la capacidad de fluir con el entorno. Sabe medir la resistencia y es flexible ante los cambios.

Me gustaría comenzar este capítulo contándote una anécdota de mi vida que ilustra lo que considero el principio de la flexibilidad, uno de los valores que, en lo personal, más me han servido para poner absolutamente todo en relatividad. Resulta que desde hace mucho tiempo tengo dos amigos que se conocieron a través de mí y terminaron formando una pareja. Podemos decir que hice de Cupido. Lo cierto es que, con los años, ese lugar de privilegio terminó siendo mi condena porque ellos se llevaban cada vez peor.

Como eran mis amigos, yo escuchaba a cada uno por separado y mis orejas terminaban rojas de las barbaridades que se decían. Veía cómo estaban polarizados cada uno en su posición y sin moverse un centímetro. Ella decía que él la manipulaba con sus palabras y que siempre buscaba acomodar la realidad a sus deseos. Él, que ella se ponía siempre en el lugar de víctima, que siempre estaba a la defensiva y que, de esa manera, dejaba desatendidos sus sentimientos.

Y lo peor es que ambos tenían algo de razón. Yo daba fe porque los conocía hacía mucho tiempo.

Lo peor es que ninguno podía moverse de la posición rígida en la que estaba. Ni ella lograba hacerse cargo de sus acciones, ni él aceptaba que la realidad era diferente a como él deseaba. También es cierto que se amaban mucho y por eso, cada tanto, se reencontraban. ¿Adivina qué pasó en esta telenovela del *primetime*? Pues que en uno de los reencuentros ella quedó embarazada.

Por supuesto que esto generó un revuelo impresionante en la vida de ambos, que para esa altura ya estaban separados y haciendo cada uno su vida. Era algo que no esperaban ni deseaban, pero ocurrió. Ambos tomaron la decisión de continuar con el embarazo y hoy el fruto de esa decisión se llama Sofía. Lo interesante es lo que empezó a ocurrir a partir de ese entonces. Yo sentí que algo se destrabó dentro de ellos, en su corazón, porque donde no lograban ponerse de acuerdo desde la razón, cotejando sus puntos de vista y queriendo prevalecer uno sobre el otro, de repente apareció algo más importante que ellos, y se elevaron.

Como dice Carl Jung: salieron del laberinto por arriba. No sabes hoy en día el cariño y respeto con el que se tratan y cómo consensuan las decisiones que tienen que ver con su hija. Incluso, ambos formaron nuevas parejas y comparten reuniones y cumpleaños en absoluta paz. Me considero dichoso de haber sido testigo de ese proceso de maduración y crecimiento que ambos sufrieron.

¿Qué quiero decirte con esto? No estoy haciendo una apología a tener hijos no deseados. Lo más sano es que la transformación ocurra de adentro hacia afuera y no al revés, pero a veces la vida pone en el afuera, en el "destino", lo que no estábamos preparados para hacer conscientemente. Muchas veces es el jalón de las cuerditas lo que socava la estructura y el orden dentro de nuestra piñata (que ya saben de un libro anterior que es así como llamo a la mente). Ahí adentro hay muchas cosas que nos controlan y muchas no entraron allí por nosotros o, al menos, cuando entraron no éramos plenamente conscientes ya que estábamos en nuestros primeros años de vida.

TENER LA RAZÓN (RESISTIR) VERSUS ELEGIR SER FELIZ (ACEPTAR)

> Todo lo que resiste, persiste.
>
> —CARL JUNG

Cuando me resisto, el dolor se hace presente. Lo peor es que los seres humanos tenemos la cualidad de acostumbrarnos al dolor y podemos convivir con él si no cambiamos. Aquí es donde entra el gran desafío de la aceptación. Pero, cuidado, *aceptar* significa *no renegar*. No significa aprobar o estar de acuerdo, sino entender cuándo esa realidad que nos desagrada no depende de nosotros que cambie, y debemos convivir con ella. Aceptar es bajar la resistencia que usa mi fuerza bruta para así activar mi fuerza serena.

Como dice la plegaria: "Se necesita serenidad para aceptar las cosas que no podemos cambiar, valor para cambiar las que podemos y sabiduría para conocer la diferencia". Cuando no puedo discernir lo que puedo de lo que no puedo cambiar, es posible que entre en la resistencia y pague el precio de la terquedad, que es permanecer en el dolor.

Ahora bien, no debemos confundir el estado de aceptación con la tolerancia extrema o con no hacerse respetar. Es posible —y es nuestro derecho—, como vimos en el capítulo anterior, ejercer un límite amoroso cuando algo nos daña. Mi termómetro debe ser la integridad; fluir implica siempre una coherencia entre lo que siento y lo que pienso, lo que digo y lo que hago, pero sin imponérselo a los demás. De eso se trata la flexibilidad, de aceptar para evitarnos un dolor innecesario y poder avanzar. En definitiva: *fluir para no sufrir.*

Cuando algo nos produce daño, se activan en nuestro sistema biológico mecanismos de defensa y supervivencia. El psicólogo y autor José Töpf habla de "posición dividida" y "posición integrada". La posición dividida se instala espontáneamente cuando somos o nos sentimos atacados. Es una autodefensa que divide el mundo en amigo *vs.* enemigo. La posición dividida es eficaz, en un primer momento, para la acción defensiva, pero desde ella se perciben las cosas de modo simplista y se empobrece, de este modo, la comprensión de las complejidades del mundo y de nosotros mismos.

Cuando recuperamos la serenidad, al no vernos ya amenazados, podemos pasar a la posición integrada, donde tenemos la posibilidad de reflexionar o vincular las complejidades y contradicciones nuestras y del mundo. Si nos quedamos en la primera posición, la defensiva, que divide el mundo en blanco y negro, en amigo y enemigo, lo que vamos a provocar es una recreación constante de la ofensa y, por ende, del sentimiento de dolor, volviendo a sentir un daño que se actualizará adentro cada vez que recreemos el evento. ¿No es esto de un masoquismo lacerante?

Es por esto que la empatía juega un rol importante en entender nuestras complejidades y contradicciones como parte de la especie humana. Como dice una canción de la conocida banda R.E.M., *Everybody hurts sometimes.* (Todos lastimamos alguna vez).

Ahora bien, esto no es una justificación ni significa tener licencia para ofender, sino entender el punto de partida que es la naturaleza humana, y buscar mejorar ese círculo a través de un trabajo de consciencia. La única manera de avanzar es a través de la empatía, que es el ejercicio de mirar las cosas a través del punto de vista o del sentir del otro, lo cual nos llevará a lastimarnos menos y a ser más flexibles.

En relación con la historia que te conté de mis dos amigos, me gustaría que te tomes un minuto de reflexión para hacerte las siguientes preguntas, pensando en cómo vives tus propias relaciones, no solamente amorosas.

> ➡ **PREGÚNTATE:**
>
> ¿Cuántas veces te quedas atrapado en la resistencia pretendiendo mantener el *statu quo* del pasado y no fluir con lo que está presente?
>
> ¿Cuántas veces eliges el desagrado en lugar de la aceptación cuando estás en desacuerdo con alguien o algo?
>
> ¿Cuántas veces te quedas atrapado en una emoción dolorosa por no adaptarte a las señales del cambio presente?

El astrólogo argentino Alejandro Lodi afirmaba lo siguiente. Lo comparto contigo para que lo disfrutes, pero también para que observes con atención lo que resuena en ti:

El amor incómodo: Amor es inclusión. (…) No es incluir al semejante, sino al distinto. (…) Incluir al enemigo no es quererlo, sino *reconocerlo*. Comprender lo que detesto es reconocer la complejidad de la vida. (…) Amar al otro diferente es aceptar el conflicto, acceder a negociar y pactar. Amar al que es distinto a mí es resignarme a que la realidad no sea como yo quiero.

Amar es admitir no ser confirmado en nuestros anhelos, renunciar al narcisismo a favor de la creatividad vincular. (…) Es un don que brota cuando el ego se extingue y el alma se sale con la suya. Amar es confiar en *encontrarse*, desistir del éxito de la prepotencia. (…) Amar es ser honesto con la propia mirada y considerado con la del otro. Amar exige coraje. Excluir es más cobarde que incluir. (…) Amar es más difícil que odiar.

EL BAMBÚ: FIRMEZA Y FLEXIBILIDAD

Todo lo que es flexible tiende a crecer; todo lo que es rígido se atrofia y muere.

—JOHN HEIDER

Observemos lo que ocurre con los árboles. Una vez que detienen su crecimiento, se ponen rígidos, son talados y convertidos en leña. Sus hojas, en el período de mayor crecimiento, son tiernas y maleables. Cuando comienzan a morir se ponen duras y frágiles. Lo mismo pasa con los seres humanos cuando no son flexibles: se resisten hasta morir. Me vienen a la mente esas parejas simbióticas de ancianos que mueren "de tristeza" al poco tiempo de enviudar, por no poder tener las herramientas y quizás la fuerza de fluir en el nuevo escenario que les tocó vivir.

¿Qué nos enseña el bambú sobre fluir? El bambú es una de las plantas más fuertes que existen. A diferencia de los árboles de tronco ancho como, por ejemplo, el roble, que suelen ser usados de referencia en la escuela, el bambú tiene un tronco delgado, ahuecado y flexible. Estas características conforman su gran fortaleza porque le permiten doblarse y sobrevivir a las inclemencias del tiempo. ¿Cómo es posible, te preguntarás, que algo que se dobla pueda ser firme? La respuesta está en las fuertes raíces que el bambú cultiva durante años, mucho antes de desarrollar su tronco flexible. Construir un estado de flexibilidad es un proceso que requiere tiempo, paciencia y dedicación. También al roble lo hace flexible su vacío. Cuando hay ligereza hay flexibilidad.

El bambú nos enseña que sin establecer raíces nos sentimos perdidos. Y, aunque requiere de mucho esfuerzo, es esencial dedicarnos y trabajar para ser íntegros, firmes, prósperos y duraderos y tener una base sólida. Por tanto, como el bambú, nos mantendremos erguidos pero, al mismo tiempo, flexibles para lidiar con las ráfagas de la vida. De lo contrario, y para usar una metáfora, ¡seremos hojas que se soplan o se rompen!

El bambú fluye con el entorno sin oponerle resistencia. Se dobla ante los vientos, no se "doblega" ni los combate. Se adapta a las circunstancias y muestra apertura al aprendizaje de lo nuevo. Acepta lo que no puede controlar y fluye con la incertidumbre.

La palabra "fluir" describe muy bien el sentir de un movimiento hecho aparentemente sin esfuerzo. ¿En qué momento nos ocurre esto? Cuando todas las habilidades que una persona necesita para enfrentarse a los desafíos de una situación están concentradas en los estímulos pertinentes. Cuando fluimos, nos sentimos tan conectados con lo que estamos haciendo que la actividad llega a ser algo espontáneo, casi automático, de modo que dejamos de sentirnos separados de las acciones que estamos realizando.

¿Has escuchado alguna vez la frase "Aquí estoy, en la lucha", cuando le preguntas a alguien cómo está? Seguramente la hayas utilizado alguna vez, porque es un lugar común el sentir la vida como una lucha. Pues bien: cuando fluimos, no luchamos, no resistimos; simplemente estamos conectados con lo que es y con lo que sentimos. Lo que sucede y lo que hacemos son una misma cosa.

➡ EN TU CASO:

¿Recuerdas haber hecho algo que te apasione de manera extraordinaria?

¿Qué fue eso? ¿Cuál fue tu vibración en esa experiencia? ¿Cómo recuerdas tu nivel de energía?

FLUIR EN LOS CICLOS

> El líder sabio sigue el orden natural de los eventos.
>
> —JOHN HEIDER

El mismo proceso de la vida es un fluir espontáneo de ciclos que se abren y luego terminan, una y otra vez. Jamás se detienen. Es un ejercicio de crecimiento consciente de aceptación de los eventos, a través del cual dejamos de estar atados a las expectativas del momento y a los juicios, para orientarnos hacia aquello que realmente tiene significado.

Sin embargo, tomando palabras del biólogo y filósofo chileno Humberto Maturana, nada ocurre porque sea necesario que ocurra; por lo tanto, es imprescindible cultivar nuestra capacidad de reflexionar sobre el lugar donde estamos parados y preguntarnos si queremos estar en él.

La fuerza, la flexibilidad, radican en que, a pesar de la resistencia y los obstáculos, podamos inventarnos a nosotros mismos y fluir con los eventos de la vida sin lastimarnos ni lastimar a otros. El pensamiento flexible es una de las herramientas más poderosas que tenemos para no quedar atrapados en el pasado. Nos abre las puertas a la posibilidad de elegir ante diferentes situaciones y movernos en la dirección elegida, en lugar de quedar bloqueados.

Las mentes flexibles se parecen más a la arcilla. Pueden modificarse, reinventarse, crecer y actualizarse, sin dejarse paralizar por el trauma. Asimilan las contradicciones y logran resolverlas. No niegan el pasado ni se aferran a él, más bien lo asumen de una manera constructiva sin perder la capacidad crítica y reflexiva de crecer desde los hechos.

En este sentido, la flexibilidad implica un encuentro con nuestra vulnerabilidad, desde la confianza de poder reconocerme y aceptarme en lo que *estoy siendo*. Nos da la capacidad, no de controlar, sino de gestionar nuestra propia vida. Tener el mando de nuestra vida no es por demás fácil; no obstante, nos ofrece un sentimiento de seguridad en la determinación de nuestras decisiones.

Podemos aprender a usar nuestras habilidades y crear una vida en la que podamos fluir. Y a la vez, tener un foco claro de nuestros proyectos y metas, de los hitos que hemos de superar para llegar a ellos y, sobre todo, disfrutar de cada experiencia por más fácil, aburrida, exigente, dolorosa o ardua que pueda ser.

EN LO LABORAL: ¿FLEXIBILIDAD O INDISCIPLINA?

Hoy en día, la flexibilidad es una de las cualidades mejor valuadas en el mercado laboral. Ahora bien, ¿dónde está el límite entre la flexibilidad y la indisciplina? Esta pregunta viene a mi mente cada vez que alguien pretende justificar el desorden y la falta de planificación, como si estos fuesen sinónimos de flexibilidad. Del mismo modo, intentan que parezca que trazarnos metas y gestionar proyectos fueran posibles solo en entornos altamente predecibles, o que fueran exclusivos de equipos sumamente especializados o, peor aún, de personas con capacidad económica y técnica en las que todo en su vida parece estar bajo control.

Es justamente por sostener esta creencia que la incertidumbre y los eventos inesperados y, a la vez, tan comunes de la vida cotidiana nos lanzan un poderoso "gancho a la mandíbula", sin que podamos darnos cuenta de que *sí* nos era posible anticiparnos para actuar de otra manera y, de este modo, evitar quedarnos tirados en el piso.

En realidad, la indisciplina lo que pretende es justificar la falta de planificación y convertirla en un sinónimo de flexibilidad ante los cada vez más volátiles e inciertos cambios del mundo. La flexibilidad, trabajada ampliamente por los psicólogos cognitivos, conlleva el manejo de estrategias fluidas que nos permitan adaptarnos a situaciones inesperadas pensando sin rigidez y liberándonos de automatismos poco eficientes.

La flexibilidad puede ser estimada y calculada dentro de la gestión de proyectos, y es la que nos abre la puerta a nuestras elecciones. La disciplina para cumplir con los objetivos de un proyecto implica la mezcla de creatividad, imaginación, resolución de problemas y determinación.

Miremos, por ejemplo, algunos hechos reflejados por las investigaciones científicas realizadas en los últimos años. Estas muestran claramente que la gente cuyo procesamiento de la información es cerrado y resistente al cambio no solo genera un cúmulo de trastornos psicológicos personales, sino que también ve afectadas significativamente muchas de las áreas de su vida, incluyendo su crecimiento profesional y personal. Este último les aseguro que es la razón de nuestro nacimiento: la expansión del potencial que llevamos dentro como derecho al nacer.

Ejemplo de esto son los resultados arrojados por uno de los estudios realizados en Chile, durante 2017, en una investigación que incluyó a 212 profesores de educación primaria. En ella se analizaron los niveles del síndrome Burnout (también llamado síndrome "del trabajador quemado") y la percepción de la calidad de vida profesional en función de los estilos de personalidad.

Los resultados indicaron que las características de personalidad tienen una influencia moderadora en el síndrome de Burnout, y se constituyen en factores de riesgo para el mismo. También se confirmó que el perfil de docente menos proclive al estrés laboral es aquel que se caracteriza por una mayor apertura a la experiencia. En otras palabras, aprender a ser flexible no solo impacta positivamente en el desempeño laboral de la persona, sino también en su salud física y mental.

Quiero compartir contigo esta hermosa historia anónima que ilustra lo que venimos conversando.

꧁ ꧁ ꧁ ꧁ ꧁ ꧁ ꧁ ꧁ ꧁ ꧁ ꧁ ꧁

Fábula infantil sobre la gota de agua y el mar

Había una vez, no hace mucho tiempo, no muy lejos de aquí, una diminuta gotita de agua posada en su nube. Se sentía feliz y estaba tranquila, pero, con el paso del tiempo, se fue dando cuenta de que algunos días, cuando otras nubes gritaban, algunas de sus compañeras saltaban al vacío para nunca más volver.

Esto fue preocupando cada vez más a nuestra buena amiga, hasta que un buen día oyó a otras nubes tronar de nuevo. Gritando de felicidad, todas las gotitas que estaban a su lado empezaron a saltar sin pensarlo ni un segundo. Pero ella no podía... porque tenía miedo.

Una gotita amiga suya se acercó antes de tirarse y le dijo: "¡Salta, salta! No te quedes ahí mirando, no vaya a ser que pierdas la mejor oportunidad de tu vida". Pero ella siguió dudando y temiendo lo que pasaría si saltaba.

Casi al final de la lluvia, la Madre Nube se dio cuenta de que una de sus gotitas que tendría que haber saltado se había quedado en su sitio.

—Pequeña gota —preguntó la Madre Nube—, ¿por qué no has saltado con el resto de tus hermanas?

—Porque tenía miedo, Madre. No sé qué me voy a encontrar cuando salte...

—Irás a reunirte con todas tus hermanas. Con las que han caído hoy, con las que cayeron ayer y con las que caerán mañana. Todas juntas son lo más grande y bello de este mundo... ¡Todas juntas hacen la mar!

Después de esto, la gotita saltó agradecida, pensando que quizás su miedo le podría haber quitado la oportunidad de formar parte de lo más grande que existe en el mundo.

Porque ¿saben qué? El mar está lleno de gotitas de agua valientes.

꙰ ꙰ ꙰ ꙰ ꙰ ꙰ ꙰ ꙰ ꙰ ꙰ ꙰ ꙰

Esta fábula infantil, muy simple a primera vista, me hace reflexionar sobre el comportamiento de la naturaleza. Ella funciona a través de ciclos, y así son los días, los años, las estaciones, o el mismo ciclo del agua. Para que esos ciclos fluyan, los elementos tienen que ser flexibles para poder moverse y atravesar el proceso de cambio.

Esta gotita humanizada de la historia no podía fluir porque estaba paralizada por el miedo al cambio, a lo desconocido... ¿Te suena familiar? El resto de las gotitas saltaban con alegría, con firmeza y flexibilidad, como el propio bambú. Pero esta gotita había dejado de fluir, se creyó separada y aislada de las demás y olvidó que, en verdad, siempre había sido océano.

¿Existe en el planeta una fuerza más poderosa que la del océano? Y a la vez, ¿existe algo más suave que el agua, que se escurre entre tus dedos cuando te lavas las manos? La biomímesis es la ciencia que estudia la naturaleza como fuente de inspiración.

¿Qué tenemos para aprender, en este caso, del agua? El agua es al mismo tiempo suave y fuerte, esa es su gran paradoja. Basta observar cómo el mar, a fin de cuentas, con sus suaves y pacientes oleadas, termina superando la resistencia de las rocas que son duras y rígidas. Incluso, en el juego de niños "piedra, papel o tijeras", el papel se impone a la piedra porque es flexible y lo puede envolver. Del mismo modo, cuando una persona no es flexible como el agua, se rompe o se corroe. El líder bambú no resiste o se enfrenta a la fuerza de su grupo: la absorbe y la deja fluir.

Deepak Chopra dice que el hombre es como un río: un constante fluir de células, una corriente continua en la que ocurren cientos de miles de cambios a nivel químico. Desde nuestra propia constitución, somos cambio permanente. Nuestra biología está preparada para que la vida avance y no se estanque.

El cerebro es un claro ejemplo de esa flexibilidad. Al nacer, su complejidad es la de una enciclopedia que almacena información milenaria que conserva lo más apto para el individuo a nivel evolutivo. El cerebro se comporta como si fuera el último modelo de celular adaptado para la época.

Sin embargo, en el momento en que nacemos, la evolución ya ha cumplido su meta y llega a un territorio desconocido. Hay que empezar a tomar decisiones que no estaban automáticamente proyectadas en nuestros genes. Ya no le quedan páginas a la enciclopedia, nosotros mismos tenemos que escribir la siguiente... ¡y eso es lo maravilloso! Nuestro cerebro está preparado para explorar lo desconocido, para abrir puertas cerradas dentro de nosotros.

Veamos, por ejemplo, lo que pasa con el equilibrio. Cuando un niño da sus primeros pasos para aprender a caminar, los centros nerviosos responsables del equilibrio se empiezan a activar. Más adelante, posiblemente el niño quiera aprender a andar en bicicleta. En ese caso, el cerebro flexible se adapta a los deseos de la persona para que pueda aprender esa nueva habilidad.

Incluso, la función del equilibrio se puede entrenar a niveles mucho más sutiles y sofisticados, como es el caso de los equilibristas en altura. Esta cualidad del cerebro, a diferencia de lo que muchos creen, no tiene fecha de vencimiento. El órgano del cerebro no se deteriora, sino que, por el contrario, es un permanente motor de la evolución. Fuimos diseñados para abrir posibilidades ocultas que sin nuestra ayuda permanecerían escondidas en una ingeniería mágica y poderosa mapeada en la nanotecnología divina y fisiológica de nuestra mente, cuerpo y alta conciencia.

En relación con la flexibilidad del cerebro, en nuestra web de recursos podrás encontrar un test diseñado por el mismo Chopra para medir cuán receptivo eres al cambio personal. Como te digo siempre, no se trata de juzgarte, sino de entender tu punto de partida para que puedas mejorar en el principio de la flexibilidad.

➡ REFLEXIONA: ─────────────────────

En un evento significativo de tu vida donde te viste obligado a hacer cambios, como pudo ser la pandemia de COVID-19, ¿cómo practicaste la flexibilidad? ¿Qué dejaste o no pudiste dejar morir para que naciera lo nuevo?

EL PROCESO DE CAMBIO

Vive y deja morir.

—Paul McCartney

Esta frase, que puede parecer oscura en una primera lectura superficial, es en verdad muy sabia. Porque la flexibilidad tiene que ver con el dejar ir y, en este sentido, está relacionada con la aceptación de la muerte y el ciclo de la vida. La vida se trata de cambios constantes y algunos de estos implican un duelo que necesitamos atravesar y trascender. Este duelo, en muchos casos, como puede ser una separación de pareja, la muerte de un familiar, un cambio de trabajo, o incluso el exilio, tiene que ver con la aceptación de la pérdida de aquello que era valioso y ya no estará con nosotros.

El duelo ocurre cuando una pérdida nos duele profundamente. Es una situación en la que la vida nos propone un cambio de realidad panorámica, una transformación, una evolución, un salto cuántico. El Universo —conspirando a nuestro favor— una vez más abre y expande, desde la experiencia adversa, nuestro camino de aprendizaje. Muchas veces, el dolor es el mejor de los maestros, aunque no sea bienvenido en nuestras vidas. Nos maleducaron en buscar el placer y evitar el dolor. Ese mal, sentido sin provecho, es lo que nos hace convertir innecesariamente el dolor en sufrimiento prolongado.

En 1963, la psiquiatra suizo-americana Elisabeth Kübler-Ross, en su libro *La muerte y los moribundos*, definió cinco etapas en el proceso de la elaboración del duelo: negación, ira, negociación, depresión y aceptación. Afortunadamente, no todos los cambios en el devenir de nuestra vida implican atravesar un duelo, pero sí lo implica el proceso de adaptación y aceptación de un nuevo escenario.

Por su parte, la autora y terapeuta estadounidense Virginia Satir, conocida especialmente por su trabajo pionero en el campo de la terapia familiar, creó lo que se llama el Modelo de Proceso de Cambio, desarrollado a través de estudios clínicos, que se aplica en las empresas hasta el día de hoy, y que define cómo el cambio afecta a las personas y las organizaciones.

Funciona de la siguiente manera: asumiendo que las personas parten de un nivel de performance 0, también conocido como "antiguo *statu quo*", apenas se introduce el cambio, y en el transcurrir del tiempo, ocurre un pequeño aumento de la performance, debido a la presión psicológica de introducir ese cambio, pero el performance productivo no es muy alto. Una vez que se presenta la resistencia al cambio, comienza a bajar la performance productiva y se genera una especie de caos. En esta instancia, cuando se trata de una organización, el grupo empieza a tener una variabilidad de performance. El ancho del gráfico se debe a que hay personas que sí se acoplan, pero hay otras que tienen una muy baja productividad.

PROCESO DE CAMBIO

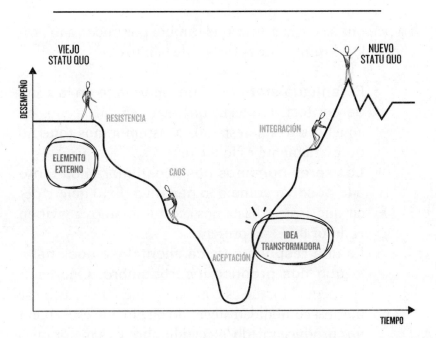

Luego de esto comienza la fase de la aceptación de la nueva realidad, donde a través de una idea transformadora se logran bajar las resistencias y se genera una apertura a la integración. Allí es donde se aplica el proceso de gestión del cambio o *change management*. Allí la gente incorpora el cambio, lo asimila como productivo, el desempeño aumenta y se hace positivo hasta que llega el nuevo *statu quo*, que es cuando se aplica el cambio y queda incorporado como parte de la cultura.

Pero vayamos a la parte más delicada y difícil de atravesar de este proceso, que es la resistencia inicial:

¿POR QUÉ OCURRE LA RESISTENCIA AL CAMBIO?

La persona se niega a asumir el cambio por miedo a lo desconocido, al cambio de rutinas y de hábitos.

- **El "antiguo *statu quo*" nos mantiene en la zona de confort.** Es decir, nos mantiene atrapados en aquello a lo que estamos acostumbrados (que no necesariamente es lo mejor).
- **Los seres humanos nos acostumbramos tanto a lo positivo como a lo negativo.** Esto quiere decir que a veces hasta nos acostumbramos a vivir en el dolor que está presente.
- **Es una respuesta física, mental y emocional a lo que nos produce incertidumbre.** Queremos "proteger" lo que es cómodo y queremos justificar nuestra comodidad alegando que lo que está afuera nos produce miedo/incertidumbre y es mejor quedar atrapados en lo que nos tiene paralizados.

¿POR QUÉ SALIR DE LA ZONA DE CONFORT?

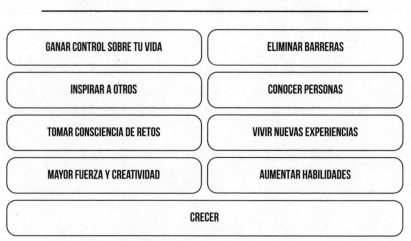

GANAR CONTROL SOBRE TU VIDA	ELIMINAR BARRERAS
INSPIRAR A OTROS	CONOCER PERSONAS
TOMAR CONSCIENCIA DE RETOS	VIVIR NUEVAS EXPERIENCIAS
MAYOR FUERZA Y CREATIVIDAD	AUMENTAR HABILIDADES
CRECER	

Fuente: Conferencia Liderazgo Mindful Exponencial, Ismael Cala, 2018.

Para transformarnos y ser líderes de nuestras vidas, es necesario salir de nuestra zona de confort. Un líder inspira a otros a salir de su zona de confort.

A mí, en lo personal, en los últimos años me tocó salir de una gran zona de confort. Cambié completamente mi vida y dejé un trabajo que me otorgaba una gran estabilidad para apostar por mis sueños. Fue la decisión más compleja de mi vida porque, al fin y al cabo, abandonaba un éxito que contenía servir a millones de personas, una gran vitrina mundial, acceso a figuras del poder político y económico y oportunidades múltiples.

Sin embargo, sé que fue un paso oportuno. El precio que hubiera pagado por quedarme más de la cuenta en mi zona de confort, cuando las señales de cambio y autoexploración son claras (cosa que hice en otros momentos de mi vida), hubiera sido muy alto. Tanto como alargar el proceso de duelo y decidir, consciente o inconscientemente, vivir acostumbrado al dolor.

También es posible que pagues el precio del rencor, que es otro de los personajes comunes a la hora de elaborar un duelo.

Este proceso me inspiró y me motivó a diseñar, junto a mi equipo académico, el curso que impartimos online en CALA ACADEMY. Su nombre es *Perdonar: el camino a la libertad*, y con él brindamos a las personas herramientas para aceptar, flexibilizar, soltar, perdonar y sanar. Puedes encontrarnos en www.cala.academy.

NUESTRA DEFINICIÓN DE FLEXIBILIDAD

Entre las varias definiciones que propone la RAE para la palabra *flexible*, está la de aquello que "se adapta con facilidad a la opinión, a la voluntad o a la actitud de otro u otros". Desde luego que no es este el abordaje que venimos dando desde el principio porque, como dijimos, la flexibilidad debe ir acompañada de raíces fuertes y de enfoque.

La flexibilidad, como valor, no es un barrilete sin más dirección que las veleidades del viento. Es, más bien, una conexión entre la certeza del adentro y la aceptación del afuera. Por eso, según mi propia definición para el líder bambú, la flexibilidad es "la capacidad de adaptarse y fluir con el entorno cambiante, manteniendo un contacto firme con las raíces y una dirección clara".

A continuación, quiero presentarte tres claves para aplicar el principio de la flexibilidad en las distintas áreas de tu vida:

Comprensión ante el entorno cambiante. Aceptación vs. avalar o estar de acuerdo. Puedo aceptar algo y no necesariamente estar de acuerdo con ello. La diferencia es que, en mi equilibrio mente-corazón, mi mente está en desacuerdo con la situación o el evento, pero mi corazón entiende que la aceptación y el no resistir lo inevitable del momento me traen paz y desde allí puedo reflexionar mejor. En este sentido, aceptar tampoco es resignarse, sino entender lo que no puedo cambiar y fluir con ello. Y hay encrucijadas en la vida donde la ira es la emoción necesaria para cambiar algo que parece inamovible.

Elegir el bienestar. Desacuerdo vs. desagrado. Muchas veces no voy a estar de acuerdo con lo que está sucediendo, pero eso no implica que le añada desagrado. Por ejemplo: estoy en desacuerdo con una posición política o religiosa de alguien y soy flexible, o bien resisto y peleo cada vez que me plantea su posición. Cuando pretendo que mi fantasía o ideal esté satisfecho, resisto la realidad presente y no me permito fluir.

Confiar en el bien mayor. Eso me permite aceptar y fluir para atravesar el proceso con mayor facilidad. Como en el caso de la pareja de mis amigos, al conectarme con mi parte elevada me permito observar distintos puntos de vista y, por lo tanto, ser más flexible.

EMPIEZA A MOVERTE

> Una mente más allá de los juicios observa y comprende.
>
> —BUDA

Antes de que avancemos al siguiente, quiero darte un ejercicio como tarea para este principio.

Vas a elegir una situación que resistes y en la que no te comportas con flexibilidad, y vas a aplicar el modelo de Virginia Satir de Gestión del Cambio para observar en qué fase sientes que te encuentras. Luego, pregúntate:

¿Qué bloqueos o resistencias te impiden avanzar a la siguiente fase?

¿A qué área de tu *Rueda de la vida* pertenece esta situación? ¿Qué acción debes tomar, o qué cualidad necesitas flexibilizar para que esa área fluya?

Recuerda cómo funciona la rueda: si un área mejora, influye positivamente en las otras. Si un área no mejora o empeora, influye negativamente en las otras.

Desde los bloqueos, lo que pretendemos inconscientemente es controlar en lugar de explorar. Es decir: me hago ciego a mi propio margen de error por miedo a expresarme auténticamente y ser vulnerable. Al crear consciencia de esto, te puedes conectar con tu pasión, vivir tu propósito y entrar en contacto con tu poder interior, fluyendo flexiblemente ante la incertidumbre y el cambio.

La vida deja de ser una lucha o una batalla en la medida en que te sientes más responsable en ella. De hecho, resulta más sencilla cuando nos acercamos a nuestra consciencia universal, sagrada y divina. Fluye, no te resistas ni te opongas, no controles lo que no puedes y relájate. Si creemos que el mundo real nos empuja, entonces creemos que debemos luchar y aparecen la resistencia y los obstáculos. Pero si operamos en la creencia de que somos el origen, los acontecimientos se suceden con sutileza y nosotros nos convertimos en testigos y protagonistas de sus revelaciones constantes.

Cuando caemos en situaciones que nos frustran, debemos aprender a no padecer las mismas reacciones de siempre. No ganamos nada insistiendo en algo que antes no funcionó. Necesitamos ser flexibles para permitirnos ver qué tiene el Universo en sus manos para nosotros.

El líder bambú sabe que todo va y viene. Acepta la vida y la muerte como polos de un mismo fenómeno llamado existencia. Sabe que fingir conocimiento es doloroso, que nadie tiene todas las respuestas y que, al fin y al cabo, es un alivio poder decir humilde y serenamente "no sé". Su gran fortaleza es la apertura al aprendizaje, pues todo lo que crece, toda fuerza duradera es, en sí misma, flexible.

En mi día a día, cuando estoy en equilibrio mente-corazón, soy flexible como el bambú. Cuando me conecto con el vacío de liberar mi mente de juicios, resistencias y bloqueos, me permito ser flexible. Cuando intento, por el contrario, prevalecer en mi punto de vista, el vacío del bambú se llena de juicios y resistencias. Y la vida se hace densa y penumbrosa en vez de ligera y luminosa, como debe ser.

En definitiva, lo que está en juego, si no pongo en práctica la flexibilidad, es mi propia paz. Fluir es el camino para no sufrir. Para eso es necesario tener la firmeza del bambú, construir raíces sólidas que nos permitan adaptarnos a los cambios sin perder el rumbo ni la dirección. Del mismo modo que en el orden de los capítulos de este libro, la integridad, la espiritualidad y la fuerza serena son los valores que dan pie a la flexibilidad.

CAPÍTULO 5

Versatilidad

El líder bambú reconoce en su potencial creativo,
la innovación y la capacidad de conocer sus talentos
para ser útil en sus diversas dimensiones.

Cuando uno piensa en versatilidad, inmediatamente le vienen a la mente figuras excepcionales que marcaron la historia, como Leonardo da Vinci. Este ilustre genio del renacimiento italiano, decisivo en el desarrollo de la historia de la humanidad, no solo fue el pintor de obras célebres como *La Gioconda* y *La Última Cena,* sino que también desarrolló ideas adelantadas a su tiempo como el helicóptero, el automóvil y el submarino (aunque muchas no llegaron a realizarse por las limitadas tecnologías que había en la época). No contento con eso, entre sus múltiples ocupaciones, Da Vinci también fue arquitecto, anatomista, filósofo, paleontólogo, escultor, científico, ingeniero, músico, poeta y urbanista…

Está bien, ya puedes respirar. Es evidente que estamos hablando de un caso paradigmático, de una curiosidad infinita apoyada por el trabajo y la perseverancia. Ahora bien, imagino que estarás pensando que estas cualidades son propias de otra época o exclusivas de talentos fuera de serie que cambiaron el mundo. Pues claro que no es así, y te lo voy a demostrar con un simple ejemplo.

Resulta que tengo un íntimo amigo que era veterinario. Un día llegó del trabajo y no le quedó otro remedio que cocinar. Estaba solo en casa y tenía hambre. Decidió cocinar algo sencillo: una tortilla de papas, que acompañó con ensalada, pan tostado y una copa de vino. Cuando puso la mesa y se sentó ante su creación culinaria, se asombró. No creía que él —¡únicamente él!— hubiese preparado aquella cena.

El hambre influyó mucho en su percepción, pero llegó a decirme con orgullo que la comida era atractiva hasta por la variedad de colores: la tortilla de papas era amarilla y blanca, los tomates rojos, el resto de la ensalada verde y el vino rosado. Mi amigo asegura que en ese mismo instante descubrió al "cocinero que llevaba dentro".

Esa noche —inspirado por una tortilla de papas— se hizo el propósito de profundizar en el arte culinario y desarrollar a "su cocinero" hasta entonces dormido. Mientras más aprendía, más se percataba de lo que era capaz de hacer en una cocina. Su autoconfianza creció a la par de sus aspiraciones.

Tras una profunda reflexión en torno a su vida profesional, se preguntó: "¿Cuál es mi situación? Soy veterinario, recibo buen salario, pero también soy un buen cocinero y esta labor me satisface más desde todos los puntos de vista… ¿Qué hago?".

Mi amigo, entonces, decidió romper con su vida profesional anterior y dedicarse a la cocina. Hoy es dueño de un prestigioso restaurante gourmet vegetariano.

Esto me lleva a reflexionar sobre los siguientes puntos. En primer lugar, si mi amigo no hubiese estado abierto y flexible a descubrir la versatilidad de su ser, manifestada en sus cualidades ocultas, jamás habría descubierto sus dones como chef. Luego, si aquella noche se hubiera conformado solo con "despertar al cocinero dormido que llevaba dentro", aún estaría comiendo la misma tortilla de papas. Pero no lo hizo y se reinventó como profesional.

En esta historia tan sencilla hay un proceso interesante: primero mi amigo se autodescubre como cocinero; después va conociendo, a través de un proceso, sus cualidades, hasta que, finalmente, "se convierte" en un buen cocinero. Así nos sucede en la vida: primero nos autodescubrimos, después iniciamos un proceso de autoaprendizaje (motivado por ese autodescubrimiento), cuyo resultado final es el "conocimiento de nosotros mismos". La paradoja se da en que conocerse es, a la vez, crearse, porque ese destino depende únicamente de nosotros. Nos descubrimos a la vez que nos creamos, como un músico encuentra una melodía en el aire. Y para poder crearnos, necesitamos una única materia prima con la que contamos todos los seres humanos: la creatividad. Autoconocernos nos lleva a subir la montaña de la autocomprensión y esa es la que te empuja siempre arriba a la cima de la superación. Y sabemos que no hay una única montaña sino una cordillera inmensa por explorar dentro de ese ser que eres, que soy, que somos.

TU POTENCIAL CREATIVO

El líder bambú es fuente de creatividad e innovación al servicio de los desafíos que se le presentan. Es útil y se adapta al entorno. Es por eso que la flexibilidad es una condición necesaria para el desarrollo de todo nuestro potencial creativo.

La versatilidad de una persona tiene que ver con su capacidad de adaptación rápida y eficiente a los cambios, y también con saber fluir con las emociones. Poder lidiar de manera continua con cierto nivel de incertidumbre supone tener también la capacidad de gestionar la inseguridad e incluso el miedo.

Pero la versatilidad no solo tiene que ver con el proceso de cambio. También implica el poder conocer tus propios recursos para tenerlos a mano (tu "caja de herramientas"): dones, talentos, habilidades, manejo de emociones. Es abrirse a identificar la multiplicidad de dones y abrazarlos, así como ampliar tus oportunidades a través del aprendizaje de nuevos talentos. Los seres humanos somos multitalentosos, no monotalentosos. Esto me hace acordar a un conocido chiste que dice: "*¿Cuántas personas se necesitan para cambiar una bombilla?* Diez: una para sostener la bombilla y nueve para hacer girar la escalera".

Puedes imaginarte la falta de creatividad y la rigidez de esas diez personas haciendo fuerza para girar la escalera… Pero esto, que como toda parodia es una exageración, bien podríamos aplicarlo en otra escala a nuestra vida. Y te pregunto a ti: ¿para cuántas cosas que en realidad podrías aprender a hacer tú misma, tú mismo, terminas pidiendo ayuda o contratando a alguien, ya sea por comodidad o mera costumbre? No es que la facultad de saber delegar esté mal en sí, pero es atinado preguntarse cuán flexibles somos para aprender una habilidad nueva.

La flexibilidad, entonces, nos abre paso a la versatilidad. Cuando aprendemos a ser flexibles como el bambú, se abre nuestro abanico de desarrollo y florecimiento. A mí me gusta utilizar el concepto de adaptabilidad creativa e innovadora, que reúne los tres elementos que el líder bambú necesita para ser versátil: adaptabilidad, creatividad e innovación.

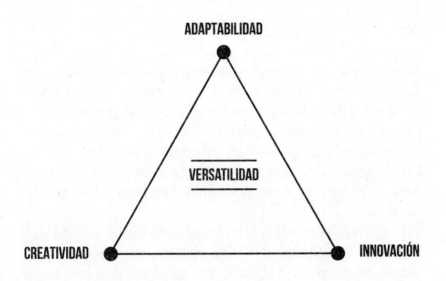

El bambú nos sirve de inspiración, una vez más, para aprender a cultivar estas cualidades en nuestro camino de liderazgo. A lo largo de la historia, desde el hombre primitivo hasta el contemporáneo, hemos visto la presencia del bambú en la fabricación de los más variados objetos: arco y flecha, papel, instrumentos musicales, vestidos, bicicletas y, en la actualidad, lo vemos adaptándose a los avances tecnológicos de la época y se le usa, incluso, para fabricar fundas de dispositivos móviles.

Hoy, el bambú se emplea principalmente en la construcción. Se le elige ya que es una materia prima renovable y crece mucho más rápido que la madera convencional, lo cual es un valor fundamental para la consciencia ambiental de nuestros tiempos. Otra de sus ventajas es que se adapta a climas húmedos, por lo tanto, no se oxida y sirve como aislante.

Imaginemos, entonces, que el bambú es sumamente exitoso en su principal "ocupación", que es la construcción. Puedes trazar un paralelo con la profesión a la que dedicas la mayor parte de tu vida. Sin embargo, la versatilidad del bambú le permite *abrir su campo de posibilidades*, como una flor de múltiples colores, ofreciendo su variedad de dones de una manera creativa y generosa. Por ejemplo, se puede utilizar la planta de bambú como alimento, siendo provechosa no solo como brotes frescos, sino también en forma de enlatados, disecados y como bebida fermentada. En algunas culturas, además, se le utiliza como medicina para el cáncer, el asma y algunas enfermedades óseas y renales.

Pero la versatilidad del bambú no acaba allí. Su uso dentro de la tradición del Feng Shui, un arte decorativo de origen chino, parte de que se cree que hace fluir la energía positiva y alarga la vida. Por último, y no por eso menos importante, el bambú es un excelente combustible ecológico. Su utilización como biomasa no solo reduce las emisiones de carbono, sino que también ofrece una solución sostenible al impacto de la deforestación y el desgaste de la Tierra.

Y el hecho de que el bambú, una de las plantas más versátiles del planeta, sea utilizado como energía no es un detalle menor. La energía es versátil en sí misma, ya que adopta distintas formas según su uso. Y esto me hace reflexionar sobre cómo los seres humanos, en verdad, somos una inmensa fuente de energía que no siempre sabemos aprovechar. Somos, de hecho, energía en estado puro, cuya manifestación depende únicamente de nosotros mismos.

Esto quiere decir que las personas no somos *una sola cosa*, sino múltiples posibilidades. Basta ver algunos ejemplos de personalidades que dedican su vida a actividades muy disímiles e, incluso, a veces, aparentemente incompatibles. Es el caso, por ejemplo, del famoso actor y fisiculturista Arnold Schwarzenegger, que decidió hacer su camino dentro de la política llegando a ser dos veces gobernador de California, en Estados Unidos. ¿Quién pudiera imaginar que estas tres puntas podrían unirse en una misma persona? La de ser actor, fisiculturista y, a la vez, ejercer un cargo que implica una absoluta responsabilidad social como ser gobernador.

Otro ejemplo que me resulta muy inspirador es el de mi amigo argentino David Chocarro. Su madre era profesora de sóftbol y su padre, director de teatro, lo cual despertó el entusiasmo de David por ambas profesiones desde muy chico. Aun siendo el béisbol un deporte poco popular en Argentina, David llegó a jugar en la liga profesional de su país e incluso en Venezuela. Paralelamente desarrollaba su carrera como actor y conductor de televisión en producciones de gran éxito en Latinoamérica y Estados Unidos. Y ahora, junto a su bella esposa, la actriz Carolina Laursen, tiene una academia de actuación. Aquí emplea otro talento más: enseñar. Bravo por ellos.

Lo cierto es que conocemos estos y otros ejemplos porque estas personas se dedican a profesiones de resonancia pública; pero la tierra está regada de personas anónimas y versátiles como mi amigo, sobre quien te conté al principio, que gracias a su espíritu curioso e innovador se dio cuenta de que, además de ser un buen veterinario, era un cocinero de primer nivel.

DIVERSIFICARSE VERSUS DISPERSARSE

Dicen que *el que mucho abarca, poco aprieta*, y que *más vale pájaro en mano que cien volando*. Estos refranes guardan algo de verdad, pero son solo ciertos en parte y su óptica suele estar polarizada. Desde luego que no es aconsejable diversificarse al punto de perder el eje y el sentido de lo que hacemos. Allí estaría, más bien, la dispersión. Otra cosa muy distinta es el apego, aferrarme a algo y no tomar riesgos por el miedo o la mentalidad de escasez. Aquí vemos claramente expresada la imagen del "pájaro en mano", imagen que me parece fatal si contrasta con la abundancia que es ver una bandada de pájaros volando en libertad.

No es aconsejable concentrar nuestras posibilidades en una sola actividad en la que nos sentimos seguros. Eso haría que nos convirtamos en seres precarios y que palidecieran los otros talentos que guardamos en secreto. Todos tenemos un espectro de diversificación que experimentar. Me gusta pensar en esta experiencia como la de diversificar mi "portafolio de inversiones". Así es como hacen los banqueros, solo que ahora lo vemos referido al desarrollo de mis talentos y genialidades. Aclaro que no me refiero únicamente a los oficios: puedes tener un talento extraordinario a nivel emocional, como saber escuchar y ser empático. Mucha gente los tiene y no es consciente de ello.

La diversificación tampoco tiene por qué competir con la simpleza, que como hemos visto en el Capítulo 1, es una cualidad esencial del líder bambú. Se puede ser versátil y al mismo tiempo estar conectado con tu esencia, como una flor que, al sentirse segura de sus raíces y la firmeza de su tallo, se permite abrir sus colores al mundo.

Muchas veces la vida se me parece a un caleidoscopio —ese instrumento óptico desde donde se pueden mirar diversos colores, que se multiplican con el movimiento y forman figuras en armonía—. En cada historia de vida hay infinidad de particularidades que son inherentes entre sí y significan distintas cosas para cada persona. He aquí lo subjetivo y perfectible de lo humano que nos hace particulares.

De ahí que el ser humano necesite ser versátil. La mente que habita ese caleidoscopio nos pide fluir con versatilidad. Desde nuestra propia constitución física, estamos permanentemente mutando. El 98 % de los átomos del cuerpo (es decir, la materia que nos constituye) se reemplaza cada año. La biología es un constante fluir de muerte y renacimiento... ¿Acaso no te ves diferente en el espejo cada día que te miras? El cuerpo ha cambiado, es cierto, pero también tu perspectiva. Todo está en dinámica. Las historias en los ciclos de noticias, así como en las redes sociales, duran mayormente 24 horas y tenemos que reinventarnos al día siguiente.

Esto no quiere decir que debamos aceptar que todo sea incertidumbre. El eje de ese caleidoscopio dinámico es nuestra consciencia. Es allí donde encontramos anclaje. ¿Recuerdas el modelo de consciencia del primer capítulo (los círculos del "yo soy", "yo me comporto" y "yo aparento")? La versatilidad, la creatividad y la adaptabilidad viven en armonía en el "yo soy", en tu esencia más pura.

CONECTANDO CON EL NIÑO ARTISTA

> Para vivir una vida creativa debemos perder el miedo a estar equivocados.
>
> —Joseph Chilton Pearce

Yo vivo en la creencia de que todos los seres humanos, independientemente de la profesión que ejerzamos, somos artistas natos. Creo que todos llevamos dentro la facultad innata de crear, y que el gen creativo y divino de Dios, el primer Creador, obra a través de nosotros. Todo el tiempo estamos creando al interactuar con la realidad, seamos conscientes de ello o no (desde los pensamientos que creamos en nuestra mente hasta cada decisión que tomamos, vamos "moldeando" la realidad).

Dijimos antes que ese caleidoscopio en que se nos presenta la vida tiene su anclaje en el *yo soy*, nuestro estado de consciencia más puro. Ese lugar donde todo está bien, donde encontramos confianza, donde somos suficientes.

En su libro *El camino del artista*, Julia Cameron habla de la necesidad de la sensación de seguridad para poder conectar con la energía creativa. Cameron parte de la idea de que nuestro artista interior es un niño y, por tanto, es feliz cuando se siente seguro. Nuestra tarea como padres protectores del niño artista es aprender a cuidarlo. Primero debemos encontrarlo, claro, reconocerlo detrás de todos los bloqueos y creencias negativas que limitan nuestra creatividad. Luego, darle permiso para jugar, para probar y equivocarse, sabiendo que esa es la única manera de progresar en el camino del artista.

Antes de andar, todo bebé debe gatear y luego comenzará a dar pequeños pasos y tropezones terribles. Es ahí donde abandonamos nuestra creatividad. Si intentamos correr antes de siquiera caminar, podemos frustrarnos y abandonar nuestros sueños. Esta idea puede contrastar con nuestro propio ego, quien nos pide *grandeza inmediata* (¡así de tirano es!). Pero la verdad es que las cosas no funcionan así, y no podemos, de un día para otro, convertirnos en hacedores de nuestros sueños.

Este es, más bien, un proceso engorroso, en el que muchas veces no brindamos una buena imagen, ni para nosotros ni para los demás. Es imposible esforzarnos en ser mejores mientras damos una buena imagen. El camino del artista implica *necesariamente* esos tropezones donde vamos a vernos ridículos y a terminar con moretones en las rodillas. ¡Eso también es digno de una felicitación! Solo puede quedar en ridículo —y, también, solo progresa— quien se expone a los errores. Y recordemos lo ridículo que es el concepto, tan personal, de lo que nos hace sentir en ridículo. Cada quien se lo construye y lo permite.

Así, protegiendo al niño artista y animándolo a andar, a avanzar y caerse, podremos salir del reino de las sombras hacia la luz de la creatividad. En palabras de la propia Cameron: "La creatividad florece cuando tenemos la sensación de seguridad y de autoaceptación".

PREGÚNTATE:

¿Cuál es tu relación con tu niño artista interior?

¿Lo cuidas y lo alientas o, por el contrario, lo castigas con críticas despiadadas?

Cuando una situación de la vida adulta te exige responder con creatividad, ¿le permites jugar a tu niño artista o te paralizas y quedas atrapado "dentro de la caja" por miedo a equivocarte?

En tu vida cotidiana, ¿qué espacio le das a ese niño curioso para descubrir el mundo como si fuera nuevo y ver las cosas de un modo distinto a como están establecidas?

Los bloqueos que nos separan de nuestro niño artista interior tienen que ver con el proceso de domesticación que vimos en el Capítulo 0. Muchos de los juicios y creencias que tenemos como adultos sobre nosotros mismos y el mundo se formaron inicialmente como una respuesta a cómo experimentamos nuestra infancia. Creencias del tipo "no soy valioso", "el mundo no es un lugar seguro para mí", "no puedo confiar en nadie", "no soy suficiente" son solo un botón de muestra de las que están presentes desde nuestra infancia.

Cuando formaste esas creencias por primera vez, eras un niño/a con una consciencia mucho menos desarrollada que la de ahora. En ese momento de tu pasado, parecían "la verdad". Entonces, todavía puedes sentirlas como si fueran verdad ahora, incluso sabiendo racionalmente que ya no lo son.

Cuando traigo al presente esas creencias, en eventos de mi pasado donde interpreté que no era suficiente, que no era merecedor del amor de mis padres, o que era diferente, creo una visión de mí donde me alejo de quien soy de verdad.

Parte del proceso de identificar y sanar esas creencias es crear una comunión entre ese niño/a que recuerdo herido y el adulto consciente conectado con su corazón. Es decir, afrontar cada momento con amor y compasión renovada, sin aferrarme al pasado. Así, puedes valorar todos los cambios y honras tu historia como un vehículo para encontrar una conexión más compasiva contigo y para expandirte más en tu autoconfianza.

Te invito, cuando sea el momento oportuno, a que visites la página de recursos donde encontrarás una meditación especialmente diseñada para conectar con tu niño/a artista. Es un viaje de proceso interno, donde tendrás la oportunidad de crear un espacio a salvo para ese niño/a que está dentro de ti, con el fin de expandir tu potencial y para que, como adulto, establezcas una nueva dirección y comiences a tomar decisiones alineadas con tu corazón.

VERSÁTILES POR NATURALEZA

Todo lo que existe es potencialmente versátil. Al principio del capítulo vimos las múltiples funcionalidades que pueden resultar de una misma planta: el bambú. Te propongo ahora un ejercicio para que fomentes tu creatividad y encuentres una doble o triple función en distintos objetos cotidianos. Por ejemplo, si el objeto fuera un plato, ¿para qué sirve además de para comer? Sirve como decoración, como parte de un ritual griego, para hacer una obra de arte...

En este caso, te propongo encontrar diferentes funciones para una flor, una vela, un marco o portarretrato y una copa. Tómate unos minutos para liberar tu mente y hacer una tormenta de ideas, y luego vuelves a este mismo renglón.

¿PARA QUÉ SIRVEN?

¿Y, cómo te fue con el ejercicio? ¿Pudiste encontrar alguna funcionalidad más, aparte de la establecida culturalmente para estos objetos? Si no fue así, no te preocupes. Es normal que estemos condicionados por bloqueos mentales que nos dificultan el pensar "fuera de la caja". Pero la idea es ir *desencartonando* estos bloqueos al hacerlos conscientes y ejercitar nuestra creatividad.

Pero ¿por qué te propuse este ejercicio? Porque pone en evidencia que un mismo objeto, con una misma materia y forma, puede adoptar múltiples y absolutamente diversas funcionalidades. Lo único que tiene que mediar para que ello ocurra son la creatividad y la imaginación. Según el diccionario de la RAE, es versátil aquello que es "capaz de adaptarse con facilidad y rapidez a diversas funciones".

Y eso es aplicable a todo lo existente que te puedas imaginar, incluso tú mismo.

Hoy en día, la versatilidad es la competencia más importante a nivel laboral. Con la automatización de muchas de las tareas humanas, estamos llegando al fin de la "era de la especialización", en la cual era un valor profesional que cada persona fuera dúctil en una única y específica tarea.

Sin embargo, el mercado laboral exige hoy en día equipos formados por personas multidisciplinarias. Esto significa que si no nos abrimos a desarrollar nuevas habilidades de forma continua, es muy probable que nuestra especificidad quede obsoleta y en un futuro disminuya nuestra empleabilidad. La buena noticia es que la herramienta para adaptarnos al cambio de época la llevamos dentro.

SEIS SOMBREROS PARA PENSAR

El psicólogo y consultor Edward de Bono, en su libro homónimo publicado en 1985, inventó un método llamado *Seis sombreros para pensar*. El mismo consiste en dividir las ideas en seis áreas de pensamiento. Sobre un mismo problema o situación, se asignan diferentes roles a las personas para que tengan una perspectiva específica. Estos roles o "sombreros" son:

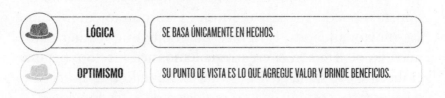

SEIS SOMBREROS PARA PENSAR

	LÓGICA	SE BASA ÚNICAMENTE EN HECHOS.
	OPTIMISMO	SU PUNTO DE VISTA ES LO QUE AGREGUE VALOR Y BRINDE BENEFICIOS.

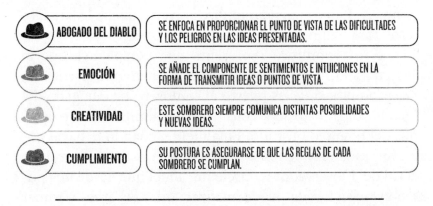

ABOGADO DEL DIABLO	SE ENFOCA EN PROPORCIONAR EL PUNTO DE VISTA DE LAS DIFICULTADES Y LOS PELIGROS EN LAS IDEAS PRESENTADAS.
EMOCIÓN	SE AÑADE EL COMPONENTE DE SENTIMIENTOS E INTUICIONES EN LA FORMA DE TRANSMITIR IDEAS O PUNTOS DE VISTA.
CREATIVIDAD	ESTE SOMBRERO SIEMPRE COMUNICA DISTINTAS POSIBILIDADES Y NUEVAS IDEAS.
CUMPLIMIENTO	SU POSTURA ES ASEGURARSE DE QUE LAS REGLAS DE CADA SOMBRERO SE CUMPLAN.

Fuente: Edward de Bono, 1985.

Si bien originalmente esta técnica fue ideada para aplicarse en reuniones o grupos de personas, es también una excelente herramienta para expandir los límites de la propia versatilidad de un individuo para asumir roles diversos.

Por ejemplo, te propongo hacer el siguiente ejercicio: piensa en una situación de tu vida que implique la necesidad de tomar una decisión. Puedes tomar como referencia tu Rueda de la vida y escoger un área que consideres débil y necesites fortalecer. Elige, de esa área, cuál es la situación problemática o desafiante y la decisión que debes tomar al respecto. Esta situación puede ser algo que ya está en conflicto, o bien un objetivo en mente y que necesites poner en movimiento para alcanzarlo. En cualquier caso, debe ser algo decisivo en lo que tengas que comprometer tus dones, talento y lucidez.

Una vez que escogiste la situación, adopta cada uno de estos roles o sombreros para la discusión. Es normal que te sientas más a gusto con alguno de ellos, pues siempre alimentamos mejor lo que solemos utilizar y resistimos aquello que nos es incómodo. Pero ¿sabes qué? Esta es la oportunidad para probarse cada uno de ellos y ver cómo te sientes... Como buenos sombreros verás que, a la larga, se terminarán amoldando.

Cada sombrero representa una perspectiva que te ayudará a enfocar la decisión desde un ángulo particular. Por ejemplo, si llevas puesto el sombrero de Abogado del Diablo, tu trabajo será considerar las limitaciones y desafíos del objetivo buscado. Finalmente, cuando te hayas colocado cada uno de los sombreros, será el turno de asumir el rol del Observador Consciente, aquel que desde una posición más elevada puede analizar todas las áreas y tomar una decisión que contemple todos los aspectos. Ese, precisamente... ¡es el rol del líder bambú!

CAOS Y ORDEN

Sin duda, la creatividad es una facultad necesaria que nos invita a superarnos y romper los moldes para encontrar soluciones innovadoras en nuestra vida. Sin embargo, es un error identificar la creatividad con abandonarse al caos absoluto. Siendo un poco abogado del diablo, no todo debe ser orden, y tampoco todo debe ser caos. Es una falsa dicotomía pensar que tenemos que optar por uno u otro. Es justamente en el punto medio donde vamos a encontrar más creatividad. En el caos puro, las ideas se confunden y solapan unas con otras y no llegamos a concretar nada. En el orden puro, no hay espacio para pensar ideas superadoras por fuera de las normas.

Un líder considera el cambio como un desafío, no como una fuente de excitación. No debemos confundir la afición al cambio con el vacío, con la insatisfacción del que busca y busca y no disfruta de lo que encuentra en cada paso del proceso. Esta tendencia puede generar problemas si estamos permanentemente en busca de nuevos proyectos, nuevas situaciones y personas, en una especie de "estado de excitación". Me refiero aquí a las personas que rehúyen al compromiso a largo plazo, a los que saltan de un empleo a otro aceptando nuevos retos pero los abandonan tan pronto como tienen que hacer planes de futuro, o a los que rechazan todo tipo de rutina o disciplina que les brinde estructura. El tipo de vida que llevan muchas de estas personas es impredecible y excitante, pero también puede ser caótico. Quien no tiene ningún control sobre los acontecimientos y las situaciones de su vida pierde los objetivos y la orientación.

Cuidado, en el otro extremo, con los que se adhieren a una rutina construida sobre la base de rígidas ideas que constituyen una valla infranqueable para el cambio. Estas personas se sienten amenazadas y temen perder algo cuando se producen cambios en alguna de sus actividades habituales. Lo desconocido les aterra, de modo que se aferran a las normas establecidas.

Sin embargo, a veces los cambios no piden permiso y se imponen. Es allí cuando estas personas carecen de adaptabilidad y, por lo tanto, pierden vigencia. Hace 250 millones de años un meteorito cayó sobre la Tierra y extinguió la especie que hasta entonces dominaba el planeta y parecía indestructible: los dinosaurios. ¿Sabes quiénes sobrevivieron? Los versátiles, las especies que supieron adaptarse; por ejemplo, los pequeños mamíferos que estaban acostumbrados a lidiar con las amenazas depredadoras. De allí, varias especies evolucionaron llevando dentro el gen de la adaptabilidad. En el caso de los seres humanos, nuestra capacidad de imaginar y reflexionar nos hace tener la inmensa capacidad de adaptación ante incluso las peores tragedias, porque somos resilientes y con eso ya venimos programados.

Entonces, a fin de asimilar este principio a nuestro estilo de liderazgo, debemos tener cuidado de no caer en ninguno de estos extremos. Que no todo sea caos ni todo sea orden; no vivir completamente en el aire ni del todo con los pies sobre la Tierra, sino aprender a ser un poco "anfibios". Es decir, armonizar ambas energías para permitir que coexistan dentro de nosotros, al estilo ying-yang. Que la afición al cambio vaya acompañada de la comprensión del entorno y el criterio de realidad para obtener el mejor de los resultados.

LAS TRES CLAVES

Quiero darte, casi llegando al final de este capítulo, las tres claves que considero fundamentales para aplicar el principio de versatilidad en las distintas áreas de tu vida:

Practica el pensamiento creativo: La creatividad tiene su proceso. Existen varias técnicas para despertarla, pero quiero recomendarte una en especial que ya llevo varios años practicando religiosamente todos los días, y es tan fundamental para mí como mi aseo matutino. La llamo "el vómito de la mañana". Es muy sencilla de practicar: lo único que tienes que hacer es tomar un cuaderno y llenar tres páginas con cualquier pensamiento que se te cruce por la cabeza. Y cuando digo cualquiera, estoy siendo literal. Esto es una terapia de drenaje, una especie de "vómito matinal" donde no juzgas ningún pensamiento ni lo censuras. Todo va al papel con tu puño y letra.

Dependiendo de la libertad con la que fluye su creatividad, algunos escriben sobre sus preocupaciones, otros sobre los sueños y pesadillas que tuvieron y otros simplemente escriben incoherencias, dudas, etc. ¡Incluso, puedes escribir poemas cuando ya el cerebro y la mente han botado todo lo tóxico rumiante! La idea es vaciar tu mente de eso que lleva tiempo reciclándose allí, para que comiences el día con buen pie, mientras que activas tu mente creativa y positiva. Puede que al principio cueste un poco, y es muy probable que te cuestiones lo que escuchas en tu mente. Todo eso es normal. Haz este ejercicio por lo menos por 60 días y verás su maravilloso resultado en ti y la claridad de mente que ganas. No uses ordenador o aparato para escribir. Mi consejo es que dejes que el bolígrafo fluya. No importa que te tome algo de tiempo arrancar. Lo importante es que lo hagas.

Escribe, vacía y resetea. No hay un estilo correcto para llenar las páginas matutinas. No es una escritura literaria (aunque de ella pueda nacer la inspiración para una idea). Lo importante es que llenes tres páginas con todo lo que tienes en tu cabeza y en tu corazón. Escribe ideas, miedos, juicios, tareas por hacer, pensamientos, imágenes que aparezcan, emociones presentes, etc. Es un vaciado. Posiblemente cuando lo leas en el futuro puedan aparecer allí ideas fantásticas, de lo que fue una simple catarsis para calmar la sobreexcitación de la mente. Si tienes miedo de que alguien lea algo que te avergüenza, pues destruye las páginas. No son un diario sino una terapia que cumple su efecto al escribir. Si las guardas, léelas con distancia y sentido del humor. Ser amoroso contigo mismo es la única manera de salir de los bloqueos creativos.

Abraza el cambio: Como vimos anteriormente, atravesar el proceso de cambio es necesario para adaptarse a un mundo cada vez más volátil y dinámico. Debemos poder identificar el dolor como un ciclo pasajero que detrás trae un aprendizaje, para así no permanecer en él y poder convertirlo en un sufrimiento evitable. Te invito, entonces, a liberarte de las cadenas de la rigidez, a soltar el paradigma de *ver para creer* y abrazar el paradigma de los visionarios versátiles, que es *creer para ver*. Solo cuando creas algo nuevo, podrás conformar algo nuevo.

Desarrolla la curiosidad: El proceso de autoconocimiento y aprendizaje es inagotable. Alimentar la curiosidad es vital para mantener la avidez por el conocimiento, que siempre nos revela algo de nosotros mismos. En mi caso, la lectura es un hábito que me mantiene siempre abierto al aprendizaje. Lee cosas nuevas, géneros que nunca has leído y que hasta te incomoden: poesía, ciencia ficción, ensayos, novelas, autobiografías, artículos de ciencia... En cada uno de ellos te espera una parte de ti que quizás desconozcas y no pensabas encontrar. Si alguna vez alguien te dijo que la curiosidad mató al gato, no sabía lo que estaba diciendo. La curiosidad es la que salvará al ser humano de ser devorado por la inteligencia artificial y por los softwares que hemos creado y los que vendrán.

Muchos de los grandes inventos de la humanidad, sin ir más lejos, fueron encontrados "por casualidad", motivados únicamente por la curiosidad. Es el caso de la penicilina, los rayos X, el horno de microondas, el marcapasos, la Coca Cola®, el LSD, las papas fritas... ¡y hasta el Viagra! Todos fueron descubiertos cuando el inventor, en realidad, estaba buscando otra cosa, pero fue la curiosidad lo que le permitió estar atento a lo que en verdad se le estaba revelando.

Acerca del descubrimiento de la pólvora, por ejemplo, uno de los inventos bisagra en la historia de la humanidad, existen varias teorías. Una de ellas involucra al protagonista de este libro: nuestro querido bambú.

Cuenta la historia que un cocinero chino, dos mil años atrás, quiso hacer un fuego al aire libre para lo cual utilizó una mezcla de ácido sulfúrico, salitre y carbón vegetal. El resultado fue una terrible explosión. Después, a este curioso cocinero se le ocurrió comprimirlo todo en un tubo de bambú. Esto habría dado origen a los fuegos artificiales, que en ese entonces eran utilizados en rituales para espantar a los malos espíritus.

RECONOCIENDO MIS DONES

Como tarea para este capítulo, te daré un ejercicio sencillo y práctico, que nos permitirá hallarnos como las personas versátiles que somos. La idea es que hagas una lista o inventario de tus genialidades y dones, para lo cual vas a preguntarles a cinco personas cercanas de tu entorno: "¿Cuáles percibes que son mis talentos y por cuales pagarías?" y los anotarás en una lista. (Apuesto a que te sorprenderá escuchar algunas respuestas.) La mirada del otro también nos constituye como personas, puesto que mucho de lo que brindamos hacia afuera permanece en estado de inconsciencia para nosotros. De esta manera tendrás una noción más clara de cuáles son tus dones y habilidades, según la mirada de quienes te son más cercanos.

Poder reconocer la propia versatilidad es encontrarnos con nuestro mundo de posibilidades. Una de las lecturas que más me maravilló e inspiró para escribir este libro fue *El paraíso a la vista de todos: Lecciones de un jardín zen*, de Karen Maezen Miller. A través de sus páginas, la autora nos lleva a interpretaciones budistas sobre el bambú y nos recuerda que, según esta filosofía y religión, forma es vacío y vacío es forma. Dicho de otra manera: lo que no tiene forma viene en todas las formas.

El bambú, vacío por dentro, nos invita a abrir nuestra mente a las múltiples formas que puede adoptar la esencia pura que somos. En palabras de Albert Einstein: "La mente humana es como un paracaídas, solo funciona si se abre".

CAPÍTULO 6

Pasión

El líder bambú es entusiasta y toma acción
alineado con su propósito. Genera un movimiento
consciente, comprometido y constante.

Justo cuando preparaba este capítulo, Disney-Pixar estrenó una película que viene como anillo al dedo al tema de la pasión. Se trata de *Soul*, un filme que nos invita a reflexionar acerca del propósito, la "chispa", y que plantea que todo se reduce a la importancia de vivir.

Sin entrar en la polémica sobre si es una película para niños o no, o de cómo la crítica ha señalado la ligereza con la que aborda la física cuántica, quiero usar esta historia para introducir el tema de la pasión.

SPOILER ALERT!

Si no has visto la película aún, hazlo, pues se toca un tema con muchas capas que no te dejará indiferente. La trama gira en torno a la historia de Joe Gardner, un pianista que sufre un accidente cuasi fatal, justo el día en que iba a cumplir su gran sueño de poder tocar junto a una estrella que admiraba.

Para él, la travesía comienza cuando decide hacer todo lo que esté a su alcance para volver a la vida (aunque ciertamente estaba lejos de tener una existencia plena y se sentía insatisfecho). Por algunas situaciones azarosas, Joe termina siendo mentor del alma 22, un personaje que lleva muchos siglos sin encontrar su "chispa" (requisito indispensable para venir a la Tierra a ocupar un cuerpo).

Como parte de los intentos del improvisado mentor para que 22 encontrara su chispa, llegan a un lugar llamado "la zona", donde la gente entra cuando su pasión los pone en un trance eufórico. También alberga a las almas perdidas que se obsesionan con su pasión.

Me detengo aquí para que, si no has visto la película, te pique la curiosidad; pero también porque, justo en ese momento, tuve una revelación que trajo como resultado el enfoque que daremos al tema de la pasión.

Ciertamente, tal y como señala el filme, creo que existe ese lugar al que vamos cuando estamos inmersos en nuestra pasión y en el que pareciera el que tiempo se detiene. Se trata de un *continuum* en el que quisiéramos quedarnos para siempre. Pero fíjate en la delgada línea que separa a la pasión de "perdernos" como almas y quedar en un estado *zombie*, obsesionados con lo que tanto nos gusta. Resulta paradójico que dos estados tan contrastantes nos puedan llevar del éxtasis a la inconsciencia tan rápidamente.

Contrario a lo que pudiera pensarse, la pasión de alguna manera se contrapone a los conceptos de paz y felicidad que normalmente conocemos. Culturalmente, vemos la pasión como algo requerido para no sufrir, ya que preferimos aplicar su acepción de razón o propósito de vida, gracias al que nos despertamos cada mañana.

Entonces, al igual que en la película, inevitablemente terminamos cayendo en el tema del propósito. Pero ¿cómo encontrar el equilibrio entre estos dos extremos? ¿Cómo logramos ir de una vida sin propósito a otra llena de pasión, pero sin caer en la peligrosa obsesión? Acompáñame a descubrirlo en este capítulo.

APEGO VERSUS PASIÓN

Para entender lo que definiremos más adelante como pasión, voy a permitirme traer a colación el concepto de apego. *Apego* es una actitud que nos deja encadenados al pasado, mientras tanto la vida continúa: niñez, adolescencia, madurez, vejez. Nuestra existencia sería más armónica si acompañamos esos ciclos naturales. Cuando no ocurre así, la vida no fluye, sus aguas se estancan.

A lo largo de la evolución de la humanidad, el apego ha formado parte de la vida desde la constitución de nuestra especie. La interacción con el entorno ha favorecido la creación de vínculos de apego, vistos en este caso como lazos afectivos de proximidad hacia aquellas personas que, en primer término, son capaces de ofrecer protección y aceptación.

En este sentido, el apego tiene dos funciones básicas: una biológica, que es obtener protección para asegurar la supervivencia, y otra de carácter más psicológico, la de adquirir confianza y seguridad.

Sin embargo, ¿te has preguntado cuándo el apego deja de ser una zona segura y se convierte en un espacio pegajoso, lleno de la ansiedad del adicto? Sí, hablo del apego que te amarra al miedo de perder tus más preciados tesoros y tus relaciones más queridas.

Existen tres estilos o tipos de apego que se expresan entre individuos de muy diversos países y culturas. De acuerdo con psicólogos clínicos como Walter Riso, Manuel Barroso, Enrique Pichon-Riviere, todo aquel que forme parte de nuestra sociedad encaja en una de estas tres categorías:

Apego seguro. Las personas que experimentan el apego seguro disfrutan de la intimidad y una relación estrecha, y son capaces de establecer compromisos con seguridad y confianza. Expresan sus necesidades y sentimientos con facilidad. Adicionalmente, saben establecer límites.

A las personas que experimentan el apego seguro les resulta sencillo vincularse a su pareja, pareciéndoles agradable la cercanía emocional y permitiendo que otros interactúen con ellos.

En el aspecto laboral, estas personas disfrutan de su trabajo. Si en algún momento no se sienten satisfechas, no dudan en buscar otra opción. Tienen buenas relaciones con sus jefes y compañeros de trabajo y pueden expresar con facilidad sus necesidades, acuerdos o desacuerdos.

Como puedes ver, el apego seguro es el más saludable. Sin embargo, hay otros tipos que impactan en nuestra vida y relaciones.

Apego ansioso o ambivalente. Quienes lo experimentan tienen la sensación de que las personas a su alrededor no se relacionan de manera suficiente con ellos. Por tanto, temen ser desplazados. Cualquier muestra de alejamiento es síntoma de desinterés.

En el caso de las relaciones amorosas, en ocasiones, su anhelo de crear un vínculo tan estrecho aleja a los pretendientes.

En el aspecto laboral, cualquier falla en el desempeño activa el temor a ser desplazado. Les cuesta pedir ayuda por temor a ser vistos como ineficientes o incompetentes.

Con respecto a lo material, temen perder lo que tienen y no poder conseguir algo mejor.

Apego evasivo. En este, no es fácil confiar completamente en la otra persona y aceptar la dependencia emocional. Quienes sienten este tipo de apego tratan a las personas como objetos, no creen en el amor, ni en la amistad.

En el caso de las relaciones amorosas, se muestran molestos y nerviosos cuando sus parejas buscan mayor intimidad y compromiso. Son exigentes y exhiben a sus parejas. Se sienten orgullosos de "poseerlas" y las muestran como "trofeos" personales.

En el aspecto laboral, se limitan a cumplir con las obligaciones de su cargo y no quieren comprometerse en nada más, especialmente en actividades que impliquen relaciones interpersonales. Les cuesta ceder y establecer acuerdos.

Con respecto a lo material, les gusta acumular lo mejor y son autoexigentes.

➡ **LUEGO DE VER LOS TRES TIPOS DE APEGO, PREGÚNTATE:**

¿Cuál de ellos se vincula más a tus patrones actuales?

¿Puedes reconocer pensamientos y creencias que surgen a partir de ellos?

PASIÓN E INTENCIÓN

En el otro extremo, tenemos el poder de la intención. En esta parte quiero referirme especialmente a los conceptos y estudios del escritor Wayne Dyer, quien investigó profundamente el tema. Para Dyer, la intención no es algo que la persona hace, sino una fuerza que existe en el Universo como campo de energía invisible.

Tal y como señala en el libro *El poder de la intención*, esta es una fuerza que todos llevamos en nuestro interior: "La intención es un campo de energía que fluye de una forma invisible, fuera del alcance de nuestros hábitos normales, cotidianos. Está ahí aun antes de que seamos concebidos. Tenemos los medios de atraer esa energía y experimentar la vida de una forma fascinante, nueva".

Si partimos de la premisa de que la intención no es algo que hago, sino con lo que me conecto, podemos comprender que se trata de un concepto que va mucho más allá de la fuerza de voluntad, según Dyer.

"No existe ningún lugar en el que no esté presente, porque en el universo todo lleva una intención intrínseca. Esto se aplica a todas las formas de vida, ya sea un ñu, un rosal o una montaña (…) Una bellota, que aparentemente no tiene capacidad para pensar ni hacer planes a futuro, contiene la intención del campo invisible. Si abres la bellota, no verás un enorme alcornoque, pero sabrás que está ahí. (…) La intención no yerra. La bellota no se transformará en calabaza ni la flor del manzano en una naranja. Todo aspecto de la naturaleza, sin excepción, tiene una intención intrínseca y, que nosotros sepamos, nada en la naturaleza cuestiona el camino que ha de seguir para hacerla realidad".

Para algunos, la Fuente será el Universo, la energía, Dios o cualquier nombre que le queramos dar. Es aquí donde el autor se plantea preguntas fundamentales: "Si la intención lo determina todo en el Universo y es omnipresente, ¿por qué tantos de nosotros nos sentimos desconectados de ella y con tanta frecuencia? ¿Por qué nos falta a tantos de nosotros tanto de lo que nos gustaría tener?".

Nos desconectamos de la Fuente por el ego. De hecho, para Dyer la ultravalorada frase de "hacer que suceda" proviene del ego, y no de la intención.

En vista de que todos estamos conectados a la Fuente, la gran pregunta es: ¿Qué tan limpia y libre de óxido está nuestra conexión con la fuente?

CUATRO PASOS HACIA LA INTENCIÓN

El proceso está constituido por cuatro fases que se interrelacionan, pero debemos entenderlo como una sucesión de eventos que tienen que darse para alcanzar nuestra intención.

1. En primer lugar está la disciplina. Es necesario entrenar al cuerpo para que actúe como desean tus pensamientos.
2. Luego es necesaria la sabiduría. Combinada con la disciplina, fomenta tu capacidad de centrarte y tener paciencia, a medida que armonizas tus pensamientos, tu intelecto y tus sentimientos con el trabajo de tu cuerpo.
3. En tercer lugar, se encuentra el amor. Después de la disciplina y la sabiduría, implica hacer lo que amas. O más importante aún: amar lo que haces. Aunque suena parecido, no es igual.
4. Finalmente, la entrega. Aquí es donde cuerpo y mente no llevan la batuta y te aproximas a la intención. "En el universo hay una fuerza inconmensurable, indescriptible, que los chamanes llaman 'propósito', y

absolutamente todo lo que existe en el cosmos está unido al propósito por un vínculo de conexión".

Así lo describe el antropólogo y escritor Carlos Castaneda, citado por Dyer. El "absolutamente todo en el cosmos" te incluye a ti y a tu ser disciplinado, sabio y amante, y a todos tus pensamientos y sentimientos. Cuando te entregas, te iluminas y puedes consultar a tu alma infinita. Entonces puedes acceder a la fuerza de la intención, que te llevará a donde crees que estás destinado a llegar.

¿Qué tiene que ver la pasión con la intención? Para poder encontrar la pasión, es necesario primero estar conectados a la intención. De esa forma, el ego estará en su justo lugar, no estaremos distraídos con la fuerza de voluntad o en "hacer que las cosas pasen", ya que todo fluirá de manera natural. Hago el esfuerzo correcto y justo y entrego los resultados al bien mayor.

ENTONCES, ¿QUÉ ES PASIÓN?

Hemos abordado conceptos cercanos o contrastantes a la pasión, pero aún no la hemos definido. Según el diccionario de la Real Academia Española, la pasión es "apetito de algo o afición vehemente a ello". Deriva del latín *passio*, que significa "sufrir", que a su vez viene de la familia ligada al verbo "padecer" y de raíz etimológica común con "paciencia".

Conocer el origen del vocablo "pasión" nos permite comprender mejor la usanza antigua de la palabra en el lenguaje cristiano. Por ejemplo, la pasión de Cristo o Domingo de Pasión. En este contexto, representa el sufrimiento y el padecimiento de Jesús en la cruz.

Esto explica por qué, cuando investigamos el origen del término, encontramos definiciones como "sentimiento muy intenso y perturbador que domina la voluntad y la razón" (thefreedictionary.com).

Creo que ya hemos quedado atrás con esa definición de pasión como algo alocado y alejado del raciocinio. En mi caso, si tengo que utilizar una referencia externa para definirla, me quedaría con la publicada en un artículo del *World Economic Forum*: "Una fuerte inclinación hacia una actividad de autodefinición que las personas aman, consideran importante y a la que dedican grandes cantidades de tiempo y energía". Tal definición es atribuida al Dr. Robert Vallerand, de la Universidad de Quebec, quien ha estudiado el tema de la pasión más que cualquier otro.

Tal como escribí antes en mi libro *El analfabeto emocional*, más allá de la connotación peyorativa del término *pasión*, relacionada con lo irracional (en la Edad Media se consideraba todo el tema de las emociones y las pasiones como producto del carácter irracional del ser humano), aquí nos referiremos a la acepción del término que se conecta con el deseo o propósito de vivir y experimentar de forma plena todas las oportunidades que nos ofrece la vida. De hecho, el título de este libro, *Fluir para no sufrir*, rompe con el paradigma de pasión = sufrimiento. La idea es que podamos gestionar nuestras pasiones para que no nos posean, sino que sean el combustible que nos acerca a nuestra intención.

Durante una entrevista que nos concedió Walter Riso, doctor en psicología y autor de varios *bestellers*, pudimos abordar las relaciones entre pasión y sufrimiento. Para Riso, los temas de pasión amorosa deberían ser elevados a un problema de salud pública. Según sus propias estadísticas, el 50 % de las consultas que atiende son por temas amorosos. A su juicio, esto se debe a que está muy arraigado que amar es igual a sufrir: "Tenemos la concepción errada de que 'si tú no sufres por la persona que amas', entonces no es amor".

Todo esto se exacerba en la cultura latina, partiendo del hecho de que crecimos escuchando las letras de boleros. "Los boleros no se pueden prohibir, pero tampoco podemos tomarlos como norma de vida", acota Riso. Esto nos invita a reflexionar: ¿hasta qué punto justificamos nuestros comportamientos con la pasión?

En *Un buen hijo de P...*, uno de mis libros previos, Arturo, el coach de Chris, nos había adelantado por qué era tan necesaria la pasión: "Pasión, paciencia y perseverancia. Te lo repetiré hasta que tu mente deje de resistirse. La pasión te da la energía para arrasar con los obstáculos que se presenten, ser siempre positivo, jugar con tus circunstancias y no dejar que ellas jueguen con tu mente. Con pasión podrás contagiar al mundo y tendrás una alta capacidad de conectar con los demás, como si fueras un imán".

Seguramente te estarás preguntando: ¿cómo podemos identificar nuestra pasión para distinguirla del apego y el sufrimiento, mientras nos acercamos a fluir con nuestros talentos?

Para encontrar la respuesta, te invito a formularte las siguientes preguntas asociadas:

¿Te dedicas en cuerpo y alma a las actividades en las que participas?

¿Te despiertas por las mañanas con mucho entusiasmo por empezar el día?

¿La pasión que pones al hacer las cosas es contagiosa?

¿Te han dicho alguna vez que se nota que eres apasionado por lo que haces?

¿Tus dones y talentos son puestos al servicio del bien común o de un propósito mayor?

UNA HISTORIA PERSONAL SOBRE PASIÓN

Desde que leí la siguiente frase, reflexioné sobre las luces y sombras del concepto de pasión: "Todas las pasiones son buenas mientras uno es dueño de ellas, y todas son malas cuando nos esclavizan". Como diría el filósofo francés Jean-Jacques Rousseau, ninguna pasión es buena ni mala por sí misma, sino que siempre dependerá del uso que le demos y de lo que permitamos que haga con nosotros.

Mi mejor anécdota acerca de este tema fue cuando aprendí que nuestras pasiones cambian y evolucionan. Lo que hoy me despierta pasión, puede ser que mañana no tanto. O que otra pasión me llene más. Esto no significa que no sea auténtico o real; por el contrario, somos tan auténticos o reales porque somos cambiantes.

Veo el éxito como una sucesión de cordilleras que voy superando una a una, en función de mi pasión, que también va cambiando. Y eso es perfecto porque es genuino. Lo que espero que nunca cambie, hasta mi último aliento, es vivir de forma fluida. Vivir saboreando lo que la vida me invita a vivir, saboreándolo todo. Si me invita a vivir una pandemia, la voy a vivir con mis propias herramientas, pero saliendo de manera íntegra. A mí, por ejemplo, me apasiona coleccionar amaneceres, ver las montañas… Estas son actividades sencillas pero poderosas, que a veces damos por sentadas.

Cuando me retiré de CNN, muchas personas me cuestionaron: "¿Por qué dejar la televisión si estás en tu mejor momento?". Pero, para mí, lo que en un momento dado había representado mi mayor sueño cumplido, en ese momento ya no era mi pasión, y me costó reconocerlo. Hay momentos donde nos vienen treguas fecundas para repotenciar nuestra pasión y nuestro propósito intencionado.

Hoy no es más que un aprendizaje que veo con neutralidad y sabiduría. Cuando evolucionas y tu consciencia sigue cultivándose, entonces tus pasiones cambian porque cambian tus prioridades. CNN en Español era mi realización profesional, y mi pasión me llamaba a algo más interno en una realización del ser. La pasión de comunicar no cambió, sino que la forma y los contenidos a comunicar ahora se han unificado a una misión. Puede cambiar el oficio, pero no la esencia que te impulsa.

Hoy en día, muchas personas caen presas de su pasión. Por ejemplo, cualquier tipo de fanatismo (parcialidad exacerbada que no nos permite tener un criterio propio) o fundamentalismo, cuando creemos que nuestro punto de vista se vuelve una verdad absoluta. El terrorismo y los grupos radicales son un buen ejemplo. Pero también podemos ver esto en escenarios que deberían ser amorosos. En la dramaturgia tenemos la historia de amor de Romeo y Julieta, con un final trágico dominado por la pasión; y también los celos de Otelo, otra obra de Shakespeare.

Muchas veces, la vida real supera con creces a la ficción. El dicho popular de que "hay amores que matan" puede ser tan literal como lo permitamos. Anteriormente te advertía del peligro de nuestra apasionada forma de ver el amor como sufrimiento. Es importante poner en perspectiva nuestras pasiones, siempre con el espíritu de no hacernos daño a nosotros mismos ni a terceros. De esa forma, cada día estaremos más cerca de la plenitud y el bienestar que vinimos a buscar en este mundo.

IKIGAI, PROPÓSITO O RAZÓN DE SER

Inevitablemente, hablar de pasión nos lleva al propósito o razón de ser. Quiero compartir contigo uno de los conceptos que más he aplicado en los últimos tiempos, que me ha servido para tomar las decisiones más importantes de mi vida profesional.

Ikigai es un concepto de origen japonés, que no tiene una traducción exacta al español, aunque se le atribuye un significado muy especial: "Tener una razón para vivir". De acuerdo con la filosofía de la nación asiática, el *ikigai* es la razón de ser de cada persona. Tu *ikigai* te invita a vivir al máximo, a "iluminarte", a ser virtuoso, a comprenderte a través de los ojos del mundo, como si este fuese un espejo. Podría resumirse en la razón que te hace mantenerte en expansión y evolución.

Con *ikigai* nos referimos a algo que trasciende las típicas razones que usamos para explicar por qué seguimos viviendo. Es por ello, que decir "por mis hijos" o "por mis padres" no es un *ikigai*. Sin desmerecer lo que sentimos por esas relaciones, que tanto nos aportan y llenan, el propósito o pasión es algo absolutamente personal e intrínseco a la persona. Esto es, que no depende de un tercero o del exterior.

Entonces, seguramente te preguntarás en este punto: ¿tendré un *ikigai*? ¿Cómo lo descubro?

El *ikigai* le otorga significado a la existencia del ser humano, porque marca la diferencia entre vivir y subsistir. ¡Si ignoras tu *ikigai* vives la vida sin propósitos!

El profesor de Antropología de la Universidad de Hong Kong, Gordon Matthew, asegura que "el *ikigai* no es el propósito o motivo por el que te levantas todas las mañanas. Se trata de algo mucho más sencillo, algo que tienes enfrente, aunque no lo veas".

Parece un concepto difícil de entender, pero a partir de la siguiente referencia te darás cuenta de su facilidad. Te lo explico con un ejemplo hipotético y lo tomo como modelo y paradigma.

Supón que, por una razón u otra, quieres ser ingeniero. Quizás por una tradición familiar, por influencias externas o por lo que sea, te trazas el propósito de estudiar Ingeniería y lo logras: llegas a la meta, te gradúas, triunfas.

Un propósito es lo que te motiva a realizar un proyecto, es el ánimo de hacer o no hacer algo, es el objetivo que pretendes alcanzar. Sin embargo, tu propósito de graduarte como ingeniero, aunque logrado, no tiene por qué formar parte de tu *ikigai*. Puede que sí, pero no necesariamente. ¡Tu *ikigai* quizás nada tenga que ver con la ingeniería…!

En la imagen de la página siguiente lo explico gráficamente.

En el ejemplo del ingeniero, estaría ubicado como profesión, pues sería algo en lo que eres bueno y con lo que te pueden pagar.

A continuación, algunas preguntas clave para poder acercarte a una definición de tu *ikigai*:

¿En qué soy bueno?

Responde: ¿En qué eres bueno tú? Si no lo sabes o no lo tienes claro, puedes revisar el capítulo sobre Versatilidad, donde encontrarás un ejercicio excelente para encontrar tus áreas de genialidad.

IKIGAI: 'TU RAZÓN DE SER'

Satisfacción, pero sentimiento de inutilidad

Goce y sentido de realización, pero sin riqueza.

LO QUE AMAS

PASIÓN

MISIÓN

EN LO QUE ERES BUENO

IKIGAI

LO QUE NECESITA EL MUNDO

PROFESIÓN

VOCACIÓN

Confortable, pero sensación de vacío

POR LO QUE TE PUEDEN PAGAR

Entusiasmo y complaciencia, pero sensación de incertidumbre.

¿Qué amo?

Responde: Tú, ¿qué amas? No lo que te dijeron que amaras, sino lo que amas, lo que tu corazón te diga.

¿Qué necesita el mundo?

Responde: ¿Qué crees que necesita el mundo? No te dejes llevar por lo que dicen la televisión y las redes sociales o por el criterio de una Miss Universo. Tú, como ser humano único e irrepetible, ¿qué crees que necesita este mundo donde vives?

¿Por qué me pueden pagar?

Responde: ¿Por qué crees que te pueden pagar, teniendo en cuenta tus habilidades?

Si integras las cuatro respuestas, descubrirás tu razón de ser, tu propósito supremo o *ikigai*.

Después de la explicación del concepto de *ikigai* y de completar el ejercicio, formúlate las siguientes preguntas de reflexión:

¿Qué haces mejor que los demás y lo disfrutas al máximo?

¿Qué haces de una forma desinteresada y qué harías aunque no te pagaran por ello?

¿Qué te hace perder la noción del tiempo?

¿Qué te hace brillar los ojos de manera especial cuando lo cuentas?

En nuestra web de recursos www.fluirparanosufrir.com, encontrarás dos breves cuestionarios para descubrir tu *ikigai*.

LAS TRES CLAVES PARA APLICAR EL *IKIGAI* EN DISTINTAS ÁREAS DE LA VIDA

Estas me ayudaron a afinar y aplicar el principio del ikigai, alineado con mi pasión y propósito.

Identificar tu *ikigai* y alinearlo con tu propósito. No importa si tienes 40 o 50 años y no sabes o tienes consciencia de cuál es tu pasión. Lo importante es hacerte las preguntas necesarias para despertar la curiosidad de explorar tu propósito.

Con el propósito, en ocasiones, nos pasa como con la felicidad. Mientras más nos afanamos en alcanzarlo, más esquivo se nos vuelve. Así lo ha entendido Elizabeth Gilbert, autora de *Comer, rezar, amar*, quien fue categórica al señalar, durante una entrevista con Oprah Winfrey, que es necesario "dejar de buscar nuestro propósito".

En este punto estarás pensando: "Pero, bueno, ¿entonces qué hago? Llevas varias páginas invitándome a conectar con el propósito, ¿y ahora debo detenerme porque no es necesario?".

Quiero transmitirte que si justo en el momento de leer estas líneas, aún no identificas una pasión, no sientas que sucede algo malo contigo. Las pasiones cambian, evolucionan y, en ocasiones, es normal pasar por períodos en los que no distinguimos ninguna que mueva nuestras vidas. Darnos cuenta de eso ya es, por sí mismo, un gran descubrimiento.

Si es tu caso y aún no identificas una pasión, no te estreses. Utiliza el tiempo para incentivar y explorar con curiosidad los temas, personas o situaciones que llaman tu atención. Recuerda, este libro se llama *Fluir para no sufrir*. De lo contrario, le hubiésemos puesto un nombre al estilo de: *Si no sabes cuál es tu propósito, ¿entonces para qué vivir?*, o algo así, bastante cruel.

Estás en un punto maravilloso porque eres un lienzo en blanco, listo para escoger formas y colores nuevos para medir lo que te gusta y lo que no. Otra recomendación es medir los niveles de energía a lo largo de un día típico de tareas o trabajo cotidiano. ¿Qué actividades te energizan más? ¿Cuáles tareas te drenan o restan energía? Todo ello es información importante para ti.

Piensa en algo: nuestro propósito es mucho más trascendente y profundo que lo que hacemos en un momento dado. A veces sobrevaloramos la pasión, pensando que es algo que nos va a atropellar como un tren y que es imposible no darnos cuenta de ella. Sin embargo, nuestra pasión puede variar a lo largo del tiempo, siempre saliendo a relucir nuestro propósito en la manera de expresarla o vivirla.

Fusionarte con tu pasión. No es lo mismo decir que practicas básquetbol a que eres un basquetbolista. Las personas apasionadas viven, respiran y transpiran la actividad que las llena.

Hablando de básquetbol, me gustaría recomendarte la historia de Michael Jordan a través del documental *El último baile*, alojado en Netflix. Podría decirse que Michael respira y vive su pasión por el básquetbol en cada uno de los pasos de su carrera (dentro y fuera de la cancha) de manera magistral. Eso diferencia a una persona que juega básquetbol de un basquetbolista; en su caso, el mejor de todos los tiempos.

Pero, atención, que aquí debo hacer una salvedad importante. Hay una delgada línea entre la pasión armoniosa y la obsesiva. Observa los resultados de este estudio científico.

El doctor Robert Vallerand, uno de los expertos que más ha estudiado el tema, describe dos tipos de pasión, que se diferencian por su impacto. En primer lugar, la pasión armoniosa. En este caso, la actividad se escoge de manera libre por el placer que supone realizarla, un concepto muy similar al de motivación intrínseca o que nace del interior de la persona.

En palabras de Vallerand: "La gente realiza las actividades porque quieren, no porque quieran agradar a alguien, eclipsarlo o evitar ser eclipsados". En este caso, la pasión se ajusta al resto de las actividades que conforman la vida de la persona.

En la contraparte se encuentra la pasión obsesiva. Está conectada con motivaciones extrínsecas, de querer conseguir la aprobación de otras personas o mantener cierto estatus que es importante para la autoestima. Este tipo de pasión puede traer consecuencias importantes para el normal desenvolvimiento de la persona: "Cuando no eres capaz de terminar la actividad, quizás porque estás lesionado o tienes otras obligaciones, puede provocar ansiedad, sentimientos de culpabilidad y pérdida de autoestima", afirma Vallerand.

Un dato estadístico curioso: según estudios presentados por Bonneville-Roussy, Lavigne y Vallerand, el 85 % de las personas se muestran apasionadas por al menos una cosa. Así que, si aún no la has descubierto, no te obsesiones. La estadística dice que en cualquier momento darás con ella. Disfruta el proceso de manera armónica.

Asegurarte de abarcar todas las áreas de tu vida. Es decir, más que a una pasión, las personas apasionadas le impregnan el sentido de excelencia a todas y cada una de las tareas que emprenden. Con esto hablo de que es importante visualizar y tomar en cuenta todas las áreas que conforman nuestra vida, no solo aquella donde se encuentra la pasión.

Esto hará que tengamos vidas plenas y armoniosas, porque de nada sirve ser el mejor en determinada actividad asociada con nuestra pasión, si no nos apasionamos con la vida, lo que implica disfrutar cada segundo con la mayor plenitud y bienestar posibles. Recordemos que vivir es fluir en varias dimensiones y absorbiendo lo que la experiencia nos marca.

Los riesgos de no aplicar el principio de la pasión en nuestras vidas son muchos y variados. Por un lado, la ausencia de pasión podría acercarnos a una vida vacía y sin sentido, que fácilmente podría hacernos caer en desánimo, desesperanza o incluso depresión.

Por otro lado, cultivar una pasión poco sana u obsesiva nos aislaría de los afectos, dañaría la salud y podría llevarnos a desarrollar rasgos compulsivos hacia la repetición enfermiza de esa actividad.

De nuevo, haciendo referencia a la película de Disney-Pixar, *Soul*, te invito a recordar la zona donde convivían quienes estaban inmersos en su pasión por momentos, y quienes se perdían en ella como zombies. Mucho cuidado.

Finalmente, si aún no has encontrado tu pasión, tenemos más claves y consejos en el próximo apartado.

¿CÓMO PUEDO INCORPORAR LA PASIÓN A MI VIDA?

Partiendo de que la Rueda de la vida se basa en la importancia de la plenitud, esto es, la búsqueda de un equilibrio entre las diferentes esferas de nuestra existencia, el principio de pasión podemos aplicarlo en nuestro día a día de la siguiente manera:

Si no tienes clara cuál es tu pasión: no necesariamente un *hobby* es una pasión, pero puede que un *hobby* termine siendo una pasión. Ponte en acción para incorporar la práctica o tomar clases de actividades que te atraigan (una vez por semana, durante una hora). Mantente atento a cómo te sientes y revisa tus niveles de energía antes y después de realizar la actividad. Si te conecta con tu pasión, te sentirás con mayor energía vital luego de practicar la actividad.

Deja el ego en la puerta: incorpora la humildad cuando comiences a practicar la actividad que podría ser tu pasión. Recuerda que se necesitan al menos 10 mil horas de práctica para alcanzar la maestría. Ninguna de las personas que hemos citado en este capítulo, y que se han caracterizado por su pasión, lo lograron de un día para otro. La tendencia es solamente a ver la punta del iceberg del éxito, sin mirar los esfuerzos que costó llegar allí. Aunque al comienzo me sienta muy torpe, esa hora puede ser divertida. La pasión se debe sentir y nuestro corazón es el gran conocedor.

Si ya tienes identificada tu pasión, revisa desde una mirada neutral si es armoniosa u obsesiva. ¿Tu pasión afecta el resto de las áreas de tu vida? ¿Te ha alejado de tus afectos y te ha llevado a una sensación de aislamiento? ¿Eres capaz de despejar tu mente en otras actividades sin sentirte culpable?

PASIÓN Y PERSEVERANCIA: HASTA DÓNDE INSISTIR

Constantemente estoy investigando tendencias y estudios que profundicen en mis creencias y filosofías de vida. Recientemente encontré el llamado Índice de Grit, que no es más que revisar cómo están nuestros niveles de pasión y perseverancia. Fue ideado por Ángela Duckworth, reconocida psicóloga de la Universidad de Pensilvania, quien ha estudiado cómo la pasión y la perseverancia por nuestras metas, a largo plazo, pueden hacer la diferencia para alcanzar los resultados que esperamos.

A través de un test con sencillas preguntas, podemos revisar cómo estamos con respecto a la pasión por lo que hacemos, como ese propósito profundo que nos impulsa a seguir intentando nuestros más grandes anhelos.

En nuestra web de recursos www.fluirparanosufrir.
com encontrarás el test para medir la Escala de Grit. También podrás evaluar el nivel de perseverancia, es decir, la
capacidad de luego de haber comenzado no darnos por
vencidos en poco tiempo y a pesar de algunos contratiempos u obstáculos en el horizonte.

En el libro *El elemento*, de Ken Robinson y Lou Are-
nica, se narra la historia de Matt Groening, dibujante, pro-
ductor, escritor de televisión y creador de *Los Simpsons*,
quien tuvo que enfrentarse a una serie de fracasos. De hecho, no sabía dibujar, hasta que por fin tuvo la oportunidad
de mostrar su trabajo como algo novedoso, que ha marcado
la historia de los dibujos animados.

Seguramente te preguntarás cómo saber hasta dónde insistir con algo. Ojalá existiera una fórmula infalible,
en la que se expresara la cantidad de intentos sanos para
dejar de intentarlo, pero lamento informarte que no funciona así.

Cuando se trata de temas de perseverancia, otros factores como la intuición son los que pueden responder a
la pregunta. ¿Te imaginas si Matt hubiese desistido de hacer dibujos porque eran diferentes o no lo suficientemente
"buenos", según el criterio del momento?

Otro caso por el estilo es el del escritor *bestseller* Paulo
Coelho, cuyos padres lo ingresaron tres veces en un mani-
comio para disuadirlo de la "locura" de escribir, en lugar
de estudiar una carrera más "prominente" como Derecho.
¡Si este caso no es un ejemplo de perseverancia por la pasión, entonces no sé cuál lo sea!

El camino al éxito está asfaltado con los fracasos expe-
rimentados a lo largo de nuestra vida.

PALABRAS FINALES SOBRE LA PASIÓN

Nunca es tarde para encontrar tu pasión. Ya hemos visto que es algo que evoluciona con nosotros y que va cambiando a lo largo de nuestra vida. No nacimos para tener una vida ordinaria, sino para crear un legado. Ese que se da cuando cocreamos algo que pueda servir a otros.

Una vida sin pasión nos deja en modo supervivencia, mientras que una diseñada a través de la pasión, como ruta a seguir, cobra sentido. Si en este momento de tu vida no te identificas con una pasión en particular, no te dejes atrapar por la ansiedad. Abre el espacio para hacer actividades que conecten con tu curiosidad y tus intereses. Permítele a tu niño interior aprender y probar cosas nuevas desde la humildad de la exploración.

Tal y como diría el autor, orador y motivador estadounidense Steve Pavlina: "Pasión y propósito van de la mano. Cuando descubras tu propósito, te darás cuenta de que normalmente es algo que te apasiona tremendamente".

Si ya tienes perfectamente identificada tu pasión, adminístrala con cuidado y ejércela cada vez que puedas. Eso sí, no descuides el resto de las esferas de la vida, para conservar la plenitud que, como seres humanos, nos acerca al bienestar. Cuidado con la obsesión. Una vida apasionada es el mejor regalo que nos podemos dar.

CAPÍTULO 7

Colaboración

Un líder bambú crece en equipo manifestando su cooperación y solidaridad, con empatía y sirviendo a un bien común.

𝌆 𝌆 𝌆 𝌆 𝌆 𝌆 𝌆 𝌆 𝌆 𝌆 𝌆 𝌆

Hubo una vez, hace muchos años, un país que acababa de pasar una guerra muy dura. Como ya es sabido, las guerras traen consigo rencores, envidias, muchos problemas, muchos muertos y mucha hambre. La gente no puede sembrar, ni segar, no hay harina ni pan.

Cuando este país acabó la guerra y estaba destrozado, un soldado agotado, harapiento y muerto de hambre llegó a un pueblecito. Era muy alto y delgado. Llegó a una casa, llamó a la puerta y cuando vio a la dueña, dijo:

—Señora, ¿no tiene un pedazo de pan para un soldado que viene muerto de hambre de la guerra?

La mujer lo miró de arriba a abajo y le respondió:

—¿Estás loco? ¿No sabes que no hay pan, que no tenemos nada? ¡Cómo te atreves!

Y a golpes y a empujones lo sacó fuera de la casa. El pobre soldado, sorprendido, probó fortuna en una y otra casa, haciendo la misma petición y recibiendo siempre una peor respuesta y trato. El soldado, casi desfallecido, no se dio por vencido. Cruzó el pueblo de cabo a rabo y llegó al final, donde estaba el lavadero público. Halló unas cuantas muchachas y les dijo:

—¡Muchachas! ¿No han probado nunca la sopa de piedra?

Las muchachas se mofaron de él, diciendo:

—¿Una sopa de piedras? ¡No hay duda de que estás loco!

Pero había unos niños que estaban espiando y se acercaron al soldado cuando este se marchaba.

—Soldado, ¿te podemos ayudar? —le preguntaron.

—¡Claro que sí! Necesito una olla muy grande, un puñado de piedras, agua y leña para hacer el fuego.

Rápidamente, los chiquillos fueron a buscar lo que el soldado había pedido. Cuando ya lo tenía todo, encendió el fuego, puso la olla, la llenó de agua, lavó muy bien una piedra y la echó hasta que el agua comenzó a hervir.

—¿Podemos probar la sopa? —preguntaron impacientes los chiquillos.

—¡Calma, calma!

El soldado la probó y dijo:

—Mmm... ¡Qué buena, pero le falta una pizquita de sal!

—En mi casa tengo sal —dijo un niño y salió a por ella. La trajo y el soldado la echó en la olla.

Al poco tiempo, volvió a probar la sopa y dijo:

—Mmm... ¡qué rica! Pero le falta un poco de tomate.

Otro de los niños salió disparado hacia su casa a buscar unos tomates y los trajo enseguida. A cada petición del soldado, los niños fueron trayendo papas, lechuga, arroz y hasta varios trozos de carne. La olla se llenó, el soldado removió una y otra vez la sopa hasta que de nuevo la probó, y dijo:

—Mmm..., es la mejor sopa de piedras que he hecho en toda mi vida. ¡Vamos, vayan a avisar a toda la gente del pueblo que venga a comer! ¡Hay para todos! ¡Que traigan platos y cucharas!

El soldado repartió la sopa. Hubo para todo el pueblo y los habitantes, avergonzados, reconocieron que si bien era verdad que no tenían pan, podían reunir los ingredientes necesarios para hacer una comida para todos. Y desde aquel día, gracias al soldado hambriento, aprendieron que cooperando y compartiendo se puede conseguir siempre un resultado mejor.

Esta fábula anónima, de la que desconocemos el origen y cuenta con distintas tradiciones y versiones, es particularmente popular en Portugal, más específicamente en los alrededores de la ciudad de Almeirim, donde se supone que transcurre la historia y donde, hasta el día de hoy, no hay un restaurante que no sirva la famosa "sopa de piedra".

La historia me deja reflexionando sobre dos líneas fundamentales: una, la conducta del soldado, y otra, la de los aldeanos. En ambos casos se ven aspectos del líder bambú. En primer lugar, el soldado entiende que, más que tomar el camino de la mendicidad, lo que debía buscar eran las herramientas con las que podía resolver su situación.

Fue así que su ingenio lo llevó a inventar esta "sopa de piedra", donde la piedra fuera solo el catalizador, el pretexto para que la gente se animara a compartir los ingredientes. Encontró la forma de darse valor y atractivo a sí mismo, y de que los aldeanos se sintieran entusiasmados por formar parte de su proyecto. En otras palabras: puso en juego su talento y creatividad.

Por otro lado, los aldeanos aprendieron que estaban ciegos al creer en el paradigma de la escasez, protegiendo los pocos recursos que tenían, en lugar de darles valor y ponerlos a disposición de todos en un paradigma de abundancia y cooperación. Esta fábula nos muestra que la versatilidad y la creatividad dan paso a la solidaridad.

UNO CON EL TODO

> Puesto que un hombre es parte de la ciudad, es imposible que sea bueno si no está bien ordenado respecto del bien común.
>
> —Santo Tomás de Aquino

Una de las más importantes cualidades del líder bambú implica reconocer y escuchar a su prójimo, a quienes le rodean, a su equipo, a quienes colaboran con él hasta de manera casi invisible. Vivimos en un mundo interdependiente e interconectado. Por las leyes de la energía física nos afectamos mutuamente. Se trata simplemente de que, siendo parte de la misma comunidad, es imposible que yo esté bien si el otro está mal, no importa que en este mismo minuto ni siquiera los esté viendo.

Evalúa tu núcleo familiar, tus amigos, tus colaboradores, la comunidad en la que vives, los lugares por los que andas... Ellos son como un organismo vivo: el corazón no puede estar tranquilo diciendo "estoy sano" si el hígado está enfermo, porque es cuestión de tiempo para que esa enfermedad llegue a él.

En esto también tenemos mucho que aprender del bambú. Te cuento una curiosidad: ¿sabías que los bosques de bambú en Japón son antisísmicos? Esto se debe a una sencilla razón: sus raíces crean un colchón de protección, crecen unidas y se protegen como un bloque cohesionado y sólido. Por eso es un bosque y no un conjunto de árboles separados, porque trabajan de forma mancomunada y colaborativa para su bien común. Eso permite que aunque el bambú sea una planta delgada y liviana, pueda mantenerse en posición vertical, cohesiva y firme ante los cambios de clima adversos.

¿Qué nos quiere decir el bambú con su forma de vida? Apóyate en el grupo. Cuando se nace y se trabaja en colectividad —como el bambú—, te conviertes en un ser humano preparado para el éxito. En los bosques de bambú, cada planta cuida de la otra.

Del mismo modo, el líder bambú crece en solidaridad gracias a su entramado de relaciones, creando comunidades, redes de apoyo, asistencia y mentoría con su tribu. El líder bambú está consciente de que la inteligencia colectiva es una clave para que cualquier grupo natural u organización se consolide. En la colaboración se potencian las fuerzas no solo colectivas, sino también las individuales. Como dice el rabino Yehuda Berg, cofundador del Kabbalah Center y autor de numerosos libros: "Entre más compartimos con otros, más recibimos. Ese es el secreto de la felicidad".

➥ PREGÚNTATE:

¿Estás consciente de tus habilidades y fortalezas y de la importancia de ponerlas al servicio de otros?

¿Cuánto te permites comprender la realidad de quienes te rodean?

> ¿Cuánto te dedicas a brindar gestos solidarios a quienes te rodean?
>
> ¿Qué nuevas realidades puedes construir a través de la solidaridad?

Solidaridad es una palabra proveniente del latín *"soliditas"*, que expresa la realidad homogénea de algo físicamente entero, unido, compacto, cuyas partes integrantes son de igual naturaleza. Algo así como los bosques de bambú.

La Declaración Universal de Derechos Humanos expresa en su Artículo 1 que "todos los seres humanos nacen libres e iguales en dignidad y derechos y, dotados como están de razón y conciencia, deben comportarse fraternalmente los unos con los otros". Esto quiere decir que porque el humano es un ser social que coexiste en igualdad de dignidad y derechos con sus semejantes, tiene el deber moral de ser solidario.

Ahora bien, la solidaridad no es un acto suicida o un martirio. No se trata de sufrir para que otros puedan estar mejor ni mucho menos. Sin ir más lejos, en el movimiento solidario ocurre algo fascinante y aparentemente paradójico: cuando una persona da voluntariamente y sin expectativa, crea una "aspiradora" y se alista para recibir.

El que recibe se ubica en posición de dar, aunque no precisamente a la persona que le dio. Lo ideal es que el que da y el que recibe mantengan esta energía libre y fluyendo sin atarse a nada. De lo contrario, se crearía una dependencia que bloquearía el flujo de energía.

Dar y recibir es esencial para comprender la abundancia y la energía. Implica un balance y un flujo permanente. No recibir tiene tantas consecuencias como no dar u ofrecer. Es imposible hacer un acto solidario en solitario, se requiere de la participación de más de uno: el que da y el que recibe la acción.

Nuevamente te invito a pensar en quienes están cerca de tu vida, en cada una de las áreas. Te pregunto ahora, mira a tu alrededor:

¿Cuánto te permites recibir de los demás?

¿Cuánto ofreces a los demás?

¿Contribuyes al flujo de dar y recibir o eres de las personas que no aceptan lo que otros quieren ofrecer?

De acuerdo a tu evaluación, ¿cuál es la acción que más realizas: dar o recibir?

CÓMO NACIÓ MI COLABORACIÓN

YO CONSTRUYO LA COOPERACIÓN

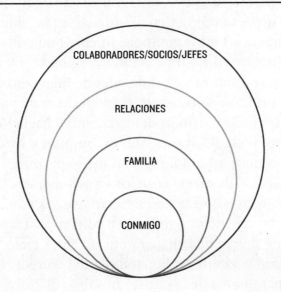

COLABORADORES/SOCIOS/JEFES

RELACIONES

FAMILIA

CONMIGO

Para empezar a entender el flujo de dar y recibir es importante pensar cómo nació mi colaboración. La formación de equipos comienza, en primer lugar, conmigo mismo. Como individuo, puedo tener éxito o fallar yo mismo. Este proceso fluye naturalmente, como cuando muevo el brazo para atrapar una pelota y la atrapo o la pierdo. Aprendemos a través de la práctica a cambiar las cosas y a lograr nuestro propósito siendo claros en nuestras acciones y usando una comunicación asertiva con nosotros mismos y con los demás.

El segundo equipo que debo construir es la familia y las habilidades que necesito para lograr comprensión, cooperación y fortalecernos como grupo. El tercer trabajo en equipo se forma entre otros vínculos importantes, como la pareja y los amigos. El trabajo sería mi cuarto trabajo en equipo, e incluye compañeros de trabajo y colaboradores.

Estas habilidades se desarrollan naturalmente a partir de nosotros. Sin embargo, no significa que estén siempre en su mejor expresión. Pueden desdibujarse por el juicio propio, las creencias y los comportamientos que distorsionan el proceso natural de formación de equipos. Debo esforzarme por rescatar estas habilidades de liderazgo y pulirlas para que brillen y se conviertan en una ventaja para la formación de equipos exitosa dentro de mí y hacia los demás.

Ahora bien: ¿cómo colaboro conmigo y otros, si mis filtros, creencias y paradigmas no me lo permiten?

El sentido de carencia en los seres humanos, por ejemplo, es un factor que tiende a heredarse y a mantenerse a través de las creencias familiares y colectivas. Limita la capacidad de desprenderse para entrar en el ciclo de dar y recibir. Como vimos en la parábola del comienzo, pensar desde el paradigma de la escasez nos lleva al individualismo y la mezquindad, a la idea de que para que yo gane, otro tiene que perder. En definitiva, conduce no solo a la soledad y a la separación del individuo de su comunidad, sino también a resultados mediocres.

Te desafío a pensar por fuera de esa caja limitante que es ganar-perder y hacerlo desde el paradigma de la abundancia que es ganar-ganar-ganar-ganar, o ganar x4. ¿Cómo sería esto?

GANAR - GANAR - GANAR - GANAR

CON MI ENTORNO INMEDIATO

+

MI TRABAJO / MI NEGOCIO

+

MEDIO AMBIENTE

El famoso modelo ganar-ganar es una situación, juego o estrategia en la que ambas partes colaboran y se benefician de una forma u otra y no hay perdedores. En este primer modelo, la negociación es entre dos partes: tú y yo.

Pero ganar-ganar es de hecho un modelo antiguo. Hay otro escenario mucho mejor que este y se llama ganar-

ganar-ganar o *Triple Win*. ¿Por qué cambió el modelo anterior? Esto se debe a que su enfoque apuntaba solo a dos partes que llegaban a un acuerdo: tú y yo; pero... ¿qué pasa con mi entorno directo, la familia y el negocio? Es ahí donde aparece este nuevo enfoque con un tercer impacto. Un modelo de cooperación exitoso no podía dejar fuera los efectos de un acuerdo en el entorno inmediato: la familia y la empresa o negocio.

Sin embargo, la cadena de efectos positivos no termina allí, porque existe aún la fórmula ganar-ganar-ganar-ganar. ¿Cómo funciona? Parece que el capitalismo está madurando y evolucionando hacia la conciencia social y ambiental, y esto se refleja en una estrategia en la que construye el bien común directamente en los modelos de negocio.

Como respuesta a los consumidores que exigen comportamientos de mayor conciencia por parte de sus marcas favoritas, las empresas se han involucrado en este nuevo sistema: ganar-ganar-ganar-ganar.

En este caso, el beneficio financiero incluye a todos en la cadena de valor: la empresa, el cliente y las personas en estado de vulnerabilidad social. Como ejemplo, basta mencionar el crecimiento exponencial en los últimos años de las llamadas "empresas sociales" o "de triple impacto", las cuales buscan generar un ciclo virtuoso entre su rentabilidad como negocio y el impacto positivo en la sociedad y el medio ambiente.

Como vemos, la colaboración es imprescindible dentro de la filosofía de liderazgo ganar-ganar-ganar-ganar.

En mi caso, trabajando en la radio fue que aprendí, desde niño, que todo se hace en equipo. En esos programas que hacía desde los ocho años, todos teníamos una función particular en el marco de la colaboración del equipo.

A veces hacíamos del "narrador estrella", a veces de un actor, en otro momento realizábamos los efectos sonoros...

Es así como uno aprende que sin un equipo no hay un proyecto. Desde entonces, todos mis proyectos han contado siempre con la inteligencia colectiva. ¡Y es algo que me encanta! No tengo miedo de compartir las ideas. Me gusta rodearme de gente creativa y más inteligente que yo, y ducha en otras áreas, para que el producto sea sólido. Cala Enterprises surge como grupo con el concepto de *creative commons*, que no es más que poner libre el contenido que generamos debido a la certeza de que este le debe pertenecer a muchos. Hacemos esto a diferencia de la ® de marca registrada, que significa: "Eso me pertenece. Si lo utilizas debes pagarme o darme el crédito. En caso de no ser así, te demando por uso indebido". Nuestro contenido es del mundo y para el mundo y lo único que pido es que lo uses y lo devuelvas mejorado con tus aportes y reflexiones. Así siempre será un mejor contenido.

Creo más en ese espíritu colaborativo, y en que, detrás de cada genio, hay un equipo de talentos que posibilitan esa obra genial. Como ejemplo basta ver —para quienes gustan del fútbol— cómo Lionel Messi ha sido una pieza perfecta en el Barcelona, y cómo con este equipo ha ganado muchos Balones de Oro. Sin embargo, en la selección argentina no ha obtenido los mismos resultados. ¿La respuesta? El trabajo en equipo. Detrás de muchos visionarios o artistas geniales han existido colaboradores anónimos o poco mencionados que han contribuido a moldear la firma y la marca de ese genial creador. Nadie se hace solo.

EL PRIMER COLABORADOR

Un líder bambú, lejos de buscar ser permanentemente asistido, debe ser la primera persona al servicio del equipo. Los grandes líderes de todas las disciplinas son los primeros en dar el ejemplo. Este es el caso de las leyendas de los deportes colectivos Michael Jordan y Diego Armando Maradona, de quienes siempre se destacó que eran los primeros en llegar a los entrenamientos, cuando por su posición de estrellas podían gozar del "privilegio" de ser los últimos. Parte de ese compromiso con el equipo es entender que los grupos están conformados por personas diferentes, con distintos talentos, personalidades y niveles de desarrollo y capacitación.

De eso trata el famoso modelo de Liderazgo Situacional creado por el escritor Ken Blanchard y el científico Paul Hersey, a partir del cual el líder adapta su estilo a las necesidades de sus colaboradores para conseguir mejores resultados. Tras una investigación que reveló que la mayoría de los líderes tenía una tendencia a "delegar y no realizar seguimiento", Blanchard observó que ese estilo no era eficaz cuando se utilizaba en equipos cuyos integrantes funcionaban en diferentes niveles. Luego resumió la idea de que intentar delegar en un equipo heterogéneo implica una gran falta de alineación en la gestión. Por eso, su propuesta de Liderazgo dividió la gestión en cinco niveles:

Nivel I: El líder dirige y controla. Determina metas y tareas asequibles y realistas, ya que los miembros del grupo tienen motivación pero sus niveles de competencia son bajos y no tienen conocimientos ni experiencia.

Nivel 2: El líder persuade y supervisa. Incrementa su ayuda a los miembros del equipo para que desarrollen los cono-

¿QUÉ ES LIDERAZGO SITUACIONAL?

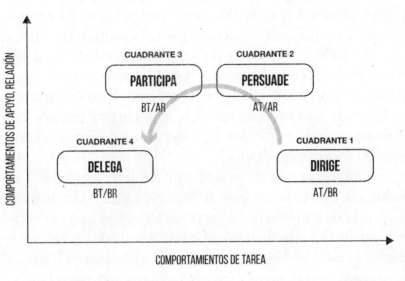

CUADRANTE 3 — PARTICIPA — BT/AR

CUADRANTE 2 — PERSUADE — AT/AR

CUADRANTE 4 — DELEGA — BT/BR

CUADRANTE 1 — DIRIGE — AT/BR

COMPORTAMIENTOS DE APOYO, RELACIÓN

COMPORTAMIENTOS DE TAREA

A: ALTA   B: BAJA   T: TRABAJO   R: RELACIÓN   Fuente: Blanchard

cimientos y habilidades relacionadas con sus funciones, re-define las metas, se mantiene receptivo para reconocer las dificultades y anima a establecer relaciones de participación.

Nivel 3: El líder participa y asesora. Concede mayor importancia a los esfuerzos y rendimiento de los miembros del grupo y produce un ascenso en sus niveles de competencia. El líder va cediendo el control sobre las decisiones y fomenta la participación y responsabilidad.

Nivel 4: El líder delega. Estimula y apoya la autonomía del grupo. Los miembros han logrado incrementar sus niveles de rendimiento como consecuencia del dominio de las habilidades y conocimientos necesarios para su trabajo. La experiencia y confianza elevan sus sentimientos de competencia y orgullo de pertenencia.

Al empezar, el líder puede implementar un estilo de liderazgo de control para, poco a poco, ir aumentando el apoyo mientras reduce la dirección cuando el grupo se ha consolidado. Los equipos de trabajo pasan por diferentes fases de desarrollo y el líder ha de ser capaz de adaptarse a sus colaboradores en cada uno de esos momentos. En este tipo de liderazgo, el papel de líder no debe ser estático, porque ni la empresa ni sus integrantes lo son. De esta manera habrá una mayor interacción líder-equipo y la empresa conseguirá mejores resultados.

Como vemos: la versatilidad del líder conduce a la cohesión y fortalecimiento de los equipos. El líder bambú entiende que su misión es crear cadenas y no ser un eslabón suelto. El líder bambú sabe que *team*, por sus letras en inglés, significa "*Together everyone accomplishes more*". Esa es la máxima, en pocas palabras, de la Fundación Ismael Cala, donde nuestro lema es "Juntos somos más", y este más se traduce en fuerza serena, impacto, legado y trascendencia en el servicio.

SOLIDARIDAD ES SALUD

Cuando dijimos, algunas páginas atrás, que la solidaridad redunda en beneficio del individuo que la practica, ya que la comunidad que integra es como un organismo vivo e interconectado, no lo hicimos únicamente desde un punto de vista filosófico o esotérico. Hoy en día, la ciencia ha demostrado que la solidaridad no solo beneficia a quien recibe la acción, sino que también genera un bienestar físico y mental en quien la realiza.

Por ejemplo, se ha probado que las áreas asociadas a los mecanismos de recompensa se activan en nuestro cerebro cuando somos solidarios. Citado por el diario *Clarín*, mi muy estimado Facundo Manes, especialista en Neurociencias y director del Instituto de Neurología Cognitiva, afirma que al hacer donaciones se liberan neurotransmisores como la dopamina y las endorfinas, que hacen que sintamos una gran alegría. Esto ocurre de modo muy similar a la activación que se produce si recibimos dinero, por lo que, como podemos ver, las acciones de dar y recibir no estaban tan contrapuestas como creíamos.

Como menciona *Clarín*, investigadores de las universidades de Berkeley y Michigan encontraron que los ancianos solidarios vivían más que los que no lo eran. Mientras tanto, en las de California y Harvard, expertos determinaron que las personas generosas producían, además, un "efecto cascada", porque sus actos solidarios inspiraban a otros.

En tu caso, ¿te ha llegado la "cascada" de la solidaridad? ¿Te consideras una persona solidaria? En la página de recursos vas a encontrar una prueba para evaluar tu nivel de solidaridad, con el que podrás tomar consciencia de dónde puedes mejorar este círculo virtuoso entre tu vida y la de los demás.

LAS TRES CLAVES

Llegado a este punto del capítulo, voy a darte mis tres claves de cómo poner en práctica el principio de la colaboración en cada área de tu vida, y avanzar así en el camino a convertirte en un verdadero líder bambú:

Excelencia versus Competencia: Buscar la excelencia no es sinónimo de competir, porque el progreso es siempre en función de uno mismo. Muchas teorías económicas y filosóficas se basan en la competencia, en la idea del progreso competitivo y en prosperar haciendo las cosas mejor que el otro. Cuando entro en competencia, estoy internamente comparándome con un ideal o con algo externo. Es menester identificar mi ego y tomar consciencia de cómo crea la "ilusión" de la separación: ¿Con quién me comparo y en qué posición me coloco? ¿Qué tiene él o ella que no reconozco en mí? ¿Qué área de mi vida no está plena, tiene miedo, se siente menos cuando me comparo con otros? ¿Qué es lo que hago interna-externamente para entrar en competencia con una persona o situación? ¿Cómo puedo moverme a una mayor cooperación?

Abrirme a la abundancia del Universo: Esto trata de apoyo, recursos, mentores, etcétera. El líder bambú es capaz de reconocer que la generosidad y la solidaridad son el verdadero camino hacia la abundancia. Existe una tendencia a centrarse en lo material cuando una persona se refiere a la abundancia. Sin embargo, es importante entender que la abundancia es energía, así que incluye muchas más cosas además del dinero. En cualquier situación, no importa cuál sea el regalo (una sonrisa, un apoyo emocional, una oportunidad de trabajo), lo que estamos dando y recibiendo en realidad es energía de amor incondicional, la cual es un suministro infinito y es la fuerza que mueve a todo en este Universo. Vivir en abundancia es fluir con la incertidumbre entendiendo desde la fe que todo es posible, y que siempre recibiré todo lo que necesito y soy capaz de manifestar desde una alta vibración.

Servir a otros: La conciencia de servicio se logra desde una primera base fundamental: reconocer quién soy. Si no te conoces a ti mismo, ¿cómo puedes ser servidor de los demás? ¿Cómo puedes ayudar al otro si ni siquiera puedes contigo mismo? Si prestas un servicio al otro desde la inconsciencia, entonces seguirás repitiendo los mismos patrones de conducta: miedo, lamento, resentimiento, queja, culpa, amargura, y no estarás aportando valor alguno a tu trabajo. Cuando estás inconforme con tu servicio, es porque hay algo que pesa del pasado. Por eso es indispensable, para que exista una consciencia de servicio, que haya primeramente una consciencia de tu propio ser. El siguiente punto esencial para practicar el servicio es desarrollar la escucha verdadera. Y digo verdadera porque muchas veces confundimos solidaridad con beneficencia y damos al otro lo que a mí me parece (o me sobra) y no lo que realmente necesita. Como dice Gonzalo Letelier, director del Centro de Estudios Tomistas de Chile: la solidaridad no debe transformarse en una "aspirina para la conciencia". Mi capacidad de colaborar está directamente relacionada con mi capacidad de escuchar e incluye mi disposición a prestar verdadera atención a lo que otros piensan y sienten. Para profundizar en este aspecto, te invito a participar del curso "No es hablar, es conectar para comunicar", que podrás encontrar en nuestra página web www.cala.academy.

Basado en lo desarrollado hasta aquí, podemos afirmar entonces que en el camino del liderazgo bambú, la colaboración es la capacidad de contribuir a tu comunidad haciendo valer tus talentos y recursos, con espíritu de servicio y buscando el bien común, en lugar de competir.

¡EMPIEZA EL "EFECTO CASCADA"!

Como ejercicio para este capítulo, te propongo poner en práctica alguno de tus talentos al servicio de otra persona, de manera sentida y desinteresada. Puedes acudir a tu inventario de dones y talentos del Capítulo 5, si lo consideras necesario. Como dijimos, la colaboración y la abundancia no solo se tratan de dinero. Así que, en este caso, tu ofrenda tiene que venir de adentro. Servir es estar disponible para los demás desde nuestras habilidades. Por eso, escoge una de ellas y una persona que va a ser la destinataria de tu "milagro". Sí, así es, porque algo muy pequeño para ti puede resultar un milagro para otra persona; un milagro tan significativo como el que hizo Jesús al convertir el agua en vino. Cada gesto de amor para arropar una necesidad en el otro es la semilla de un milagro, porque no hay milagro que no haya nacido de la intención de solucionar un problema.

Te pongo un ejemplo muy sencillo, pero que a mí me llegó al corazón. Es la historia de Ana, Cristina y Jonatan, tres jóvenes peluqueros españoles que durante cada semana de 2006 ofrecieron cortes de pelo gratis a personas sin hogar en Madrid. El proyecto, llamado "Un corte, una historia", empezó como un trabajo de universidad y se convirtió en un espacio de visibilización. Su objetivo era dar voz a las personas que contaban sus historias de vida, mientras les cortaban el pelo.

Lo interesante de esta historia es que se transformó en un hábito basado en la capitalización de sus talentos con un espíritu de servicio. En tu caso, ¿de qué manera quieres conectarte con quienes te rodean para practicar en adelante la solidaridad? ¿Qué estás dispuesto a hacer diferente para que esta se vea reflejada en tu día a día?

El líder bambú ve siempre más allá, es consciente de las consecuencias de sus actos y de los futuros diferentes en los que puede contribuir en su día a día, momento a momento, a través de la colaboración. Haz como el bambú que no escatima cualidades y ofrece a todos, a cambio de nada, apoyo material y espiritual. Hazlo igual y notarás que tu ejemplo crecerá como un "efecto cascada".

Es simple, como dice una canción del gran Fito Páez: "Dar es dar / es solamente una manera de andar". Toma la decisión de dar en todo lugar adonde vayas, y a quien quiera que veas. Mientras estés dando, estarás recibiendo. Cuanto más des, más confianza tendrás en los efectos milagrosos de esta ley. Y a medida que recibas más, también aumentará tu capacidad de dar. Es un círculo virtuoso. El secreto para obtener cualquier cosa es… darla. ¡En abundancia! Ya sea amor, fortuna, respeto, atención o protección, la fórmula para obtener lo que deseas de la vida es siempre la misma. Cualquiera que sea tu anhelo, encuentra una forma de dárselo a otros y el Universo encontrará la manera de dártelo de nuevo a ti.

Hay una canción del vasto repertorio autoral de mi paisano Silvio Rodríguez que, apartándonos de ideologías políticas, define qué es amar y cómo fluir en la vida para vivir en gozo, vivir de la maravilla. En el caso de Silvio, gran parte de su obra está llena de poesía y maestría, y ejemplo de ello es "Solo el amor":

Debes amar la arcilla que va en tus manos.
Debes amar su arena hasta la locura.
Y si no, no la emprendas que será en vano:
solo el amor alumbra lo que perdura,
solo el amor convierte en milagro el barro.

Debes amar el tiempo de los intentos.
Debes amar la hora que nunca brilla.
Y si no, no pretendas tocar lo cierto:
solo el amor engendra la maravilla,
solo el amor consigue encender lo muerto.

Dijo el biólogo y filósofo chileno Humberto Maturana, al ser consultado sobre la pandemia del coronavirus: "Lo importante es que seamos capaces de mirarnos. El virus no nos obliga a mirarnos, incluso puede pasar que nos rechacemos". En otras palabras, lo que hagamos con la experiencia de la pandemia es nuestra decisión. Está en nuestras manos transformarlo en una oportunidad para generar nuevos espacios de colaboración y un mayor bienestar en la convivencia.

CAPÍTULO 8

Exponencialidad

Un líder bambú tiene un compromiso con su
crecimiento exponencial en un proceso de constante
evolución.

Para introducirnos en este capítulo, un primer acercamiento a lo que es la exponencialidad —término que para
algunos puede no ser muy familiar—, quiero contarte una
anécdota de mi intimidad que me hizo darme cuenta del
valor de este principio.

Cuando hacía el programa de CNN, del que Gloria
Estefan fue madrina y primera invitada, Emilio Estefan y
yo mantuvimos varias conversaciones que fueron para mí
como una guía. Es por eso que, en cuanto a mentalidad de
emprendimiento, lo considero mi padrino, porque en esas
charlas siempre me hacía preguntas que me retaban, que
desafiaban mi umbral de merecimiento. Recuerdo especialmente un almuerzo, allá por 2012, cuando el programa ya
tenía mucho éxito, pero yo todavía estaba en mi primer
contrato con la cadena.

Entonces, Emilio me pregunta, sin pelos en la lengua:
"Con todo el éxito que estás teniendo, con el carisma y gran
talento para conectar que tienes, Ismael… ¿cuánto ganas?".

Y claro que te imaginarás mi sorpresa… A mí, como a tanta gente, me enseñaron que no se habla de cuánto uno gana, que el dinero es un tema confidencial e incluso tabú. Además, yo sabía que a un visionario multimillonario (aunque humilde), al famoso rey Midas del entretenimiento latino, mi salario en ese momento no iba a impresionarle. Entonces, él notó mi titubeo y me dijo: "Bueno, Ismael, no me lo digas, porque veo que te he hecho una pregunta incómoda y es cierto que muchas personas prefieren no hablar de dinero, pero te voy a decir por qué te hice esa pregunta".

Por supuesto, eso despertó mi curiosidad y quise saber. Emilio siempre me sorprendía. Su respuesta fue: "Porque yo, con mi visión de empresario y por el potencial que veo en ti, imagino que, con tu talento, tus dones y tus habilidades, hoy podrías estar generando unos tres millones de dólares". Quedé boquiabierto y casi me deslizo de la silla cuando escuché la cifra. Sin embargo, después del almuerzo de aquella tarde, en vez de irme triste me levanté con alegría, contento. Me levanté desafiado. ¿Cómo una persona veía en mí el potencial que todavía en mi mente yo no lograba ver? ¿Cómo una persona como Emilio Estefan veía en mí un número de fortuna y una habilidad para generar ingresos que yo no podía siquiera imaginar? Por eso digo que Emilio Estefan fue mi padrino en emprendimiento, porque ese día me empecé a decir: "Ismael, ¿cuál es la manera de que en tu mente puedas manifestar unos ingresos de tres millones de dólares?". Si cabe en tu mente, entra en tu vida. Si entra en tu mente, entra en tu mundo. Todo empieza con un crecimiento hacia dentro que construye un imperio interior de *pistis*, que en griego antiguo significa autoconfianza y certeza. Luego, ese imperio interior sólido comienza a edificar un imperio a tu alrededor.

Entonces, por supuesto, empecé a cultivar mi mentalidad de expansión y no solo a buscar a alguien que me pagara ese salario. Empecé a pensar en generarlo con emprendimientos e ideas propias. Pensé en hacerlo formando equipos de excelencia, con gente más inteligente que yo, para que juntos pudiéramos generar la abundancia que nos acercara a ese número que Estefan veía posible. En ese mismo año 2012, le hice una invitación a mi mente, y luego a mi aliado de vida y socio, Bruno Torres, para fundar Cala Enterprises Corporation.

Así es como hoy, por ejemplo, en mi mente caben muchos más ceros, porque hemos trabajado ese umbral de merecimiento para crear prosperidad y abundancia, añadiendo valor y servicio a otros. Es por eso que siempre invito a las personas a que se rodeen de gente que las rete y las desafíe. Gente que no solo diga: "Sí, qué lindo eres, qué inteligente y qué bien estás", sino gente que te desafíe y te invite a crecer desde la incomodidad.

Para crecer uno tiene que expandirse, salir de la zona de confort y obviamente cambiar paradigmas, porque los límites no están en el cielo, sino están en la mente. Repito, si cabe en tu mente, cabe en tu vida. Y se manifiesta. Entonces, eso es lo primero que tenemos que trabajar: el umbral de merecimiento para emprender. Y emprender desde el alma, con un propósito, con un *ikigai* y con lo que los sabios vedas llaman el *dharma*, que es la misión de trascendencia y legado.

Ahora bien, ¿por qué te cuento esta historia para comenzar el capítulo de exponencialidad? El salto que di aquel día fue cualitativo, no cuantitativo. Empecé a pensar en grande, a soñar en grande y de eso trata la exponencialidad. Es un cambio de ecuación donde ampliamos considerablemente lo que nos cabe en la mente, sorteando las limitaciones que acarreamos desde la etapa de la domesticación. Para lograr eso hay que aprender a pensar fuera de la caja y, en permanente observación consciente de nuestros patrones de pensamiento y acción, iremos descubriendo los bloqueos y autojuicios limitantes que nos impiden el crecimiento exponencial que merecemos.

Desde su definición misma, "exponencial" se refiere al crecimiento que tiene un ritmo que aumenta cada vez más rápidamente. Es algo que los humanos tenemos naturalmente ya que crecemos bajo el concepto de sintropía exponencial.

Los científicos dicen que tenemos, como promedio, 37 mil millones de células en nuestro cuerpo. La sintropía exponencial es la capacidad innata que hay en cada una de las células de los organismos vivos para desarrollar y explotar el potencial infinito que hay en ellas.

Si lo piensas, son tan solo dos células las que inician el proceso de formación de una criatura. Poco a poco se van multiplicando a una velocidad exponencial y, en solo nueve meses, nace un bebé.

La sintropía plantea la capacidad de replicarse, formarse y buscar el máximo de potencial de la célula como organismo libre e independiente que, al mismo tiempo, colabora con otras para formar tejidos y organismos vivos. Esa exponencialidad viene con nosotros desde nuestra gestación. Nacemos con la información llena de posibilidades de expansión y nuestra ruta de vida va activando algunas e invalidando otras. Todo crecimiento exponencial positivo debe ser planificado e intencional; el cambio es accidental pero la transformación hacia la expansión exponencial es estratégica.

CRECIMIENTO EXPONENCIAL VERSUS INCREMENTAL

Vimos en el capítulo 0 que crecer es el resultado natural de creer más crear. Ahora bien, cuando creer se sustenta sobre un pensamiento lineal, la creación se transforma también en un crecimiento lineal y esto es positivo, porque crecer (independientemente de la manera en que se crezca) siempre lo es.

Sin embargo, cuando creces sobre la base de un pensamiento exponencial, obtendrás un crecimiento a grandes saltos, que supera, por mucho, al crecimiento incremental o lineal.

Por ejemplo: el crecimiento lineal incremental es como si contaras: 1, 2, 3, 4, 5, 6, 7... En tanto, el crecimiento exponencial es como si contaras: 1, 3, 6, 9, 12... Como te dije, se produce a saltos, no linealmente. Al número 12 se llega con la mitad de los pasos que necesita el incremental. Para explicarlo más desde el modelo científico, tenemos que el basamento llega de lo que se conoce como la ley de Moore, enunciada por el cofundador de Intel, Gordon Moore. Moore publicó un estudio en 1965 donde explicaba que cada dos años los microprocesadores de circuitos integrados reducirían su tamaño físico, mientras que duplicarían su capacidad de procesamiento o el número de transistores en menos espacio. Esto se ha ido cumpliendo por varias décadas. Aunque se prevé que se ralentice el proceso en un momento cercano, su observación ha sido ley hasta ahora.

Hazte la idea de que el crecimiento incremental es el avance de un cuadrúpedo, por ejemplo, un perro. Este animalito necesita 8, 10, 12 pasos para recorrer diez metros, dependiendo de su tamaño. Sin embargo, una rana lo hace en dos o tres saltos. ¡Como el poder de avance de la rana, así funciona el crecimiento exponencial! ¡Mucho tiene que ver con las tecnologías exponenciales que aceleran en nosotros y para nosotros los procesos!

Presta atención al siguiente gráfico aplicado a un modelo de negocios.

ETAPAS DEL CRECIMIENTO EXPONENCIAL

En un gráfico X-Y con dos curvas, una para el crecimiento lineal/incremental y otra para el crecimiento exponencial, podemos observar que, durante el proceso de lanzamiento y confección, tanto el crecimiento lineal/incremental como el exponencial tienen un comportamiento similar; casi en 45°. Pero en la etapa posterior a la confección, o etapa de crecimiento, el pensamiento lineal/incremental continúa con la misma pendiente de crecimiento. En cambio, la curva de crecimiento exponencial se dispara en paralelo al eje Y, y pierde el rango de medida.

Pero, entonces, ¿cómo funciona el pensamiento exponencial y cómo se contrapone al pensamiento incremental? Observa las diferencias:

PENSAMIENTO INCREMENTAL	PENSAMIENTO EXPONENCIAL
I. Le falta empuje para la generación de ideas.	I. Es creativo y genera nuevas ideas constantemente.
2. Es rutinario.	2. Rechaza la rutina.
3. Es rígido en cada paso de su crecimiento.	3. Asimila errores y se ajusta.
4. Requiere de ideas anteriores preconcebidas.	4. No requiere de ideas anteriores.
5. Sigue los caminos más evidentes (patrones).	5. Sigue los caminos menos evidentes.
6. Es un proceso finito, comienza con el principio de la causa y termina con el fin de la consecuencia.	6. Se estima bajo el concepto de probabilidad, es decir la mayor o menor posibilidad de que ocurra un determinado suceso.
7. No se apoya en la tecnología.	7. Se apoya en la tecnología.
8. Tiene prevalencia del hemisferio izquierdo del cerebro y opera, por consiguiente, con la lógica y lo racional.	8. Está dominado por el hemisferio derecho del cerebro y opera, por consiguiente, con la creatividad y la intuición.

Analizando estos dos tipos de pensamientos, veamos entonces los estilos de liderazgo y lo que generan en nuestra toma de decisiones y resultados de vida. ¿Qué diferencias hay entre el liderazgo incremental y el exponencial? En el

Executive Program que cursé en la Singularity University, en Silicon Valley, me lo explicaron muy claramente y aquí te lo resumo para que lo entiendas desde lo funcional y lo cotidiano.

Liderazgo incremental: Fija metas reales y más concretas. Sigue un plan bastante desmenuzado en detalles. Minimiza los riesgos a tomar. Estandariza procesos. Concentra las decisiones. Expande la autoridad. Hace números.

Liderazgo exponencial: Fija metas ambiciosas o proyectos de alcance ilimitado. Sigue una visión más que un único plan. Maximiza el aprendizaje constante y el experimentar. Personaliza más que estandariza. Empodera a los gestores de decisión. Expande la influencia consciente. Hace crecer el número de conexiones mientras impulsa el crecimiento de líderes en la visión.

➡ EN TU CASO: ──────────────────

¿En cuál de las dos maneras de pensar te ubicas más?

¿Cómo se traduce esto en los resultados que obtienes desde ese patrón de pensamiento?

¿Cómo se traduce en la satisfacción o insatisfacción que obtienes desde ese modelo de pensamiento?

LO PRIMERO... ¡COMPROMETERSE!

> Siempre tienes dos opciones: tus compromisos
> versus tus miedos.
>
> —SAMMY DAVIS JR.

Nuestros compromisos son la base de nuestra vida y nuestras relaciones. Hacemos compromisos para abrir posibilidades para el futuro. Por lo tanto, ellos implican en sí mismos que emprendamos acciones.

Si nos preguntamos cuáles son los pilares fundamentales que sustentan nuestros compromisos, encontramos la confianza en nuestras competencias, la voluntad sincera que tenemos de cumplir de manera efectiva nuestros compromisos, y nuestra responsabilidad para llevarlos a cabo.

Ser responsable no es seguir un mandato de "deber". Más bien significa encontrarnos en un determinado estado de atención y alerta en el que las propias acciones y deseos coinciden. Actuar responsablemente implica consciencia para ocuparme de mi sistema, de mis relaciones y de mí mismo. Cuando actúo con consciencia, asumo la responsabilidad por las consecuencias de mis actos.

Bajo esta luz de la consciencia reflexiva me pregunto: "¿Quiero ser el que hace esto? ¿Estoy satisfecho con esto que estoy haciendo?".

Nuestro compromiso es un factor crítico para el éxito y tiene un poderoso impacto en nuestro bienestar, ya que nos proporciona estados emocionales vinculados a la realización personal.

Mi compromiso es, por lo tanto, la semilla de mi crecimiento exponencial. El árbol no está en la semilla, como dice Humberto Maturana, pero, aunque físicamente no sea visible, ¡energéticamente sí está ahí!

¿Qué sentido tiene esto? Pues bien, cuando nos comprometemos en el presente, estamos haciendo una promesa sobre algo que vamos a ser capaces de cumplir en el futuro. Organizamos nuestro mundo, nuestro tiempo, desarrollamos competencias en función de los compromisos que hacemos. La imagen que tenemos de nosotros mismos y nuestra imagen frente a los otros están determinadas por los compromisos que hacemos y que somos capaces de asumir y de cumplir, para luego obtener, en función de esos compromisos, unos resultados determinados.

➡ **TE PREGUNTO:** ───────────────────────────────

¿Qué tan fiel estás siendo a tus compromisos contigo y con los demás?

¿Estás dispuesto a asumir el costo de tus decisiones y compromisos? ¿Estás dispuesto a mantener lo que es valioso para ti?

¿Estás dispuesto a sacrificar lo que "piensas que eres", por lo que realmente quieres ser?

MUNDO VUCA

¿En qué mundo estamos viviendo? ¿A qué nos enfrentamos?

Te conté en el Capítulo 0 que el mundo en el que vivimos es cada vez más VUCA (*Volatility, Uncertainty, Complexity, Ambiguity*). Todo sucede a gran velocidad, de una manera tan compleja que exige varias ópticas de análisis. Y en la era de la *posverdad* todo resulta incierto y ambiguo. Esto no es ni bueno ni malo, simplemente es la realidad que nos toca vivir.

En el preciso minuto en que lees este párrafo, en Internet suceden miles de conexiones y se transmite una cantidad infinita de información. Estamos sumergidos en ese mundo que, por momentos, nos agobia, nos aleja de nuestro ser y nos desenfoca; pero lo cierto es que el mundo no ha funcionado siempre así, a esta gran velocidad. Según Peter Diamandis, ingeniero molecular norteamericano, "el mundo va de lo incremental a lo exponencial a una velocidad vertiginosa".

Eso ocurre por el avance acelerado de la inteligencia artificial, la informática, la digitalización y la nanotecnología, entre otras ramas de la ciencia y la técnica que hace apenas unos años parecían asuntos de ciencia ficción.

Te pongo un ejemplo real para que comprendas mejor la diferencia entre crecimiento incremental y exponencial: el desarrollo del teléfono. Desde 1876, cuando se inventó el teléfono analógico, este sufrió modificaciones ininterrumpidas durante más de cien años. Los primeros teléfonos eran de manivela con timbre, luego de disco y después de teclado. Al principio eran grandes piezas de madera, después se volvieron más pequeños y de plástico, y así sucesivamente han ido evolucionando durante décadas.

En medio de un desarrollo incremental tuvieron que pasar más de cien años para que se inventara el teléfono celular, ese que seguro tienes ahora en tus manos o muy cerca de ti. Desde que llegó el celular, entre finales de los 70 y principios de los 80 del siglo pasado, en apenas 40 años la evolución del teléfono fue y sigue siendo increíble, porque su desarrollo cambió de un proceso incremental a uno exponencial.

Ya se han sucedido varias generaciones de iPhone y Galaxy que no solo sirven para hablar sino también para enviar mensajes de texto, conectarse a internet, escuchar música, tomar fotos, ser GPS o calculadoras... En fin, un sinnúmero de utilidades.

El desarrollo del teléfono a partir de la invención del celular, como te habrás dado cuenta, se ha producido de manera exponencial.

Ahora, sugiero que te preguntes: ¿cuánto tiempo de tu vida ahorras con la posibilidad de hacer, a través de tu teléfono, las consultas y las búsquedas que requieras de cualquier tema, ya sea desde tu misma casa, la calle o el trabajo? ¿Cuánto tiempo consumirías si, como hace apenas quince años, tuvieras que trasladarte hasta una biblioteca o algún centro especializado?

Trata de determinar hasta qué punto tu desarrollo personal y tus resultados laborales y sociales están por encima de los que hubieras logrado con las condiciones de hace quince o veinte años.

Con estas preguntas pretendo que precises las ventajas que tiene para tu desarrollo personal el crecimiento exponencial.

LAS 6 D

Peter Diamandis define los seis pasos que se requieren en el campo empresarial para sostener un desarrollo exponencial. Diamandis afirma que cuando una organización, un producto y un liderazgo se convierten en exponenciales se produce lo que él llama las "6 D".

Estas 6 D representan las características esenciales de una empresa en crecimiento en medio de una sociedad de desarrollo exponencial, como es la sociedad moderna que nos toca enfrentar. Son una reacción en cadena de progresión tecnológica, que traen como resultado enormes oportunidades de crecimiento.

DIGITALIZACIÓN
DECEPCIÓN
DISRUPCIÓN
DESMATERIALIZACIÓN
DESMONETIZACIÓN
DEMOCRATIZACIÓN

Observa en un caso real cómo el paradigma del pensamiento lineal/incremental versus el exponencial tiene un impacto en la estabilidad de cualquier empresa. El ejemplo que usaremos es la disrupción de Kodak por parte de las cámaras digitales. Veamos las 6 D aplicadas aquí, de acuerdo con lo analizado por el economista y filósofo Federico Ast.

Primera D: Digitalización. La producción y las comunicaciones descansan sobre la automatización porque es más rápida y fluida y se incrementa en escalas exponenciales. Antes de la fotografía digital, las imágenes se almacenaban en un dispositivo físico que podía ser un papel o un *film*. Las cámaras digitales permitieron almacenar las imágenes bajo la forma de bits, en lugar de como películas fotográficas.

Segunda D: Decepción. Son al principio, al parecer, decepcionantes y engañosas, porque no parecen prometer buenos resultados. El nacimiento de una nueva industria llega con enormes expectativas de crecimiento y predicciones exageradas de cómo va a cambiar el mundo. Con frecuencia, sin embargo, el desarrollo es lento en comparación con las infladísimas expectativas iniciales. La primera cámara digital era de 0.1 megapíxeles. Después, se duplicó a 0.2 mp, luego a 0.4 mp, pero aún era poco para ser una competencia seria de la tecnología anterior.

Tercera D: Disrupción. Son disruptivas, es decir, rompen con la forma tradicional de hacer las cosas. Llega un punto en que la nueva tecnología alcanza un momento de inflexión e ingresa en una dinámica de crecimiento acelerada, hasta que se convierte en una competidora real de la tecnología previa.

Cuarta D: Desmaterialización. Cuando algo es realmente disruptivo, nos sorprende el momento en que desaparece como elemento físico. La invención del *smartphone*, con cámara de alta calidad, desmaterializó las cámaras de fotos. ¿Quién necesita una cámara digital cuando puede sacar fotos desde su teléfono? El *smartphone* también desmaterializó a las filmadoras, a los libros físicos, a las consolas de videojuegos, a los mapas, a las calculadoras, linternas, relojes y GPS.

Quinta D: Desmonetización. Mientras más populares se vuelven las técnicas, más se abaratan. La desmonetización es la evaporación del dinero que antes se pagaba por los bienes. Cuando las cámaras digitales alcanzaron un balance de precio-calidad lo suficientemente alto, la gente dejó de comprar rollos de fotos.

Skype desmonetizó el negocio de llamadas de larga distancia de los teléfonos; Craiglist, el de los avisos clasificados; Spotify, el de las discográficas. No es solo que hay una transferencia de ingresos desde los viejos jugadores a los nuevos, sino que el tamaño total de la industria se contrae.

Sexta D: Democratización. Es el resultado final de la desmonetización y la desmaterialización. Los objetos físicos se convierten en bits que son almacenados en plataformas digitales con valores cercanos a cero. Cuando el precio se acerca a cero, todos pueden acceder al producto y su acceso se democratiza. Hoy en día tenemos un *drive* o *cloud* para almacenar que es universal… Desde 0.99 USD al mes, tenemos gigas y gigas de información para archivar.

De esta manera, como bien señala Ast, el proceso que comenzó con la digitalización de una industria acabó con la democratización del acceso a los bienes y servicios. La revolución digital realiza este proceso una y otra vez en cada una de las industrias que invade.

Las nuevas tecnologías están empujando los límites más que nunca, y nuestro *mobile-first world* exige que nos enfrentemos a desafíos que aún no conocemos. La clave es entender que lo digital crece exponencialmente, ya que tiene un acceso global y se adquiere con facilidad. La revolución de la tecnología ha resultado en un mundo nuevo que espera y exige crear una nueva mentalidad en las personas.

Esto plantea un desafío para todos. Nuestra extinción no ocurrirá por un meteoro, como la de los dinosaurios, sino por nuestra propia inconsciencia y la falta de inversión en nosotros mismos para prepararnos para el cambio constante. Hoy en día, fosilizarnos es dejar de estar abiertos a desaprender, aprender y reaprender de manera continua; y es no ver los fracasos como *feedback* de crecimiento sino como bloques que nos derrumban y nos quitan las fuerzas para avanzar.

Si el líder no se habitúa a este crecimiento, se queda estancado y no se transforma para ir más adelante de esta realidad cambiante. Hay tantos cambios que nos quedamos con diez años de atraso en un abrir y cerrar de ojos. En tu caso: ¿cuánto en tu vida es digital y cuánto no? ¿Hay resistencia con la tecnología?

BAMBÚ: CRECIMIENTO EQUILIBRADO

El líder bambú tiene un compromiso con su crecimiento exponencial. Es responsable de que las cosas sucedan y también de asumir las consecuencias o resultados de sus actos. Así como el bambú, el líder se eleva y busca las alturas. Ya con raíces profundas y sólidas, aspira a escalar más alto cada día, busca el cielo, soñando en grande. No se da por satisfecho jamás, y mucho menos por vencido.

Ahora bien, esto no es igual a "escalar pisando cabezas". El crecimiento del bambú es exponencial porque ayuda también a crecer a los demás y se potencian mutuamente. En la medicina china, el bambú es el símbolo que representa al elemento madera, que significa expansión de la vida, crecimiento, autoexpresión individual. Es el impulso natural de las plantas. Por más asfalto que nos empeñemos en usar para tapar la tierra, las plantas siempre encuentran su lugar para crecer.

Sin embargo, en la medicina china siempre hay un equilibrio entre los elementos, que se nutren y controlan entre sí para que el crecimiento no sea desmedido. En el ciclo de apoyo, el agua nutre la madera, y en el de control, el metal la refrena. Así se desarrollan los estados de evolución y transformación de una manera equilibrada, sin que uno avasalle al otro.

En el orden de la naturaleza, es la organización colectiva lo que permite la expresión más alta de la energía de cada elemento. La autoexpresión individual solo es

MADERA
MU

significativa cuando otros en el medio ambiente o cultura se relacionan con ella. Hay una frase muy poderosa de Reid Hoffman, cofundador de LinkedIn, que dice que no importa cuán brillante son tu mente o tu estrategia, porque si estas jugando en solitario, siempre perderás frente a un equipo. Aun si eres Cristiano Ronaldo o Messi, si juegas solo —así sea contra un equipo poco conocido— es completamente seguro que perderás, por excelente que seas. Dejemos de intentar jugar al lobo solitario porque nos necesitamos los unos a los otros. Como decía la madre Teresa de Calcuta: "Puedo hacer lo que tú no puedes y tú haces lo que yo no puedo hacer. Juntos haremos grandes cosas".

LAS TRES CLAVES

¿Cuáles son, entonces, las claves para desarrollar un liderazgo de crecimiento exponencial, a la vez equilibrado y conectado con tu entorno? Te las expongo:

Cambio de paradigma: Ser exponencial versus Ser incremental. Podemos usar los dos paradigmas. Hay días en que nos toca ser previsores e ir de manera incremental, por ejemplo, en las inversiones a corto plazo. En otras ocasiones, la vida nos exige ser exponenciales y dar un salto cualitativo utilizando a nuestro favor los beneficios de la era digital. El cambio de paradigma hacia la exponencialidad es una "consciencia de laboratorio" de ensayo y error. En Cala Enterprises lanzamos en 2019 la aplicación EsCala Meditando. La apuesta fue un riesgo y, al principio, hubo resistencia, como ocurre en todo proceso exponencial. Hoy, ya son cientos de miles los suscriptores que eligen nuestras meditaciones guiadas en español. Si nos quedábamos con la intención sin acción, hoy tendríamos solo una idea.

Utilizar la tecnología, no volverla un distractor: La era digital llegó como un elemento perturbador adicional para el mundo VUCA. La era digital lo hace exponencial. Vivimos en un paradigma dual: la tecnología es una bendición, pero también una maldición. En tu caso, ¿cómo la usas? ¿Cuántas horas al día te encuentras distraído en las redes sociales? La clave es identificar cuándo la tecnología es una herramienta de crecimiento exponencial y cuándo se vuelve un "arma de distracción masiva o autodestrucción".

Abrazar una visión futurista: La tecnología de hace 50 años está bastante lejos de nuestra realidad de hoy, ¿verdad? En la década de los 80, el científico Ray Kurzweil predijo que en 1998 la computadora vencería a un humano en el ajedrez, y que, hacia finales de la década de 2010, autos inteligentes tendrían incorporado su piloto automático. Estos hechos finalmente sucedieron. También predijo que al final de 2030 la realidad virtual se va a experimentar como algo real... Entonces, ¿estamos preparados para los próximos retos que cambiarán el mundo de una forma exponencial? Y no hablo solo de tecnología. El crecimiento exponencial se puede manifestar en distintos planos: material y no material. Tu conocimiento, tu consciencia también han crecido exponencialmente. Hoy, nuestra plataforma www.Cala. Academy es un "claustro de conocimiento" moderno, que usa la tecnología como herramienta para el desarrollo de la consciencia humana, sin tener que moverte de casa.

Tomando en consideración todos estos conceptos, podemos decir que en el camino del líder bambú la exponencialidad es su compromiso por el crecimiento personal y profesional a gran escala, mientras utiliza a su favor la tecnología y potencia, a la vez, el desarrollo de las personas de su entorno.

PENSAR EN GRANDE

Como dijimos, la exponencialidad no se trata únicamente de tecnología y de cosas materiales, se trata de crecimiento y compromiso. De hecho, se puede aplicar a cualquiera de las áreas de tu Rueda de la Vida. Por eso, como ejercicio para este capítulo, te propongo que hagas una línea del tiempo para cada una de las áreas y evalúes dónde estabas hace diez años, dónde estás hoy y dónde estarás en diez años más.

El objetivo de este ejercicio es medir cómo ha sido tu progreso en cada una de las esferas de tu Rueda de la Vida, si ha ido de forma incremental o exponencial, y cómo lo proyectas a futuro. Si te es útil, dentro de cada área puedes usar indicadores más precisos como Consciencia, Educación, Ahorros, Propiedades, Proyectos, Amistades nuevas, Países visitados, Libros leídos, etcétera. Te sugiero que tomes como mínimo dos horas para el ejercicio, sin teléfono, redes sociales, ni ninguna otra distracción.

Este ejercicio tiene como finalidad que puedas obtener una visión global del recorrido hecho; de la dirección que, con mayor o menor consciencia, has dado a tu camino y la administración de tus dones y talentos. Y, sobre todo, te mostrará hacia dónde quieres ir de aquí en adelante.

El líder bambú es un hacedor, pero también un observador consciente de su propia vida. Cuando vivimos sumergidos en nuestras propias preocupaciones, es imposible que obtengamos buenos resultados. Cuando somos líderes en atención plena, comenzamos a desarrollar una serie de competencias que elevan de forma exponencial nuestro desempeño.

Por eso, conecta tus pensamientos a tu poder creativo para estar a tono con los tiempos actuales, dominados por un desarrollo exponencial en lo económico, científico y tecnológico.

La pobreza no te garantiza el cielo. Cuando Jesús dijo: "Bienaventurados los pobres en espíritu, porque de ellos es el reino de los cielos", no estaba condenando la riqueza ni haciendo una apología de la escasez. "Pobre en espíritu" es la persona desprendida en lo profundo de su Ser, que no se aferra a las posesiones ni a las cosas viejas, sino que vive libre en su espíritu para poder recibir lo nuevo. Ser pobre es estar hambriento espiritualmente, nunca del todo lleno o saciado, siempre ávido por obtener más. Refuerza nuestra idea la parábola de los talentos, donde Jesús condena al único de los siervos que escondió su talento bajo tierra, en lugar de ponerlo a trabajar para que se multiplicara.

Termino este capítulo dedicado a la exponencialidad con una frase del filósofo y ensayista español José Antonio Marina: "El verdadero talento tiene que hacerse cargo de su propio desarrollo, convertirse en su propio entrenador, fijar sus metas y comprometerse con sus objetivos".

Recuerda que muchas veces llega más lejos el talante que el talento. El talante es la perseverancia y el compromiso de querer superarse y mejorar, honrando el potencial que habita dentro de cada ser humano y nos hace poderosos e ilimitados.

CAPÍTULO 9

Resiliencia

**El líder bambú emerge fortalecido de los errores
y crisis gracias a la resiliencia.**

¿Qué es la resiliencia y cómo nos sostiene frente a las
adversidades? ¿Cuáles son las características de las
personas resilientes? ¿Todos podemos serlo?
¿Has superado situaciones difíciles en el pasado?

Las anteriores son preguntas que vienen a mi mente cuando
pienso en una palabra tan poderosa como resiliencia, especialmente después de la crisis de la pandemia del COVID-19. He sufrido grandes pérdidas en mi vida. Perdí a
mi abuela, que fue un referente para mí; a mi padre, que
fue un ejemplo por su tenacidad y el modo en que enfrentó,
valientemente, la discapacidad que le trajo haber perdido su
brazo izquierdo en un accidente de la infancia. Muchos de
mis mentores ya no están presentes en este plano físico y
otros están en la distancia. Tuve también que dejar mi lugar
de origen, cambiar de país en busca de un nuevo trabajo,
transformar mi manera de trabajar. Han sido momentos
desafiantes.

Cuando estás lejos o tienes una significativa pérdida material o trascienden a otro plano personas importantes en tu vida, se crea un vacío afectivo y el dolor resultante genera un proceso de duelo. El duelo es una crisis. ¿Cómo lidié con esas situaciones? ¿Cómo enfrenté las emociones y los pensamientos negativos que me asaltaron en esos momentos de crisis? ¿De qué manera asumí el dolor? Estas son solo algunas de las muchas preguntas que me hice y que se hacen las personas que atraviesan situaciones extremas. Y lo confieso aquí: al momento de vivirlas, yo tampoco tenía las respuestas a mano. Al menos, no todas.

Todos afrontamos crisis de diferente origen e intensidad. Siempre permanecemos expuestos a circunstancias adversas, ya sea porque perdemos a un ser amado, fracasa nuestro negocio o empresa, nos despiden del empleo, extraviamos algún bien valioso, nos traiciona esa persona en quien habíamos depositado confianza o nos mudamos de país.

La definición de *resiliencia* en el diccionario de la Real Academia Española es: Capacidad de adaptación de un ser vivo frente a un agente perturbador o un estado o situación adversos.

Y también: Capacidad de un material, mecanismo o sistema para recuperar su estado inicial cuando ha cesado la perturbación a la que había estado sometido.

Hago notar dos palabras: adaptabilidad y recuperación. Estas definiciones nos mencionan la relación causa (perturbación o situación adversa)-efecto (recuperación), pero también se relaciona con la manera en que cada uno de nosotros asume los conflictos.

No todas las crisis son iguales. El impacto de la crisis viene dado no tanto por el evento en sí, sino por la forma en que cada persona lo asume. La intensidad de una crisis dependerá del peso emocional que coloquemos a la situación adversa. Si la carga emocional es muy intensa, el tiempo de recuperación será mayor. La carga emocional proviene de nuestras creencias y juicios.

Un factor que influye en la comprensión de una crisis es si creemos o no que la crisis es parte del orden o del ciclo natural de la vida. Por ejemplo, si pensamos que la muerte forma parte del ciclo natural de la existencia, por supuesto que dolerá cuando fallezca alguien cercano, pero nuestra forma de digerir esa pérdida será diferente: será mejor y vendrá desde un lugar de más paz y aceptación.

Recuerda que una crisis es una oportunidad de encontrar soluciones. El ideograma chino que representa la crisis también simboliza el concepto de la oportunidad.

CRISIS   OPORTUNIDAD

"Solo en momentos de crisis surgen las grandes mentes", dijo Albert Einstein. Además, como somos seres humanos, es posible perder el equilibrio emocional ante una situación negativa y que nos paralicemos y hasta dudemos de nuestra habilidad de recuperarnos; pero si sabemos mirar hacia dentro, podremos reaccionar y levantarnos porque las crisis vienen de la mano de las herramientas personales para salir de ellas. Son esas situaciones infortunadas las que nos permiten convencernos de que somos capaces de desafiarnos y sobreponernos. De allí la certeza del dicho popular "estamos hechos a la medida de nuestras dificultades". Si no te hubieses recuperado de una dura crisis ocurrida en el pasado, no estarías leyendo estas líneas.

Luego de la tragedia, se vuelve a la rutina con una aproximación diferente, se sigue trabajando, se asumen nuevos hábitos, llegan nuevas amistades, otro amor... En resumen, la vida continúa. Al final, seguimos aquí y continuamos porque resurgimos o renacemos. Seguimos aquí porque nos recuperamos. Porque somos resilientes.

¿QUÉ ES LA RESILIENCIA?

La resiliencia juega un gran papel para pasar de la crisis a la oportunidad. El líder bambú enfrenta las crisis y las atraviesa con resiliencia, porque sabe que hay un aprendizaje detrás de cada experiencia de vida y de cada desafío. Antes de ahondar en ese proceso, conozcamos primero de qué se trata. Etimológicamente, la palabra proviene del latín *resalirentia*, que se podría traducir como la «cualidad del que vuelve a saltar y quedar como estaba».

Mi definición de resiliencia es: "Proceso que refleja la capacidad de los seres humanos para sobreponerse a momentos críticos, desafiantes e inesperados, adaptándose y obteniendo una toma de consciencia y un aprendizaje".

Hay dos conceptos que me encantan en esta definición: toma de consciencia y aprendizaje.

En la siguiente fábula anónima oriental sobre el helecho y el bambú, podemos identificar una metáfora de una persona resiliente:

〢 〢 〢 〢 〢 〢 〢 〢 〢 〢 〢

Un día decidí darme por vencido. Renuncié a mi trabajo, a mi relación, a mi vida. Fui al bosque para hablar con un anciano que decían era muy sabio.

—¿Podría darme una buena razón para no darme por vencido?, le pregunté.

—Mira a tu alrededor —me respondió—, ¿ves el helecho y el bambú?

—Sí —respondí.

—Cuando sembré las semillas del helecho y del bambú, las cuidé muy bien. El helecho rápidamente creció y su verde brillante cubría el suelo, pero nada salió de la semilla de bambú. Sin embargo, no renuncié al bambú. En el segundo año, el helecho creció más brillante y abundante, y nuevamente nada creció de la semilla de bambú, pero no me di por vencido con el bambú. En el tercer año, nada brotó de la semilla de bambú, pero no renuncié al bambú. En el cuarto año, nuevamente nada salió de la semilla de bambú, pero no me desmotivé con el bambú. En el quinto año, un pequeño brote de bambú se asomó sobre la superficie de la tierra.

En comparación con el helecho, el brote de bambú era aparentemente muy pequeño e insignificante. El sexto año, el bambú creció más de 20 metros de altura. Se tomó cinco años para echar las raíces que lo sostuvieron. Aquellas raíces lo hicieron fuerte y le dieron lo que necesitaba para sobrevivir.

—¿Sabías que todo este tiempo que has estado luchando, realmente has estado echando raíces? —dijo el anciano y continuó—: El bambú tiene un propósito diferente al del helecho. Sin embargo, ambos son necesarios y hacen del bosque un lugar hermoso. Nunca te arrepientas de un día en

tu vida. Los buenos días te dan felicidad. Los malos días te
dan experiencia. Ambos son esenciales para la vida.

₩ ₩ ₩ ₩ ₩ ₩ ₩ ₩ ₩ ₩ ₩ ₩

Muchas definiciones de resiliencia expresan que aprendemos a sobreponernos de los desafíos y duelos, pero en mi
experiencia de vida en mi Cuba natal, en Canadá, en México y aquí, en Estados Unidos, donde resido actualmente,
me he dado cuenta de que si no hay una verdadera toma de
consciencia de lo vivido, si no aprendo de esa experiencia,
no voy a tomar las acciones correctivas necesarias a futuro.
E incluso, no podré ser flexible y adaptable ante los nuevos
desafíos como el líder bambú que pretendo ser.

En la década de los 80, el psiquiatra británico Michael
Rutter introdujo en la psicología el concepto de resiliencia.
La definió como la capacidad de los seres humanos para
afrontar y salir de la adversidad. No obstante, los primeros
estudios sobre la resiliencia se enfocaban en las características de las personas que enfrentaban exitosamente las pérdidas, en contraste con aquellas que sucumbían ante ellas.

Diez años más tarde, Edith Grotberg, profesora ad-
junta del Instituto de Iniciativas de Salud Mental de la Universidad George Washington, dio un paso extra y, gracias
al Proyecto Internacional de Investigación de Resiliencia,
que se extendió a 27 lugares en todo el planeta, demostró
que la promoción y el uso de la resiliencia son posibles en
todas aquellas personas que transitan por situaciones desa-
fortunadas. Edith Grotberg confirmó que todos podemos
ser resilientes.

Me pregunto: ¿nacemos resilientes? La resiliencia
no es una cualidad innata ni está impresa en nuestros genes, aunque sí puede darse cierta tendencia genética que

predisponga a mostrar carácter frente a los problemas. Por eso, al caer, los niños se levantan de forma natural y siguen adelante. O si tienen un dolor temporal, al poco tiempo sonríen. Aprendemos a caminar y hablar con paciencia y resiliencia. Quizás ya no recordamos nuestro propio proceso, pero sí el de un niño que está a nuestro alrededor.

No obstante, una enseñanza que debemos grabar con fuego es que, indistintamente del elemento genético, la resiliencia es una habilidad que todos podemos desarrollar a lo largo de la vida. La frase anónima "En tiempos de crisis, unos lloran y otros venden pañuelos" me parece muy apropiada para comprender que unos somos más propensos que otros a ser resilientes. Definitivamente, es nuestra responsabilidad fortalecerla e ir adquiriendo herramientas de autoconocimiento. Quien más se conoce, mejor se comprende y será capaz de mejorarse como un diamante que se pule en todas sus aristas hacia la luz.

Te comento el resultado de un estudio que refleja que la resiliencia ayuda a vivir más y mejor. En 2017, una investigación en conjunto de la Escuela de Medicina de la Universidad de California, San Diego, y la Universidad de Roma La Sapienza, evaluó la salud física y mental de ancianos de entre 90 y 101 años de edad, en la zona de Cilento, región del sur de Italia conocida por la longevidad de sus vecinos. Esta investigación arrojó datos que validan nuestra idea.

Generalmente, las investigaciones sobre la longevidad se concentraban en la genética, la dieta y la actividad física de las poblaciones analizadas. El estudio a los habitantes de Cilento abordó por primera vez los rasgos de la resiliencia. Estas personas pasaron por depresiones, tuvieron que emigrar, perdieron a sus seres queridos. Uno de los ancianos participantes contó que su esposa por casi 65 años había fallecido un mes atrás. "Gracias a mis hijos, me estoy recuperando y sintiendo mejor. He luchado toda mi vida y siempre estoy preparado para los cambios. Los cambios traen vida y te dan la oportunidad de crecer. Siempre pienso lo mejor. Siempre hay una solución. Es lo que me enseñó mi padre: haz frente a las dificultades y espera lo mejor", dijo el anciano a los investigadores, quienes concluyeron que estos rasgos de la personalidad dan un propósito en la vida, incluso a una edad avanzada.

TRES CUALIDADES FUNDAMENTALES DE LOS SERES HUMANOS RESILIENTES

El poder de la resiliencia para enfrentar situaciones retadoras se levanta sobre tres cualidades: flexibilidad, adaptabilidad y fortaleza (fuerza serena).

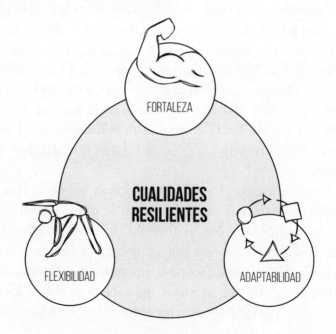

FLEXIBILIDAD

Quienes hablan de resiliencia suelen mencionar el bambú, una planta flexible, fuerte y adaptable a los diferentes cambios en su entorno. Es probable que un viento fuerte derribe un árbol de tronco rígido, pero no podrá contra un tallo de bambú dúctil, maleable, capaz de amoldarse a los embates de un ventarrón. Igual pasa con los seres humanos.

Antes de crecer, durante sus primeros cinco a seis años, esta planta desarrolla las raíces y luego el tallo. Utilizando esta metáfora, para ser resilientes necesitamos primero echar raíces fuertes y sólidas. Esa flexibilidad permite moverse con lo que sucede y fluir con el presente. Se trata de una habilidad clave para entender qué es crisis y oportunidad. Ser flexible es aceptar que se es parte de una dinámica de vida y cómo necesitamos cooperar y fluir con el presente para sobreponernos y seguir creciendo bajo el sol, resilientes como el bambú. La clave es fluir para no sufrir. Bienvenido el dolor, trabajamos el sufrimiento para cortar la ilusión de la verdad que, muchas veces, es la cárcel invisible donde justificamos la resistencia y la negación ante lo que nos sucede. Generalmente, las causas de un sufrimiento extendido están en los obstáculos que surgen en nuestra mente para argumentar el sufrimiento.

En el mundo de los vedas, el yoga y hasta en el budismo, existen cinco kleshas o causas raíz del sufrimiento humano:

1. Ignorancia
2. Egoísmo
3. Apego
4. Repulsión o aversión
5. Miedo a la muerte

Ignorancia es confundir la esencia de la realidad profunda con lo efímero y superficial. Es creer que nuestras emociones negativas son permanentes, sin entender su dinámica siempre mutante. Ignorancia es confundir nuestra verdadera esencia eterna de seres espirituales con la maravillosa pero limitante experiencia de nuestros cinco sentidos. Debemos entender la naturaleza de nuestra alma, que es eterna, y también que siempre existe una parte saludable y siempre en paz en nuestro ser que nos mantiene conectados a la corriente del bienestar. Ignorar esto nos trae dolor y muchas veces sufrimiento.

Con el egoísmo nos agregamos más razones para sufrir. Cuando ponemos al ego en un pedestal, este nos hace creer que estamos separados de los demás y de lo que nos rodea. Valoramos más las pertenencias que las experiencias de vida en consciencia. El sufrimiento llega porque el ego siempre necesita validación externa, la aprobación de otros. Nos tomamos todo muy a pecho, demasiado personalmente, y el sufrimiento llega cuando no se cumplen nuestras expectativas. No vivimos conectados a la Fuente de amor, a lo divino y esa densidad egoísta material nos hace personas poco felices.

Sabemos que muchas veces los apegos a nuestros deseos y afectos nos hacen sufrir por la manera tan posesiva en la que nos relacionamos con ellos. Esto nos limita a experimentar una alegría reactiva, en la que entendemos nuestra felicidad como el resultado de los eventos que suceden en nuestra vida, y no como la disciplina de la alegría endógena que se cultiva desde el gozo del corazón y no únicamente desde el goce efímero de los sentidos. Estos últimos siempre querrán más de eso que asociamos con el placer sensorial. Desear algo y crear algo son virtudes humanas, habilidades maravillosas, pero solo si nos desapegamos sanamente del

fruto de nuestras acciones en una entrega de aceptación al
bien mayor. Debemos entender que el disfrute está más en
el camino, cuando con apertura me sorprende el sincrodestino, esa vida fluida de milagros, magia y revelaciones a tus
deseos y a tu vibración más frecuente.

En cuanto a aversiones se refiere, hablamos de esa
batalla campal de evitar enfrentar o siquiera pensar en las
cosas, eventos o personas que nos causan dolor. Evitar el
dolor es también causa de sufrimiento porque la mente
crea anticipaciones catastróficas en su imaginación. Recordemos que preocuparnos es usar nuestra imaginación para
crear cosas que no deseamos. Mientras llevas tu energía
a las realidades por las que no sientes amor, tu atención
está creando emociones y situaciones que no representan
la fluidez con la que este libro te invita a vivir. La presencia o ausencia de amor son dos caras de la misma moneda.
Dos modalidades de un mismo sujeto, en su ausencia y su
presencia.

Y, por último, tenemos el miedo a la muerte, que es
el miedo a perder el control, el miedo al cambio, el miedo
a perder la identidad que el ego define y el miedo a soltar
incluso aquellas cosas y experiencias que hoy llamas "vida".
Lo único constante y real en la vida es el cambio. Todo
muta y se transforma. Vida y muerte son existencia. Abrir
la mente a soltar y viajar ligero de equipaje son los mejores
ejercicios que puede hacer el ser humano para no sufrir.
Comienza por regalar a alguien algo que te hace sentir
apego. Atrévete y escoge a alguien a quien darle eso que te
cuesta soltar porque hay una atadura mental y emocional
sobre el objeto. Vivir desde el miedo deja huérfano a ese
ser de amor que hay en ti, que está conectado con lo divino
y lo eterno. Vivir desde el miedo a la muerte nos hace mor-
tales, porque lo eterno no muere, solo trasciende.

ADAPTABILIDAD

Adaptarte a tu nueva circunstancia, durante o después de una crisis, te permitirá tomar acciones sobre ella. Y si adquieres consciencia de que en tus manos tienes el poder de alterar tu realidad, ya estás encaminado para transformarla. Ser adaptable es aprender a gestionar los procesos de cambio que se nos presentan a diario. Ser adaptable no tiene que ver con buscar la aprobación de otros o con una sumisión al "cambio". Esa adaptabilidad me ha llevado a tomar acciones para crear una nueva realidad dentro de mí. Ser adaptable es abrir la mente para ser capaz de encontrar la mejor respuesta posible ante el evento o la circunstancia que nos está sucediendo.

FORTALEZA

La fortaleza no es rigidez ni firmeza. Esta fortaleza se origina en nuestra vulnerabilidad, en reconocer que somos seres humanos que estamos aprendiendo a ser mejores cada día, y que con lo que aprendemos somos más y más fuertes. Recuerda, esta fortaleza implica reconocer que dentro de ti tienes la fuerza serena y la inteligencia espiritual para superar la situación o transformarla. Esto me recuerda la frase del exjugador de futbol americano Alex Karras: "La fortaleza está en el alma y el espíritu, no en los músculos".

Hay otras cualidades de las personas que practican la resiliencia, y las quiero enumerar como una lista de chequeo para que te autoevalúes:

- Flexibilidad
- Adaptabilidad

- Fuerza interior
- Consciencia de las fortalezas y limitaciones
- Creatividad
- Autoconfianza en las capacidades
- Aprender de las dificultades
- Practicar *mindfulness* o consciencia plena
- Observar la vida con objetividad y optimismo
- Participar en una tribu de personas con actitud positiva
- Gestionar las crisis con inteligencia emocional
- Utilizar el humor para afrontar los desafíos
- Solucionar las crisis con empatía
- Balancear la vida laboral y personal

Si sientes que en alguna necesitas mejorar, es una gran idea que empieces a profundizar en el tema.

La resiliencia puede compararse con una planta: para crecer necesita agua, luz solar, tierra fértil y un clima favorecedor. También nuestra vida se nutre de distintas áreas que se refuerzan entre sí para lograr el balance: ni demasiada agua que pudra las raíces, ni tan poca que seque las hojas. Así, las personas resilientes viven una existencia equilibrada entre el trabajo, el estudio, la familia y la recreación. Ni adictos al trabajo ni desocupados todas las horas del día. Entienden que cada periodo o ciclo es igual de importante. Somos altamente productivos y, al mismo tiempo, reconocemos los necesarios periodos de recuperación que deben programarse en nuestra vida.

Para ser resilientes debemos buscar, dentro de nosotros mismos, las herramientas que nos ayuden a superar los obstáculos; pero muchas personas ni siquiera inician esa búsqueda por encontrarse en un permanente proceso de evasión del dolor. Los paradigmas inadecuados que muchos llevan grabados en su mente impiden asumir el dolor como parte de la vida: si te golpeas, dolerá; si te quemas, te arderá; si te traicionan, te sentirás herido.

Desde el punto de vista neurológico, el cerebro envía a los sentidos una señal para que procesen de determinada manera el dolor ante cierta situación. Si la señal es "duelo = malo", entonces experimentaremos malestar. Pero si se trata de "duelo = parte del proceso natural que vivo", lo manejaremos como un proceso orgánico y natural. Es decir, lo haremos incorporando el concepto de neutralidad en la interpretación del dolor.

A pesar de lo que se nos fue inoculando en nuestra educación temprana para domesticarnos de modo que pudiéramos asumir el lado trágico del dolor, este es un patrón que podemos trabajar y cambiar. Te pongo mi caso como ejemplo. Mi padre tuvo el accidente en el brazo; mis padres se separaron; crecí en medio de las enfermedades mentales de algunos de mis familiares; vivimos suicidios dentro de la familia, entre otras crisis y desafíos. Para ser honesto, debo decir que en mi familia no se hablaba de las crisis o las pérdidas con naturalidad. De hecho, estas eran un tabú, un estigma, y no estaba permitido preguntar sobre esas cosas. Recuerdo que, en ocasiones, sentía muchas dudas y ansiedad, y la mayoría de las veces ni entendía la situación. No obstante, mantenía la capacidad de imaginar, leer y soñar una realidad diferente y un futuro prometedor, y eso me permitía reconectarme conmigo mismo desde un lugar de menos dolor y sufrimiento. Hoy entiendo que mi intuición me llevó a escoger un mejor pensamiento o una mejor emoción para superar la realidad o la percepción no comunicada de una realidad que, al ser vivida como un estigma, creaba un campo de energía de vergüenza. "La vergüenza de lo que soy" es la vibración más baja en la tabla de los campos energéticos de la conciencia del psiquiatra David R. Hawkins. Si estamos allí, estamos en resistencia ante la vida y nos encontramos en oposición al estado de fluir que solo conseguimos armonizando los valores y principios que guían nuestra emocionalidad y nuestra conexión con la vida.

EL PROCESO DE DUELO O PÉRDIDA Y LA RESILIENCIA

Marcel Proust escribió: "Somos sanados del sufrimiento solamente cuando lo experimentamos a fondo". Te invito a preguntarte:

> ¿Alguna experiencia en tu vida te ha bloqueado de tal forma que no te permite actuar?
>
> ¿Has permanecido atado o atada a una pérdida personal por más de un año?
>
> ¿Sueltas rápidamente la pérdida de un bien material?
>
> ¿Mantienes cerca de ti elementos o símbolos que te recuerdan a una persona o situación que hayas perdido o sean parte de tu pasado?

Perder a seres que amamos, empleos, negocios, objetivos, bienes materiales, sentido de uno mismo, hábitos u oportunidades, puede activar el proceso de duelo. En realidad, es un ciclo de adaptación que requiere de un tiempo para superar la experiencia dolorosa, lo que dependerá de la magnitud de la pérdida y de nuestra actitud ante ella.

El duelo es una respuesta saludable a una crisis. Como mencioné en el principio de flexibilidad, para tomar conciencia debemos conocer las etapas del duelo, propuestas en 1969 por Elisabeth Kübler-Ross en su libro *On Death and Dying*. Basada en su trabajo con pacientes en fase terminal, afirmó que luego de la muerte de un ser querido se inicia un proceso de pérdida que se divide en cinco etapas:

1. Negación
2. Ira
3. Negociación
4. Depresión
5. Aceptación

Y basado en la energía que le imprimimos a cada etapa, se puede visualizar dicho proceso en el siguiente gráfico:

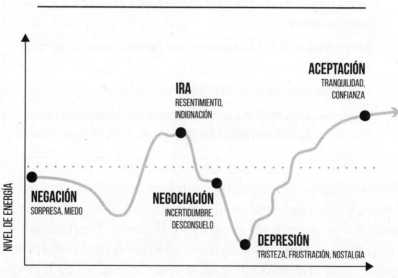

PROCESO DE DUELO

ACEPTACIÓN
TRANQUILIDAD, CONFIANZA

IRA
RESENTIMIENTO, INDIGNACIÓN

NEGACIÓN
SORPRESA, MIEDO

NEGOCIACIÓN
INCERTIDUMBRE, DESCONSUELO

DEPRESIÓN
TRISTEZA, FRUSTRACIÓN, NOSTALGIA

NIVEL DE ENERGÍA

TIEMPO

Fuente: Elisabeth Kübler-Ross, On death and dying

Este proceso aplica no solo a la pérdida de un ser querido, sino también a un cambio brusco, un divorcio, emigrar a otro país o perder un bien material. Nadie puede vivir el duelo por nosotros. Es un proceso individual e intransferible. Transitarlo consciente y adecuadamente nos lleva a elevar nuestra resiliencia.

En el caso de la negación, primero pensamos "esto no me está pasando a mí", aunque desde tu intuición sabes que efectivamente está sucediendo. La negación es una forma de resistencia. Las emociones dominantes en la etapa de negación son el miedo y la sorpresa, que se manifiestan a través de incredulidad, confusión, inconsciencia y descalificación de la realidad. La negación se da porque una parte de nosotros continúa atada al pasado y nos bloqueamos. El bloqueo nos paraliza e impide la acción y el verdadero procesamiento de la realidad.

En la etapa de la ira, la energía aumenta al conectarse con la rabia, el resentimiento y la indignación. La energía aumenta, es cierto, pero en una ola de pesimismo, a manera de fuerza reactiva, no proactiva. Es una energía enfocada en la negatividad. Una furia dirigida hacia el exterior y, en ocasiones, hacia ti mismo. Es cuando ves al mundo como una diana en la que buscas culpables y causas, justificas tu decisión de no aceptar la "injusticia", te quejas y te incapacitas y saboteas a ti mismo.

Cuando me muevo a la etapa de la negociación, pretendo forzar los hechos: al no aceptarse la realidad, se intenta pactar con ella. Intentas resolver la situación negociando, pero desde la perspectiva del *gatopardismo*: "Cambiar para que todo siga igual". Buscas resolver la adversidad mediante soluciones parciales, falsas o aparentes, y no a través de un cambio definitivo.

Al no lograr tomar el control de lo que sucede dentro y fuera de nosotros, la energía baja de nuevo y tocamos fondo. Ahora sobreviene una etapa de tristeza, frustración y nostalgia. Algunos confunden esta etapa con la depresión. En resiliencia, esta depresión no es una condición clínica, aunque es usual en personas que han sufrido la pérdida de un ser querido presentar síntomas comunes con el diagnóstico de la depresión. Existen factores de riesgo que pueden aumentar la posibilidad de sufrir depresión, tales como poco soporte social, escasa experiencia con la muerte, historia previa de depresión, así como síntomas depresivos tempranos en una reacción de duelo.

George Patton, un general que participó en la Segunda Guerra Mundial, escribió en sus memorias: "No mido el éxito de un hombre por lo alto que llega, sino por lo alto que rebota cuando toca fondo". Aunque durante la etapa de tocar fondo se rechaza el apoyo social, ese aislamiento puede transformarse en introspección para explorar tu intimidad y las riquezas que contiene.

En la etapa de la aceptación se comienza a experimentar cierto nivel de estabilidad y confianza. Empiezas a reconocer las circunstancias y a comprender que lo que sucede dentro de ti es una percepción de la realidad y no la realidad misma. En este punto del proceso de duelo asumes que la pérdida es inevitable, lo que requiere de un cambio de visión de la situación pasada y abrazar el presente. La aceptación incluye adoptar hábitos que generen confianza y paz, y se expresa a través de tomar responsabilidad sobre lo sucedido y asumir compromisos personales con una energía de mayor cooperación con la nueva realidad.

La crisis es un tiempo de dificultad. Sí, un tiempo, un lapso con principio y fin, un período crítico para tomar una decisión importante o difícil, ya sea cambiar de país, de trabajo, de amor, de casa o de estilo de vida. Las cinco fases del proceso de duelo pueden extenderse, sobreponerse o disminuirse durante una crisis. Son situaciones de cambio, incluso de nuestras creencias y valores. Pero ¿cuánto dura el duelo? Puede extenderse por días, semanas, meses, años o incluso toda una vida. El tiempo de sanación dependerá de qué tan resiliente seas.

Para rehacer tu vida o empezar a tomar acción, debe haber un tiempo adecuado para descansar, reflexionar y sanar. Hay que actuar, pero alcanzar el balance requiere tiempo para meditar. Con esto no quiero decir que te quedes en el sofá de tu casa mirando televisión, sino que debes darte permiso para conectar con la naturaleza o ir a caminar por la ciudad o a la iglesia. Un tiempo para tomar consciencia y equilibrar tu vida.

LAS TRES CLAVES

La vida es una escuela: Mi primera clave para practicar más la resiliencia en mi vida. Me la repito cada vez que necesito enfrentarme a una crisis o una situación desafiante: "Todos vinimos a aprender en esta escuela llamada vida y tenemos un proceso que vivir y completar". Aprender a utilizar el observador consciente es una herramienta vital para poder trascender sobre nuestras emociones asociadas a la pérdida o crisis, y elevarnos a un lugar que permita comprender el *bien mayor* detrás de cada evento o experiencia. Ese nuevo sentido lleva a transformar los sucesos de la vida en experiencias para el aprendizaje. Michael Jordan, el campeón de la NBA, dijo en su documental *The Last Dance*: "Si te encuentras con un muro, no te des la vuelta ni te rindas. Averigua cómo escalarlo, atravesarlo o rodearlo".

Aprende a soltar los apegos: El apego es, según el Diccionario de la Real Academia, "afición o inclinación hacia algo o alguien". Los apegos son una fuente raíz de sufrimiento. Ahora, te pregunto:

> ¿Alguna vez has reflexionado sobre tus apegos del pasado?
>
> ¿Has considerado que esos apegos no te permiten vivir el presente y recibir las bendiciones que te rodean?

El apego es perjudicial cuando, como si se tratase de una cadena transparente, una experiencia del pasado te mantiene atado emocionalmente a ella. Traes al presente ese recuerdo, pero allí hay dolor porque te sobrecoge la ausencia: "No quiero desprenderme de…", "tengo necesidad de…", "dependo de…". No confundas rescatarlo y honrarlo con vivir en él sin estar en el presente. Los apegos dificultan el proceso de resiliencia.

EL APEGO PRODUCE DOLOR

Te invito a entablar una conversación contigo para, sobre la base de tus experiencias, descubrir si mantienes apegos a los procesos de dolor. Si luego de este ejercicio descubres una idolatría por el pasado y lo negativo, enciende tus alarmas y busca ayuda para cambiar estos patrones de pensamiento y conducta.

Tomar consciencia es la llave para mantenerme resiliente: Salir fortalecido de situaciones adversas implica que, ante futuros eventos que despierten los mismos sentimientos de frustración, tristeza, rabia o desesperanza, reaccionarás de forma resiliente. Pero si no tomas consciencia de cómo superaste una crisis, te quedarás atascado en los percances por venir. De allí que crear resiliencia requiere de una toma de consciencia que incluya decirte a ti mismo: "Tengo todo dentro de mí para transformar tanto lo interno como lo externo". Cuando apagas tu consciencia ante la situación de dolor, sufres una contracción que te conduce a sentirte víctima y a ahogarte en la rabia, la ansiedad y la angustia por un pasado que ya no está. Si no accedes a un superior estado de consciencia en la expansión y aceptación de lo que fue y es, te verás impedido de ampliar tu mirada hacia escenarios donde, pasada la tempestad, experimentarías la paz de un aprendizaje recibido. Todo hecho de vida tiene el potencial de hacerte evolucionar desde la conciencia.

Por un lado, parte de estar consciente es reconocer nuestros propios juicios y miedos y visitar con neutralidad esa zona oscura que es nuestra sombra, para observarla y aprender de ella. El propósito de esto es reconocer a ese saboteador interno para cerrarle el juego y, en corto tiempo, darle su jaque mate. Por otro lado, estar consciente me permitirá reconocer mis cualidades, aprender de mis experiencias, confiar más en mí mismo y aceptar mis creaciones en esta vida. Estar consciente me hace responsable de lo que vivo.

Hazte estas preguntas para trabajar tu consciencia:

¿Sueles tomar consciencia de tu responsabilidad en una situación difícil?

¿Tomas acciones correctivas frente a los contratiempos?

¿Te sientes culpable o culpas a otros luego de desatarse una crisis?

¿Cuáles son tus cualidades en momentos de dificultad? Detente por un momento a meditar sobre la habilidad que más utilizas para sobreponerte: ¿enfoque?, ¿compasión?, ¿determinación?, ¿confianza?, ¿sabiduría?, ¿fe?, ¿paciencia?

La toma de consciencia es un camino hacia tu interior. Así que pon la lupa sobre esa parte oscura que habita en ti, y que tu esencia empiece a dirigir el vehículo de tu vida.

MI RECOMENDACIÓN

Mi única recomendación es: toma consciencia de tu poder interno y de tu capacidad resiliente. Recuerda que te has caído muchas veces, te levantaste y te levantarás. La mayoría de las respuestas sobre cómo levantarte están dentro de ti. Y afuera hay oportunidades para ti también, como ver películas, visitar lugares diferentes, leer libros nuevos, escuchar música, hacer ejercicios, disfrutar la naturaleza, pintar, bailar e incluso comenzar a reírte de ti mismo. Incorporar el humor en mi vida me ha permitido sanar y activar las hormonas de la felicidad de mi cerebro. Programa alguna de estas actividades un día a la semana. Agéndalo ahora.

Y en caso de que desees buscar afuera de ti, te sugiero compartir con tu entorno social que más te apoya o con tu tribu de influencia positiva. Algo que disfruto de nuestro Influencers Circle es eso: nos apoyamos en nuestras fortalezas y nos retroalimentamos en las áreas por mejorar, para así poder elevarnos constantemente en un proceso de orientación grupal que nos permite desaprender, aprender, reaprender e ir puliendo ese ser consciente que se eleva como el bambú hacia la luz.

Para finalizar este principio quiero citar aquí a mi buen amigo y máster coach Jacques Giraud, autor del libro *Súper Resiliente*. Cada vez que recuerdo esto siento que agradezco y bendigo profundamente cada experiencia de mi vida, donde me ha tocado ser resiliente: "Lo que eres es algo mucho más grande que tus limitaciones. Cuando te conectas con tu capacidad de ser resiliente es porque te vinculas con tu esencia y no con tus comportamientos, creencias o juicios. Esa conexión abre las puertas para resurgir, empoderarte y encontrar tu propia fortaleza".

CAPÍTULO 10

Consciencia - Elevación

El líder bambú es mindful. Se apoya en el "estar
presente" como un trampolín para elevarse hacia la luz.

৸ ৸ ৸ ৸ ৸ ৸ ৸ ৸ ৸ ৸ ৸ ৸

¿Dónde está el paraguas?

Cuenta la leyenda que, al cabo de diez años de aprendizaje, Zenno creía que ya podía ser elevado a la categoría de
maestro zen. Un día lluvioso, fue a visitar al famoso profesor
Nan-in.

Al entrar en la casa de Nan-in, este preguntó:

—¿Has dejado tu paraguas y tus zapatos del lado de
afuera?

—Por supuesto —respondió Zenno—. Es lo que manda
la buena educación. Actuaría de la misma manera en cualquier lugar.

—Entonces dime, ¿pusiste el paraguas a la derecha o
a la izquierda de tus zapatos?

—No tengo la menor idea, maestro.

—El budismo zen es el arte de tener consciencia total
sobre lo que hacemos —dijo Nan-in—. La falta de atención
a los pequeños detalles puede destruir por completo la vida

de un hombre. Un padre que sale corriendo de la casa puede olvidar un puñal al alcance de su hijo pequeño. Un samurái que no mira todos los días su espada terminará por encontrarla oxidada cuando más necesite de ella. Un joven que olvida llevarle flores a su amada va a terminar por perderla.

Y Zenno comprendió que, aunque conociera bien las técnicas zen del mundo espiritual, había olvidado aplicarlas en el mundo de los hombres.

Ϟ Ϟ Ϟ Ϟ Ϟ Ϟ Ϟ Ϟ Ϟ Ϟ Ϟ Ϟ

En esta antigua fábula oriental vemos con claridad cómo el camino de consciencia se ve reflejado en los más mínimos detalles que, a la larga, conducen a la elevación. En este capítulo buscaremos "potabilizar" estos términos y hacerlos accesibles a cualquier persona. Lo haremos tanto para aquellas personas que piensan que estos temas no son para ellos, como para quienes sienten o creen que ya están en un nivel elevado cuando, en realidad, no se trata de estados absolutos, sino de que fluctuamos constantemente en las diferentes áreas de nuestra vida. Y aquí el camino es infinito, entre más desciendes al alma profunda y lo verdadero, más te elevas a la luz y al amor.

Me gusta pensar el camino de la consciencia como "el viaje de la mente hacia el alma". Como una espiral ascendente en un continuo proceso de crecimiento. No hay un lugar donde llegar pues, como dijo John Heider, "Dios está aquí y no al final de un viaje". Lo veo como la metáfora de la cebolla, ya que nuestra consciencia tiene múltiples capas y dimensiones que, al final del día, nos permiten vivir cerca de nuestra esencia o corazón. Aquí nos referimos al *corazón* como el lugar biológico donde muchas culturas indican que habita el alma.

La consciencia es esa brújula que nos mantiene cerca del alma y nos conduce a elevarnos. Leonardo Da Vinci dijo: "Fija tu rumbo a una estrella y podrás navegar en medio de cualquier tormenta". Esas tormentas pueden ser las situaciones que ponen a prueba tu habilidad de liderazgo y que se pueden manifestar incluso a través de tus propias creencias limitantes y todo aquello que te aleja de tu atención al momento presente.

El bambú se eleva al sol para nutrirse, así como el ser humano consciente busca constantemente elevar su consciencia divina.

¿CONSCIENCIA O CONCIENCIA?

La conciencia solo puede existir de una manera,
y es teniendo conciencia de que existe.

—Jean Paul Sartre

Esta primera pregunta es fundamental para empezar a delimitar qué nos conduce a nuestro camino de elevación. Como te detallé en el capítulo 0, si bien suenan igual y ambas derivan del latín *conscientĭa*, estas palabras tienen significados muy diferentes.

Consciencia, con "s" intermedia, es la capacidad del ser humano para percibir la realidad y reconocerse a sí mismo en ella; mientras que la conciencia, sin la "s" intermedia, es el conocimiento moral de lo que está bien y lo que está mal.

La diferencia fundamental entre "toma de consciencia" y "cargo de conciencia" es que la primera se refiere a la capacidad de la persona para verse a sí misma en una situación —lo que tantas veces hemos dado en llamar el Observador

Consciente—, mientras que la segunda alude al sentido de responsabilidad moral o ética sobre una situación.

Veámoslo de forma gráfica en el famoso "hombre de Vitruvio", de Leonardo da Vinci:

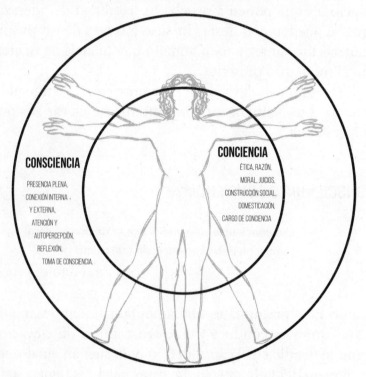

Como vemos en el gráfico, la palabra conciencia se emplea para definir nuestra capacidad racional de distinguir entre el bien y el mal para emitir juicios según nuestro sentido de la moral, que es una construcción social heredada desde la etapa de la domesticación. De allí resultan las expresiones del tipo "tengo cargo de conciencia" o "tengo la concien-cia tranquila". No está mal tener conciencia y, de hecho, resulta necesario para vivir en sociedad de forma respon-sable, pues nos hace respetar las normas básicas y códigos compartidos de convivencia.

Sin embargo, la consciencia implica otro estado evolutivo, el cual se ve reflejado en el gráfico con un círculo más expansivo. Implica un estado de presencia plena en la realidad que nos circunda. Presencia viene de "estar en el presente", es decir con los sentidos y la percepción ubicados en el aquí y ahora. El sujeto se conecta consigo mismo y con el mundo que lo rodea mediante procesos como la atención y la percepción. También, la consciencia permite al ser humano ser sujeto y, a la vez, objeto de un mismo escenario, observar su mente y reflexionar sobre sus propias observaciones. Llamamos "elevación" a ese estado de presencia absoluta donde nos involucramos plenamente con la realidad que nos rodea —interna y externamente—. Esa realidad no es un lugar fijo sino dinámico, por lo que el estado de presencia se trata de una disposición a estar *conectado con lo cambiante*.

Ese camino de consciencia nos orienta a vivir en sintonía con nuestro verdadero Ser, nuestro Yo Soy, lo cual se traduce también en un sentimiento de libertad. Porque, como vimos en el capítulo 0, a medida que traemos más elementos del subconsciente, de las profundidades del iceberg hacia la consciencia, vamos abandonando el "piloto automático" para convertirnos en capitanes de nuestro barco.

Ayer era inteligente por lo que quería cambiar del mundo.
Hoy soy sabio por lo que me quiero cambiar a mí mismo.

—YALAL AD-DIN RUMI, poeta persa y místico sufí.

Existen personas, muchas de ellas figuras de autoridad, que están convencidas de que el problema siempre está "allá afuera", de que si los demás se avinieran a razones o si, de pronto, desaparecieran del mapa, los problemas se resolverían. Piensan que los inconvenientes son a causa del otro.

➡ TE PREGUNTO: ─────────────────────────

> En alguna situación problemática de tu vida, ¿has pensado que si la otra persona cambiara radicalmente, o incluso si desapareciera, tus problemas se resolverían como por arte de magia? Piénsalo bien, sin juzgarte.

El líder bambú sabe que lo primero que hay que cambiar es a sí mismo. Esto implica conocerse y realizar un plan de desarrollo personal. Preguntarse qué quiero ser en esta circunstancia, cómo quiero comportarme. Se trata de un proceso de aprendizaje mental: el liderazgo consciente surge del propio Ser. La transformación del líder requiere voluntad y también apoyo o tutoría (*mentoring* y *coaching*). Requiere de alguien que ayude al líder a reflexionar y entender aquello de lo que quiere hacerse cargo.

Me imagino que cuando hiciste tu Rueda de la Vida, identificaste áreas que estaban más "empoderadas" y otras que estaban como "disminuidas" o "abandonadas". Te pregunto ahora: ¿cuáles fueron las elecciones que provocaron esas acciones y, por ende, generaron estos resultados? La idea no es que te juzgues ni compares con otros, sino que busques un estado de consciencia conectado con tu amor propio y compasión.

Muchas veces ponemos la responsabilidad en otros, en la vida, etcétera. Mi intención es mostrarte que si estás consciente de tus pensamientos, emociones y acciones, eso puede generar un cambio de resultados. Un cambio donde te transformes realmente en un cocreador y no en la víctima de esos resultados. En otras palabras: ¿tu enfoque está puesto en las justificaciones o en las decisiones que tomas? Hay momentos en que nos caemos o lanzamos a ese mundo de "*excusitis infinitus*" como dice uno mis grandes mentores, Robin Sharma. La toma de consciencia es reconocernos allí para poder extender la mano y recibir la ayuda pertinente.

Reflexiona un momento sobre cómo llegaste a los resultados que exhibes hoy en la Rueda de la Vida que completaste al inicio de este libro.

EL MAPA DE LA CONSCIENCIA

Para comprender mejor dónde estamos colocando la energía que tenemos disponible, me gustaría que nos adentremos en el tema de la consciencia desde una óptica netamente física y científica. ¿Conoces a David R. Hawkins? Fue un psiquiatra americano, investigador y facilitador que, en los últimos años de su vida, publicó numerosos libros, entre ellos *El poder contra la fuerza* y *La curación y la recuperación*. Muchas de sus obras y los materiales relacionados todavía no existen en castellano, pero su modelo ha tenido una influencia altamente positiva en mi desarrollo y mis investigaciones, especialmente su escala de los campos energéticos de la consciencia.

En 1996, Hawkins propuso una escala de consciencia que va de 0 (muerte) a 1,000 (consciencia de Jesús, Buda, o la consciencia más alta posible como humano). Con esta escala, Hawkins intentó calificar, en esencia, el crecimiento espiritual. El mapa presenta una lista de actitudes y emociones acompañados con sus correspondientes valores numéricos calibrados.

Al igual que una cinta métrica es una herramienta útil para comprender las dimensiones en el mundo de lo físico, el mapa de los niveles de conciencia es útil para comprender las dimensiones de nuestra naturaleza interior, así como la forma en que nos relacionamos con el mundo en el que vivimos.

Todo tiene una vibración energética: la gente, la comida, la música, los libros, las películas, las enseñanzas, los lugares, etc. Todo esto puede ser calibrado para determinar su nivel específico de conciencia.

Igual de importantes son los niveles de las emociones que se mueven a través de nosotros. Los niveles son considerados como escalones de vibración de energía. Los niveles son logarítmicos, no lineales, por lo que cada nivel superior es exponencialmente más poderoso que el anterior. Todos son la misma energía, solo que en diferentes niveles de vibración.

Se puede observar que en la parte inferior de la escala están las emociones negativas, las que nos llevan hacia abajo. La mitad superior de la escala se compone de los estados positivos, que nos elevan.

¿Cómo determinaba Hawkins los niveles de conciencia en sus pacientes? Utilizaba el *test* muscular de kinesiología para determinar los valores numéricos en la cuarta columna. Básicamente, utiliza el hecho de que los músculos del cuerpo reaccionan con fuerza a estímulos positivos y verdaderos, y con debilidad a los estímulos negativos y falsos.

El nivel 200 es importante, porque es el umbral por encima del cual los campos de energía comienzan a elevarnos a nosotros (la verdad) y por debajo del cual los campos de energía comienzan a llevarnos hacia abajo (falsedad).

Conocer la diferencia entre estas dos secciones es una de las mayores habilidades que uno puede cultivar. Uno puede darse cuenta de cuando está bajo la influencia de las

MAPA DE LOS CAMPOS ENERGÉTICOS
DE LA CONCIENCIA DE DAVID R. HAWKINS

VISIÓN DE DIOS	VISIÓN DE LA VIDA	NIVEL DE CONCIENCIA	NIVEL DE CALIBRACIÓN	EMOCIÓN	PROCESO EXPERIENCIA DE VIDA
SER INTERNO	ES	ILUMINACIÓN	700 - 1000	INDESCRIPTIBLE	CONCIENCIA PURA
SER UNIVERSAL	PERFECTA	PAZ	600	ÉXTASIS	ILUMINACIÓN
UNO	COMPLETA	ALEGRÍA	540	SERENIDAD	TRANSFIGURACIÓN
AMOROSO	BENIGNA	AMOR	500	VENERACIÓN	REVELACIÓN
SABIO	SIGNIFICATIVA	RAZÓN	400	COMPRENSIÓN	ABSTRACCIÓN
MISERICORDIOSO	ARMONIOSA	ACEPTACIÓN	350	PERDÓN	TRASCENDENCIA
EDIFICANTE	ESPERANZADORA	VOLUNTAD	310	OPTIMISMO	INTENCIÓN
CONSENTIDOR	SATISFACTORIA	NEUTRALIDAD	250	CONFIANZA	LIBERACIÓN
PERMISIVO	FACTIBLE	CORAJE	200	CONSENTIMIENTO	EMPODERAMIENTO
INDIFERENTE	EXIGENTE	ORGULLO	175	DESPRECIO	ENGREIMIENTO
VENGATIVO	ANTAGONISTA	IRA	150	ODIO	AGRESIÓN
NEGATIVO	DECEPCIONANTE	DESEO	125	ANHELO	ESCLAVITUD
CASTIGADOR	ATEMORIZANTE	TEMOR	100	ANSIEDAD	RETRAIMIENTO
ALTIVO	TRÁGICA	SUFRIMIENTO	75	REMORDIMIENTO	DESALIENTO
CENSURADOR	DESESPERANZADORA	APATÍA	50	DESESPERACIÓN	RENUNCIA
VINDICATIVO	MALIGNA	CULPA	30	CULPA	DESTRUCCIÓN
DESDEÑOSO	MISERABLE	VERGÜENZA	20	HUMILLACIÓN	ELIMINACIÓN

PODER PERSONAL

FUERZA BÁSICA

SALTO A LA ILUMINACIÓN

SALTO AL PODER

Fuente: David R. Hawkins, The Map of Consciousness Explained. Hay House, 2020.

emociones negativas y aplicar técnicas de conciencia para remediar la situación.

Y tú, ¿estás lista/o para dar el salto?

¡COMIENZA A ELEVARTE!

No, no estamos hablando de la alfombra mágica de Aladino, ni de iniciarte en la levitación, sino de una transformación interior gradual hacia un mayor estado de consciencia que esté cada vez más conectado con la alegría, la dicha, el amor y la paz profunda.

El cambio consciente se logra a través de dos cualidades inherentes a la consciencia: la intención y la atención. La intención da energía y la atención la transforma.

Así como el entrenamiento de los músculos y los nervios es vital para un atleta, la educación de la consciencia es vital para el líder bambú. Ser consciente de algo supone darte cuenta de las consecuencias de los hechos y asumir de verdad una acción o una decisión determinada.

La clave consiste en educar y obedecer a la consciencia para distinguir la congruencia y la disparidad. Muchas veces no somos capaces de definir la dicotomía que se produce cuando queremos algo y, al mismo tiempo, vibramos desde su carencia o la imposibilidad de alcanzarlo.

Como has experimentado a lo largo de este viaje, el líder se transforma sobre la base de la práctica de los principios del liderazgo bambú que guían su camino.

¿Qué quiere de mí el mundo? ¿Cómo puedo colaborar para que sea un lugar mejor? ¿Cómo alcanzar la plenitud y liderar mi propia vida? Estas son preguntas que a muchos nos acompañan en el día a día.

Con ese norte, y después de tantos años de estudios, viajes, disciplina y autodescubrimiento, he concretado, junto a un grupo de expertos de Cala Academy, una propuesta de tres pasos. Está enmarcada bajo esta necesidad global de un liderazgo al servicio de los demás y sustentada en los 11 principios del líder bambú.

¿En qué consiste y cómo puedo convertirme en un líder bambú? Los tres pasos fundamentales en este camino son: consciencia elevada para tomar decisiones elevadas para obtener resultados elevados.

Observa el siguiente modelo:

LÍDER BAMBÚ/PLENITUD

COMPARTIR

SERVICIO

RESULTADOS ELEVADOS

LOGROS

INSPIRACIÓN

DECISIONES ELEVADAS

ACCIONES CONSCIENTES

DESEMPEÑO

CONSCIENCIA ELEVADA

CONSTANTE APRENDIZAJE

CRECIMIENTO EXPONENCIAL

INTEGRIDAD - ESPIRITUALIDAD - FUERZA SERENA - FLEXIBILIDAD - VERSATILIDAD - PASIÓN - COLABORACIÓN - EXPONENCIALIDAD - RESILIENCIA - CONSCIENCIA-ELEVACIÓN - GRATITUD

PROCESO DE TRANSFORMACIÓN DEL LÍDER BAMBÚ

Para empezar, tú ya eres un líder, solo que quizás aún no te hayas animado a tomar ese rol de forma activa. Ser líder no es cuestión de mandar ni de imponer. Ser líder es tomar consciencia de tus capacidades, desarrollarlas y ponerlas al servicio de tu comunidad. Es convertirse en un SER (Servicio, Excelencia y Resiliencia). En el camino de transformación del líder bambú podemos reconocer tres pasos:

Paso 1: El líder bambú pasa primero por un profundo proceso de autoconocimiento y desarrollo espiritual, hasta alcanzar una consciencia elevada, gracias al constante aprendizaje y al crecimiento exponencial en todas las áreas de su vida.

Te pregunto: ¿cuánto tiempo dedicas a aprender, meditar y revisar tus creencias?

Paso 2: Desde allí, entonces el líder bambú será capaz de tomar decisiones elevadas. Sabe que crea, provoca y permite todo lo que sucede en su vida. No tiene espacio para victimizarse, ni justificarse, ni se da razones para mantenerse en su zona de comodidad. Es entonces que puede realizar acciones conscientes y se desafía constantemente, se reinventa y regenera a través del principio de resiliencia. Si alguna acción produce un resultado no deseado o una consecuencia diferente, es capaz de aprender de eso y elevarse, porque *no ve fracasos, sino oportunidades de crecimiento*. Todo esto se traducirá en un óptimo desempeño.

Mi pregunta para ti es: ¿Qué posibilidades estás dispuesto a crear?

Paso 3: Finalmente, el líder bambú obtiene resultados elevados, medibles en experiencias internas y externas, sin necesidad de rodearse de símbolos externos de "poder" para sentirse abundante y pleno. Indudablemente, conquistará logros que servirán de inspiración para otros líderes y personas de su tribu a través de su ejemplo y su coherencia. Su armadura es la integridad y su espada es la verdad, con la que corta la ilusión, manifestando las cualidades de un guerrero espiritual.

Así, tras la concreción de estos tres pasos, desde la plenitud habrá iniciado su andar el líder bambú, con la paz interna como su elección más elevada. El líder bambú no necesita de las adicciones que lo atan al mundo, ni tampoco de la aprobación de otros. Sus elecciones incluyen siempre la consciencia de Ganar x 4, ya que su filosofía de liderazgo es la inclusión y su propósito final es compartir y poner sus dones al servicio de su comunidad.

LA INCONSCIENCIA... ¿QUÉ PRECIO PAGA?

El "no darnos cuenta" o el equivalente a vivir sin el principio de consciencia en nuestras vidas puede implicar que paguemos un alto precio.

En el día a día, vivir sin consciencia se puede caracterizar por:

- Sentir miedo a algo o a alguien y transformarlo en ira contra personas a tu alrededor, sin saber por qué.
- Sentir frustración porque algo no ha salido como esperabas y culpar al entorno por no conseguirlo.
- Estancarse en el pasado.
- Sentirse insuficiente y proyectarlo en los demás, haciéndoles sentir que no son suficientes para ti.

Estos son solo algunos de los ejemplos más comunes de lo que implica delegar la consciencia sobre tus propios actos, emociones y pensamientos. Y fíjate que nos referimos aquí al precio que pagamos por vivir adormecidos en el modo "piloto automático"; pero en su extremo opuesto, vivir gobernados por un sentimiento de culpa, confundido con responsabilidad con todas y cada una de nuestras acciones, tampoco es saludable.

Quiero darte un ejemplo con el propósito de inspirarte, porque mi consejo es "no esperemos a morir afuera para renacer por dentro".

La visionaria y muy emprendedora Arianna Huffington, titular del sitio de noticias *The Huffington Post* y de la plataforma digital thriveglobal.com, relata que en 2007 se desmayó del agotamiento y quedó literalmente en un charco de sangre en su propia oficina. Luego de este incidente, regresó a los filósofos griegos que había estudiado desde niña y reflexionó principalmente en esta pregunta: ¿En qué consiste una buena vida?

Arianna asegura que muchos definen el éxito en la forma de dinero y poder que, según ella, es como tratar de sentarse en un banco de dos patas: tarde o temprano te caerás. Sintió que era hora de redefinir el éxito y de tener una gran conversación nacional sobre lo que hace que la vida sea realmente gratificante y significativa.

Huffington promueve que el éxito empieza por preguntarte qué es lo que te encanta hacer. Según ella, tomar esos dones y aplicarlos a lo largo de tu vida puede lograr una diferencia enorme. En una conferencia para los trabajadores de Google, expresó que su indicador para saber si está avanzando en la dirección correcta consiste en observar el nivel de alegría general que ha vivido últimamente. Y con esto no se refiere a la ausencia de adversidades y desafíos ante ella. Cuando ella siente que no hay alegría en su vida, se da cuenta de que es momento de observar qué tiene que mejorar en la forma como está llevando su vida. En definitiva, de lo que está hablando Huffington es de hacer una profunda toma de consciencia. Y me encanta que la alegría sea el indicador porque la vida debe ser divertida. Para eso hemos nacido; sin embargo, nos hemos creído la supuesta teoría de que la vida adulta debe ser responsable y estructurada, que la búsqueda del éxito profesional nos hace caer en una experiencia de vida seriamente constipada y estreñida. A muchos adultos les parece normal el no sonreír a diario.

Ser un observador consciente implica ser capaz de observar, en aceptación y sin juicios, tus circunstancias y la participación de las personas involucradas en esas circunstancias. Esto te permite ver reflejado en el otro lo que en ese momento no alcanzas a ver en ti y así puedes redirigir tu camino para aprender a crear mejores y más constructivos futuros.

Un líder bambú se pregunta qué puede aprender de sus experiencias y de las personas que forman parte de esa experiencia. Se pregunta, también, qué podrían esas personas aprender de él.

MINDFUL VERSUS MINDFULL

Una de las formas de aplicar este principio a nuestra vida ha sido objeto de estudio por parte de nuestro equipo de investigación académica durante años. Se trata de la ciencia del mindfulness. ¿Has escuchado este término? Para empezar, se hace indispensable distinguir *mindful* de *mindfull*, ya que pueden prestarse a confusión.

De origen budista, la palabra *mindfulness* es la traducción al inglés de la palabra *sati*, cuyo significado tiene que ver con "consciencia", "presencia" y "aceptación". También se le conoce como Atención Consciente o Atención Plena. Fue desarrollado a finales de los años 70 en EE. UU. por psicólogos e investigadores de gran trayectoria, entre los que se encontraban Jon Kabat-Zinn, Ronald Siegel y Jack Kornfield. Se trata de una variante de meditación que busca la atención plena de los sentidos en el momento presente, sin la intención de juzgarlo: solo observar, aceptar y aprender.

Por su parte, *mindfull* sería exactamente lo contrario a esta definición, ya que implicaría que nuestra mente está *full* [llena] de pensamientos y creencias que están desconectados con el momento presente. La mente es como un péndulo que está siempre pulsando entre pasado y futuro y rozando el presente a veces sin mucha consciencia de lo que allí ocurre.

El ser humano posee una necesidad imperiosa de conectarse consigo mismo y con su entorno. El objetivo del *mindfulness* es alcanzar un profundo estado de consciencia y de presencia en el aquí y el ahora, para lo cual se vale de varias técnicas y prácticas de meditación. Perseguimos conseguir que nuestra mente y cerebro se relajen y no elaboren juicios de nuestras sensaciones, sentimientos o pensamientos. Suena sencillo, pero vaya que es retador. En realidad, se trata más bien de no resistir la observación y, al no juzgar, de dejar ir y no engancharnos en nada de lo que vemos, escuchamos o sentimos.

Normalmente, solemos prestar atención a las actividades del momento solo con una pequeña parte de nosotros mismos, mientras la mente y los pensamientos están en otra cosa. Vivimos en modo "automático", ocupándonos de nuestras cosas con muy poca consciencia de los detalles de nuestra experiencia del momento —y mucho menos de las intenciones que motivan nuestras acciones—. Recordemos la anécdota del aprendiz zen que no puso atención en donde dejaba su paraguas y su maestro le indicó que la vida era una sutil sumatoria de esos pequeños detalles.

Mediante la Atención Consciente, o *mindfulness*, es posible transformar cualquier momento en el que podríamos sentirnos una víctima de las circunstancias en un instante de sinceridad, proactividad y confianza. Prestar atención total a la realidad ayuda a lograr el equilibrio interno y la armonía cuerpo, mente y espíritu, esencial para enfrentar un mundo tan volátil y cambiante como el de hoy.

➡ TE PREGUNTO AHORA:

¿Estás presente en este momento de lectura, "saboreando" cada página? ¿O por el contrario, tu mente está pensando en otra cosa, preocupada por el futuro o apegada a algo del pasado?

¿Cuál es el nivel de ruido que habita en tu mente en tu día a día? ¿Consideras que estás verdaderamente presente o andas la mayor parte de tu tiempo (vida) en piloto automático?

Ten presente el entorno familiar, social y laboral y, sobre todo, personal. Recuerda que toda situación comienza de adentro hacia afuera.

Te recomiendo ir a tu página de recursos, donde vas a encontrar un ejercicio muy sencillo de un minuto de *mindfulness*. Como bien definió el profesor emérito de Medicina y fundador del Centro para la Atención Plena, Jon Kabat-Zinn, se trata de "estar completamente despiertos en nuestras vidas para percibir la exquisita intensidad de cada momento".

LAS TRES CLAVES

En una tribu o en un equipo, familia, etc., el líder bambú promueve el crecimiento individual de cada uno de sus integrantes, la comunicación asertiva, los espacios para la innovación y el intercambio en pos de objetivos colectivos. Algunas claves para el éxito del liderazgo bambú en este principio son:

Estar presente: Disponer la atención, los sentidos y el cuerpo en el aquí y ahora. Afianzar la relación con tu Observador Consciente, tu aliado número uno a la hora de identificar internamente los ajustes de "sintonía fina" que tu vida demanda. Interesarte en las opiniones y percepciones de los demás, ciertamente te ayudará a ser más eficaz con ellos, siempre y cuando recuerdes que las opiniones y juicios no son hechos establecidos de modo que no tengas que actuar o reaccionar de acuerdo con esos juicios.

Trabajar el autodesarrollo: Observar los obstáculos como retos o peldaños para proyectar el futuro deseado. Afrontar los miedos, creencias limitantes y etiquetas del pasado. Trabajar primero tus propias creencias y valores (ser) como condición primera para generar acciones y comportamientos (hacer) más humanistas y cooperativos.

Acción consciente comprometida: Elevar tu consciencia con compasión. Alinear tus acciones a tu consciencia (congruencia) para promover y despertar el autoliderazgo en la tribu.

El líder bambú, como dijimos, se apoya en el "estar presente" como un trampolín para elevarse hacia la luz. La presencia en el aquí y ahora es su base para poder desarrollar una consciencia elevada y para tomar decisiones elevadas que lo llevarán a obtener resultados elevados.

Ahora bien, cuando hablamos de luz, más allá del sentido budista de la iluminación como un camino posible, nos referimos aquí a estados tangibles y concretos como la paz mental, que se convierte en un instrumento eficaz para la gestión de las emociones. Confucio, el gran sabio chino, dijo: "La ignorancia es la noche de la mente: pero una noche sin luna y sin estrellas". Aquella luz anhelada, entonces, tiene que ver con la consciencia elevada que nos permite el equilibrio emocional y la soberanía de nuestras propias acciones.

UN DESPERTAR CONSCIENTE

Todas las personas tenemos en promedio entre unos 50,000 y 70,000 pensamientos diarios, de los cuales una gran mayoría son repetidos, viciados; por lo tanto, si queremos alcanzar la tan ansiada paz mental, es necesario hacer de la consciencia ese botón que disminuye nuestro bullicio psíquico y entrena al ego a dejar de ser tan ruidoso y ser más silente.

Por ejemplo: ¿alguna vez has tomado en cuenta cuáles son los primeros pensamientos que se te pasan por la cabeza cuando despiertas y vas al baño? Quizás no hayas reparado mucho en ellos antes, pero en esos instantes nuestra mente pareciera estar rumiando entre una cosa y la otra, sin que aparentemente tu voluntad pueda hacer algo al respecto.

Aunque el acto de pensar sea completamente inherente a nuestra mente, es necesario entender que esta no siempre lo hace de forma consciente. En este sentido, la meditación es indispensable, pues nos ayuda a bajarle el volumen al ruido mental que habita en nosotros.

Imagina nuevamente el ejemplo anterior y piensa lo diferente que podría ser si, en vez de dejar que tu mente divague entre una cosa y la otra mientras practicas tu rutina de aseo cada mañana, comienzas a darte cuenta de la sensación que te genera el agua en tu cara, su temperatura, el sabor de la pasta dental en tu boca, y cómo las cerdas del cepillo limpian diente por diente.

Cuando actuamos conscientemente, estamos permitiendo que nuestra mente se aclare y podamos tener un día mucho más calmado. Cuando tu mente comienza a parlotear sin cesar, solamente tienes dos opciones: percibir esos pensamientos para luego soltarlos o simplemente interactuar con ellos de forma consciente. A ese acto es a lo que conocemos como *mindfulness* o atención plena. Gracias a ella, podemos tomar consciencia de manera activa de lo que pensamos y de las emociones que habitan esos pensamientos para, desde allí, escoger mejorarlos.

Ser conscientes de lo que pensamos es una manera eficaz de ayudarnos a clasificar nuestros pensamientos entre positivos y negativos, empoderados o limitantes. De esta forma, podremos decidir si nos "enganchamos" a ellos o los dejamos ir, así como cuando dejamos pasar todo aquello que nos distrae al meditar. Imagínate en el aeropuerto frente al carrusel o cinta giratoria sin recoger ninguna de las maletas que ves, sino viéndolas pasar sin apegos. Es también como observar hojas de otoño cayendo en un arroyo sin agarrar ninguna. Solo las ves caer e irse arroyo abajo con la corriente de agua.

Con esta práctica, estarás ayudando a tu mente a encarrilar sus pensamientos y a despejarse a sí misma al decidir voluntariamente hacia dónde quieres que enfoque su atención, sea esto en el momento presente, en la respiración, en un mantra repetido en silencio o en cualquier pensamiento específico y positivo que quieras mantener en pro de tus metas y deseos.

"Vigilar tu mente", como dice Buda, te permite valorar su estado e ir moldeándola de tal manera que llegue a armonizar con tu "yo" interior más profundo y, a la vez, ponerla en línea con el universo exterior.

Comencemos, entonces, a construir este proceso del Observador Consciente. Como ejercicio para este capítulo, te propongo una serie de acciones que son como micropasos en tu consciencia para movilizarte hacia la elevación. Te invito a practicar Un Día Mindful a través de los siguientes ejercicios:

- Al despertar: cepíllate con tu mano no dominante (izquierda si eres diestro, derecha si eres zurdo).
- Al ducharte: concéntrate en la sensación de las primeras gotas que caen sobre ti, siente el agua recorriendo tu cuerpo, la temperatura al salir de la ducha. Intercala agua caliente y agua fría y sé consciente de las sensaciones en la piel e intenciona que esa agua sea energía que renueva cada célula del cuerpo y tu punto de atracción vibracional.
- Al tomar tu desayuno: hazte consciente del sabor de cada alimento, su textura, su olor.
- Camino al trabajo: observa el cielo y las nubes, las formas que toman en el firmamento.
- Si vas en auto: al detenerte en un semáforo, observa con detalle todo a tu alrededor: otros vehículos, las fachadas de los edificios, las personas, los árboles.
- Cuando hables con alguien: presta atención plena a su comunicación verbal y no verbal. Toma consciencia cuando te pierdas en tus pensamientos y regresa al momento presente de esa conversación.
- Toma consciencia de tus pensamientos repetitivos. Si son tareas o diligencias pendientes, anótalas en

tu agenda. Si son preocupaciones o problemas, tómate el tiempo para pensar específicamente cómo resolverlas.

De esta manera, a través de pequeños detalles cotidianos, como enseñaba el maestro zen, vamos avanzando en nuestro camino de consciencia y haciendo que nuestro día a día sea más *mindful*, menos *mindfull* y, mucho menos *mindfool...* Con todo respeto, por supuesto.

El bambú siempre se dirige hacia arriba. Aprovechemos su enseñanza alzando la cabeza y recordando levantar el nivel de nuestros pensamientos. Cada pensamiento es un destello de energía: no hay un razonamiento que sea neutro. Hay que entender que si no nos enfocamos en desarrollar una mejor energía que construya un mejor futuro, vamos a estar atados a la limitada energía que hemos sido capaces de construir con los eventos que aún nos esclavizan al pasado, que son nuestra memoria. Lamentablemente, muchas personas usan más su cerebro como archivo que como maquina creativa de futuro.

Como dijo Albert Einstein: "Ningún problema puede ser resuelto desde el mismo nivel de consciencia que lo creó". Tenemos la misión de elevar nuestro estado de consciencia de un modo que nos permita transformarnos. Ese camino puede venir acompañado del temor a lo desconocido y la incomodidad de lidiar con la incertidumbre, pero te garantizo que da sus frutos. En esta línea, y para terminar de ilustrar este principio, comparto contigo un texto de una inspiradora belleza que pertenece al autor libanés Khalil Gibran. Se titula *El río y el océano*:

Dicen que antes de entrar al mar, el río tiembla de miedo. Mira hacia atrás todo el camino recorrido, las cumbres,

las montañas, el camino sinuoso abierto a través de sel-
vas y poblados y ve frente a sí un océano tan grande, que
entrar en él puede significar desaparecer para siempre,
pero no hay otra manera. El río no puede volver. Volver
atrás es imposible en la existencia. El río necesita aceptar
su naturaleza y entrar en el océano. Solamente entrando
en él, desaparecerá el miedo, porque solo entonces el río
sabrá que no se trata de desaparecer en el océano, sino
de convertirse en océano.

CAPÍTULO II
Gratitud

El líder bambú aprecia la simplicidad del milagro de su existencia y valora toda experiencia para su crecimiento y madurez.

Como sabes, la pandemia del COVID-19 ha cambiado muchos aspectos de la vida de todos, y no soy una excepción. Al principio, estuve en negación y me resistía al cambio en la nómada rutina ya creada de viajes, conferencias, experiencias y contacto directo con la gente. Tuve que enfrentar una quiebra temporal, por momentos me sentí frustrado e impotente. Pareciera una ironía, ¿cierto? El experto en desarrollo personal, el que inspira a muchos, da herramientas de liderazgo y promueve vivir en el aquí y el ahora, se resiste a esta nueva realidad. Eso duró solo dos semanas. Gracias a la pandemia nació este libro porque en ella pudimos poner a prueba el modelo de los principios en tiempos de alta volatilidad e incertidumbre.

Confrontarme con esas sensaciones, con la falta de control y, en cierto modo, tocar fondo, fue lo que me hizo tomar consciencia de mi vulnerabilidad y de mi condición de ser humano. Gracias a ello pude toparme de frente con la gratitud como antídoto ante la desesperanza. Cuando uno se reconecta con lo esencial y siente que no tiene nada que perder, de pronto se descubre solo frente a su propio espejo, y allí sucede una suerte de reseteo espiritual donde aflora ese sentimiento de gratitud por el simple y extraordinario hecho de estar vivo.

Es allí cuando todas esas herramientas que parecían estar dormidas, todos tus dones y el poder creativo saltan a la superficie como burbujas en una copa del mejor champagne. Todo a tu alrededor comienza a transformarse y empiezan a aparecer posibilidades y oportunidades. Ha sido la gratitud la que marcó la diferencia y dio un giro drástico a mi mirada de la situación.

Estar quebrado no es sentirme pobre. ¡Esa es la magia de la gratitud! Gracias a mi conexión pude ver los regalos que estos tiempos de cambios trajeron a mi vida, pude estar alerta e identificar las oportunidades que estaban a mi alrededor y aprovecharlas. La gratitud me permite poner en práctica vivir el aquí y el ahora con la serenidad suficiente para entender los mensajes divinos y, desde allí, poder fluir para construir.

Esto ha supuesto un verdadero acto de liberación personal. Me ha traído equilibrio y me permitió fluir y dejar un poco de lado el control, porque a veces, desde el ego, queremos llevar nuestro día como lo planificamos. Disfruto mi casa, tengo un hobby apasionante que es la jardinería. La pandemia me hizo entender que puedo disfrutar la rutina y un poco más de estructura cuando antes le huía. Aprendí a viajar de otra manera a través de documentales, las charlas TED y otros muchos recursos que están al alcance de millones de personas en sus propias casas.

Gracias a ello, en tiempos en que parecería una contradicción para muchos, llegó a mí un programa de televisión y la realización de un sueño que se venía fraguando en mi interior desde hacía algún tiempo: tener un centro de desarrollo holístico en liderazgo *mindful* que pusiera experiencias transformadoras al alcance de los que fueran llamados por la energía del propósito. Ahora, ese sueño es una maravillosa realidad: el Cala Center. Podrás pensar que será producto de alguna casualidad, pero lo cierto es que estoy convencido de que cuando vivimos aceptando la voluntad del Universo, y manifestándolo sin reservas, los grandes milagros ocurren.

La otra opción hubiese sido quedarme en el espacio de la víctima, tirarme a morir, sin aceptación ni agradecimiento. Como un regalo extra de ese proceso, he descubierto, además, quiénes estarán conmigo en las duras y en las maduras, lo cual me lleva a estar todavía más agradecido con ellos. Es en las crisis cuando la vida nos exprime y contrae, que cada quien deja ver la esencia que lleva dentro. Al exprimir un tanto, cada fruta mostrará su elixir y su sabor, y así mismo ocurre con los seres humanos. Agradezco cada día desafiante que nos puso frente a la prueba de los principios y la gratitud deliberada como salvación.

> La gratitud es la llave que abre la puerta al poder de la sabiduría, de la creatividad y del Universo.
>
> —Deepak Chopra

Gratitud, del latín *gratitūdo*, según la RAE, es el "sentimiento que obliga a una persona a estimar el beneficio o favor que otra le ha hecho o ha querido hacer, y a corresponderle de alguna manera". En un plano más elevado, ampliaría esta definición no solo a los favores del ser humano, sino a aquellos realizados por lo divino, y por esas bendiciones perennes que se dan por sentado: nuestra salud, órganos, piernas, mente brillante, y cada posibilidad de amar y ser amado, de añadir valor a otros, etc.

Este capítulo es una invitación a vivir desde la gratitud en su forma más genuina, como el estado más puro de la propia espiritualidad y a disfrutar de sus bondades. Desde la gratitud, *toda* experiencia es bien recibida, ya que nos provee de espacios de aprendizaje en el camino de nuestra evolución. Aprovechamos estas experiencias no desde la máxima que reza que "lo que no mata engorda", sino agradecidos por lo bueno y por lo que juzgamos menos bueno, pero que nos ha servido para ser quienes ahora somos. Es decir, imagina que nunca hubieras tenido la más mínima contrariedad: ¿serías en este momento la misma persona que está leyendo o habrías derivado en otro ser?

Además de reconocer la importancia de la aceptación —este solo sería el primer paso—, la gratitud lleva de la mano al perdón, nos hace más resilientes y nos ayuda a conquistar la tan ansiada paz interior.

Volviendo al refranero, me parece más útil esta versión en positivo que afirma que "es de bien nacidos ser agradecidos". Por tanto, te animo a cerrar siempre cada ciclo de interacción con un gesto de gratitud. Si no por el mérito de un trabajo o acto, al menos como reconocimiento a la buena fe que lo impulsó o al aprendizaje que supuso.

Mira, por ejemplo, en la raíz de mi vocación hacia el periodismo se halla el encuentro mágico, en sincrodestino, con mi profesora Nilda, quien me impulsó a tomar el camino de la comunicación social. Como entiendo que ese fue el germen de mi vida de aprendizaje, gozoso y doloroso, siempre tuve la aspiración de retornar todo lo recibido. Y ahí está la Fundación Cala, aportando su granito de arena en la educación emocional y el liderazgo resiliente de nuestros niños y jóvenes. Es una muestra de gratitud eterna hacia lo que recibí en mi infancia y luego, a través de mi carrera, y es la razón por la que quiero devolverlo a otros niños y jóvenes. No podemos agradecer solo cuando todo nos está saliendo bien, sino que debe ser una rutina diaria. Por eso, el apellido de gratitud deliberada, porque es intencional y no circunstancial. Es diaria y comprometida. No es la cura a un mal día, sino la medicina preventiva de todos los días. Con gratitud como práctica ningún día está perdido sino invertido en ganar y/o aprender.

GRATITUD: EL UNDÉCIMO PRINCIPIO

> La gratitud no es solo la mayor de las virtudes, sino la madre de todas las demás.
>
> —Marco Tulio Cicerón

Siendo el undécimo principio, y no por ello el menos importante (para muchos representa un número divino), la gratitud juega un rol esencial en esta constelación de principios. La gratitud, con respecto a los principios que describo en este libro, despierta un sentido maternal. Las madres hacen muchas cosas: proveen, cuidan, orientan, aplauden, celebran todo lo que se refiere a sus hijos. Pero si algo las caracteriza sobremanera, es que lo hacen con soltura, donaire, simplicidad y sin esfuerzo aparente.

Algo así ocurre con la gratitud. Es como un principio ordenador de los otros principios. Si lees el *Pequeño tratado de las grandes virtudes*, del filósofo francés Compte-Sponville, la urbanidad está en el podio de honor. No porque sea la más importante de las virtudes, sino porque cualquiera, en ausencia de urbanidad, orden, educación, puede llegar a convertirse en un prontuario de acciones faltas de contenido, sin alma.

La gratitud es a la urbanidad su *hermano* en el plano de los principios. Es la que regula con amabilidad los demás principios del líder bambú. De hecho, en el libro de ensayos *The Psychology of Gratitude*, al cual haré referencia más adelante, el filósofo Edward Harpham analiza los diferentes significados que en la historia de las ideas ha tenido la gratitud. Del mismo concluye que la gratitud, más que una emoción, es una virtud cívica.

Por su parte, en otro de los ensayos, el psicólogo Charles Shelton plantea la idea de que la gratitud no solo puede ser vista como una virtud individual, sino además como un bien social. Por ello, debe analizarse desde un punto de vista moral; hacer lo contrario sería deformar aquello que le es propio a la gratitud.

➡ HAGAMOS AHORA UN BREVE EJERCICIO.

A la luz de la frase que abre este capítulo, te pregunto (y necesito que seas honesto en tu respuesta): ¿qué dones has descubierto a lo largo de la lectura de este libro? Anótalos en un papel por el momento. ¿Ya tienes esa lista? Pues bien, ahora indica cuánto de tu esfuerzo está implícito en cada uno. ¿A qué o a quién asignarías el mérito de dicho don?

Es muy probable que, llegado este punto, estés reflexionando sobre la cantidad de dones que has recibido. También que tu proyección y comprensión del mérito propio no sean congruentes con la lista, que es tuya y de nadie más. Muchos llegaron con nosotros al momento de nacer y otros nos fueron dados a lo largo de nuestra vida por la providencia —o acaso por las coincidencias, que son las

respuestas a nuestras incidencias o deseos conscientes o in-
conscientes—.

Pues bien, este primer ejercicio puede ser desolador
cuando lo extrapolamos. De hecho, bien como agente o sujeto pasivo podrías llevarlo en un recorrido hacia la raíz de
tus dones. Y entonces llegar a la conclusión de que, si bien
has hecho esfuerzos, tomado riesgos, pasado momentos
complicados y alcanzado metas, siempre habrá una causa o
agente causante que te ayudó a formar hábitos, te ofreció
apoyo, comprensión o simplemente te inspiró. La idea de
que alguien se hizo solo es una quimera. Nadie se hace solo,
como nadie nace solo.

TODOS SOMOS IGUALES, LA DIFERENCIA ESTÁ EN LA CONSCIENCIA

Todas las personas somos iguales, e iguales no es una condición de derecho sino una realidad cuasi física o biológica:
compartimos —a pesar de nuestra identidad— un 99.9 %
de nuestro código genético, tenemos comportamientos similares ante situaciones y externalidades, pensamos con patrones convergentes, y socialmente no podemos disociarnos
del grupo para alcanzar las metas.

Es decir, existe una conexión multidimensional en la
cual todos somos necesarios y a la vez prescindibles.

No obstante, no hay más que observar la realidad para
concluir que no todas las personas somos igualmente felices. Y que dicha felicidad no radica en lo que tenemos o
dejamos de tener, sino en la percepción de lo que merecemos y en la gratitud por lo que nos ha sido dado.

Todo lo anterior me inclina a pensar que la gratitud
radica en el interior de cada persona y se proyecta hacia

fuera, igual que la felicidad. Es un cimiento sólido para construir un imperio interior y atraer abundancia total a todas las áreas de nuestra vida.

ᚠᚠ　ᚠᚠ　ᚠᚠ　ᚠᚠ　ᚠᚠ　ᚠᚠ　ᚠᚠ　ᚠᚠ　ᚠᚠ　ᚠᚠ　ᚠᚠ　ᚠᚠ

Cuento infantil anónimo sobre la gratitud

La niña estaba sentada en el suelo, con la espalda pegada a un árbol, en paz y silencio profundo. De pronto, vio cómo se abrían los cielos y se levantaba un intenso, dulce y cálido aire, provocado por las alas de miles de ángeles bajando a la Tierra unos, ascendiendo al firmamento otros. Observó ese tremendo tráfico angélico, no sin cierto estupor.

A su izquierda, un movimiento desvió su atención: media docena de ángeles paseaban silenciosa y tranquilamente por el bosquecillo. De vez en cuando uno ascendía al cielo. Se les veía tristes frente a sus estresados compañeros. La niña, sintiendo pesar por estos ángeles desdichados, se levantó y se acercó lentamente hacia ellos.

Los ángeles la miraron, sonriendo dulcemente. Ella les preguntó:

—¿Podéis decirme qué está ocurriendo? Ahí cerca hay un grupo de compañeros vuestros que no tienen ni un minuto de descanso, no hacen sino subir de la Tierra a los Cielos y volver a bajar. Se les nota cansados. En cambio, vosotros paseáis sin nada que hacer.

Los ángeles volvieron a sonreír, y había tristeza en sus sonrisas.

Uno de ellos le respondió:

—¡Ay, querida niña! Esos que ves tan ajetreados son los encargados de llevar a los Cielos las peticiones y súplicas de los seres humanos. Como puedes ver, no alcanzan el descanso. Nosotros, en cambio, tenemos como misión ser portadores del agradecimiento de aquellos que ven sus súplicas hechas realidad. Nosotros somos los portadores de la simple palabra "gracias", pero nadie apenas la pronuncia ni la piensa. La ingratitud de ustedes incluso para con sus hermanos, los seres humanos, es lo que nos hace estar sin trabajo.

Y la niña lloró.

Ϟ Ϟ Ϟ Ϟ Ϟ Ϟ Ϟ Ϟ Ϟ Ϟ Ϟ Ϟ

El origen etimológico de la palabra *gracias* proviene del latín, donde *gratia* era la honra tributada por el reconocimiento de un favor. En este sentido, damos gracias cuando otra persona hace algo por nosotros. A su vez, *gratia* se adjetiva en *gratus*, que significa "agradable".

Agradecer no es un mero trámite burocrático, la nota al pie de la factura expedida por la máquina de pago del estacionamiento que reza: "Gracias por su visita". Es una de las cualidades fundamentales de las que se nutre y alimenta el alma humana.

DEL DEBER AL SENTIR

Ahora bien, es fácil confundir *vivir en gratitud* con el mero hecho de dar las gracias, aunque esto último sea condición *sine qua non* del agradecimiento. Agradecer es un valor universal, ya que todas las culturas tienen alguna palabra y/o gestos para valorar y dar reconocimiento a la buena acción del otro.

La diferencia reside en que dar las gracias tiene que ver con un acto de reconocimiento por un servicio recibido, mientras que vivir en gratitud es un estado del ser donde prevalece la apreciación de los pequeños y grandes "milagros" que nos rodean. El mayor de ellos es la vida, pues sin ese hálito de energía sagrada no existiría la posibilidad de desplegar todo lo que la embellece en esta experiencia terrenal y que recibimos a través del cuerpo, la mente, las emociones, los seis sentidos y la conciencia que es nuestro espíritu, ese que aún investigamos y que nos define en lo permanente, que es el alma.

Precisamente, el monje benedictino David Steindl-Rast plantea esa diferencia entre agradecimiento y gratitud en uno de los ensayos contenidos en *The Psychology of Gratitude*, una recopilación de ensayos sobre la gratitud editado por Robert A. Emmons, profesor de Psicología en la Universidad de California y por Michael E. McCullough, profesor asociado en los departamentos de Psicología y de Estudios Religiosos en la Universidad de Miami.

David Steindl-Rast sostiene que, aunque ambos términos parecen ser similares, son muy diferentes en las implicaciones fenomenológicas que de ellos se derivan. Plantea que el agradecimiento proviene de la gratitud personal hacia un bien recibido inmerecidamente, mientras que, por su parte, la gratitud está definida por su carácter transpersonal. Según él, la gratitud no es una emoción dirigida solo hacia una persona, sino algo que va más allá y que comprende un sentimiento totalizador de armonía entre la naturaleza humana y la naturaleza del Universo. Steindl-Rast la define como "un sentimiento oceánico de pertenencia universal".

Pregúntate cuántas veces te detienes a apreciar y agradecer por estar en este mundo, por tener salud, por contar personas a tu alrededor que te estiman, por haber tenido la oportunidad siquiera de tener sueños e ilusiones. Ese es el nivel al que podemos remontar nuestro sentido de gratitud, no porque yo lo diga en estas líneas, sino porque, además, responde a la realidad.

LA GRATITUD: EL ESTADO DE LA FELICIDAD

Aunque en el pasado la gratitud ha sido descuidada por la psicología, posiblemente por haber estado más centrada en la comprensión de sentimientos desagradables, con la llegada de la psicología positiva la gratitud ha pasado a formar parte del estudio de la psicología convencional. Múltiples estudios han demostrado la correlación entre la gratitud y el aumento de la sensación de bienestar, no solo para el individuo, sino para todas las personas en su entorno. La psicóloga Bárbara Fredrickson nos muestra cómo la gratitud fomenta la expresión de sentimientos de amor y de bondad, en su ensayo descrito también en *The Psychology of Gratitude*.

En un estudio de gratitud realizado por Emmons y su colega Mike McCullough, se eligieron tres grupos de personas al azar, a quienes les encomendaron tareas diferentes. Todos debían llevar un diario semanal: el primero tenía que escribir las cosas por las que sentían agradecimiento, el segundo explicar todo aquello que les desagradaba y el último hacer un seguimiento de los eventos neutrales. Luego de diez semanas, los participantes del grupo de gratitud se sintieron un 25 por ciento mejor que los otros dos grupos, mostraron menos problemas de salud y un promedio de 1,5 horas más en su rendimiento.

En los estudios realizados por la psicología positiva se encuentran abundantes referencias a la correlación entre la gratitud y la felicidad, dado que somos seres sociales. En el fondo, la gratitud no se trata de una relación cuantitativa (cuántas veces das las gracias al día), sino cualitativa (con qué intención, con qué emoción). Incluso, tiene efectos sanadores en tu cuerpo y en tu espíritu, en tus relaciones y en los círculos concéntricos que ese agradecimiento genera en todas las personas con las que te relacionas.

Martin Seligman, uno de los principales exponentes de esta disciplina, caracteriza 24 tipos de fortalezas o virtudes en el ser humano. Para hacerlas más asequibles, las agrupa en 6 categorías. Una es la trascendencia, que está directamente ligada al sentido de la vida y que, de manera muy particular, destaca la gratitud como valor fundamental.

Por el contrario, la falta de gratitud se posiciona como un marcador de apatía y depresión. En Cuba, quizás en otros países también, para referirse a una mala persona, la califican de "desconsiderada", que podríamos traducir por desagradecida.

➡ REFLEXIONA Y ACTÚA.

Trae a tu mente algún favor recibido en los últimos meses que agradeces, pero del que quedaste pendiente de dar las gracias. Toma el teléfono o escríbele a esa persona agradeciéndole. Recibir y no agradecer es como que te den un regalo y no desenvolverlo.

Haz, además, una lista de 5 aspectos positivos en tu vida en este instante. Agradece con el corazón y no solo con la mente.

LA ABUNDANCIA DE FLUIR SIN ESFUERZO

> La vida no te ocurre, recibes todo en tu vida basado
> en lo que has dado.
>
> —RHONDA BYRNE, *El Secreto*.

...Y todo lo que das no solo se expresa de manera material, también incluye tus pensamientos, emociones e intenciones. En otras palabras, si te cuesta agradecer, piensa si de verdad estás y te sientes agradecido.

Rhonda Byrne, en su libro *El Secreto*, asegura que "La ley de la atracción es la ley de la naturaleza. Recibe tus pensamientos y los refleja en la forma de experiencias en tu vida. Sencillamente, te da aquello en lo que estás pensando". Y hay que añadir: "Vibrando en tu campo electromagnético". Supongo que has visto, en un momento u otro de tu vida, una película deliciosa llamada *Forrest Gump*. Pues bien, el personaje encarnado por Tom Hanks, es un claro ejemplo de hasta dónde puede la virtud de la gratitud obrar milagros en la vida.

Forrest es un personaje despreocupado, agradecido a más no poder. Relata las ricas experiencias de una vida plena, a pesar de contar con un coeficiente intelectual limitado, y destaca por dones extraordinarios como ser genuino, llano y hasta podríamos decir que simple. La gratitud que derrocha en sus relaciones hace que su relato sea tan fantástico como envidiable. Al menos en la película es envidiado por muchos y, en especial, por el Capitán Dan, su antítesis de persona dadas sus expectativas prefiguradas y rígidas.

Sin dudas, Forrest accede al triunfo económico, al reconocimiento de sus amistades y el resto de las personas con las que se relaciona, al éxito deportivo, e incluso aparece en la resolución del caso Watergate y prefigura el lema *shit happens*, entre sus tantas historias de éxito. Es el vivo ejemplo de la abundancia sin esfuerzo. Su vida fluye y se expande gracias a su estado elevado, desapegado de las trampas del ego y en conexión estrecha con la ingenuidad sabia de su esencia, esa donde reside la plena fe en el Universo y en Dios. Recordemos lo descrito en el capítulo sobre la pasión: ¡la intención no es algo que la persona hace, sino una fuerza que existe en el Universo como campo de energía invisible!

Sin duda, Forrest es una persona genuinamente agradecida, para algunos quizás "ingenuamente agradecida", abierta a lo que la vida le ofrece. Y la tesis que interpretó en el guion es que, cuanto más aspiras sin gratitud, menos alcanzas; y si tienes una actitud abierta y agradecida, la vida te bendecirá. Es allí en donde la verdadera abundancia se manifiesta.

Está bien, es solo una película, pero ¿cuántas veces no vemos ejemplos de ese mismo antagonismo? Si tuviéramos que quedarnos con un solo elemento de dicho personaje, seguramente sería su abundancia de vida, la riqueza de sus experiencias y lo agradecido que se sentía por cada etapa de su existencia.

Es decir, imagina que nuestro personaje, además, tuviera un elevado nivel de consciencia sobre el poder de la gratitud. Algo similar a lo que le ocurre al propio capitán Dan, al darse cuenta de que la actitud que había mantenido en su vida no le llevaba más que a la amargura. Es precisamente en esa relación con Forrest que acaba por hacer un "¡Ajá!" del que obtiene un nuevo rumbo para su existencia.

Para acceder a la abundancia no es que exista una fórmula mágica, pero, sin duda alguna, ser y hacer desde un estado de gratitud nos acerca a ella. Vivir en estado *mindful* implica desempañar nuestra mente. Nos desapegamos de

GRATITUD 303

nuestro ego y viajamos a nuestra alma para conectar con emociones elevadas, siendo la gratitud una de las más profundas. Es allí, en nuestra esencia, en ese espacio libre de prejuicios y de cualquiera de las tantas ataduras que habitan nuestra mente, desde donde podemos acceder al amor genuino, a la paz, a la serenidad, a alterar nuestra fisiología y nuestro campo energético y hacer que cosas maravillosas sucedan y lleguen a nuestra vida.

VISIÓN CLARA (ESTADO MINDFUL) **+** **EMOCIÓN ELEVADA** (GRATITUD) **=** RESULTADO ELEVADO/ABUNDANCIA

Sé que no es un camino fácil, pues requiere voluntad, intención y trabajo diario. En mi experiencia, el recorrido hacia la gratitud pasa por hacer varias paradas. Ante cualquier situación difícil o limitante, detente, reflexiona, acepta, perdona/te, agradece y ¡sonríe! Al hacer de esta secuencia un hábito (como un mantra), tendrás gran parte del éxito asegurado.

INTENCIÓN, PRESENTE Y FUTURO

> Cuando usas la gratitud como herramienta, ya no buscas que suceda algo porque sientes que ya está sucediendo. Estás atrapado en la energía de tu futuro.
>
> —Dr. Joe Dispenza

Para poner en un contexto más científico lo que describí antes, quisiera que nos paseemos por la teoría y la muy rigurosa práctica del Dr. Joe Dispenza. Este planteó que, en esencia, existen dos círculos: uno vicioso y otro virtuoso, y que la falta de gratitud o su abundancia juegan un papel crucial en ellos.

Las personas que viven en un estado de falta de agradecimiento destilan frustración, rabia y disgusto en general, y culpan a otros o a sí mismos de su falta de felicidad. Para ellos, cualquier tiempo pasado o situación alternativa es mejor. Más allá de que dichas emociones no generan felicidad, predisponen a la persona a mirar continuamente hacia el pasado, pues su experiencia presente la inhibe de pensar en un futuro más feliz, más pleno, más abundante. La consecuencia es que las emociones que se generan en esa dinámica pueden llevar al individuo a estados de depresión que, de ser prolongados, muchas veces terminan somatizando en enfermedades como el cáncer, las crisis cardiovasculares u otros desarreglos en la salud.

Por el contrario, su propuesta se basa en que nuestro cerebro no puede diferenciar entre la percepción de una sensación de plenitud real y una imaginaria. Por lo tanto, si somos capaces de ilusionarnos por un futuro en el que tendremos mucho que agradecer, necesariamente el cerebro percibirá esa emoción y las hormonas que se producen consecuentemente, como si estuvieran generadas por una situación del presente.

Entrando en ese círculo virtuoso con plenitud y sentido de agradecimiento podremos, incluso, sanar nuestro cuerpo, más allá de servir a nuestro bienestar emocional presente. Y si nuestro futuro imaginado es tan real —a los efectos de las emociones generadas— como nuestra realidad presente, podremos atraer a través del agradecimiento el estado de felicidad que todos los seres humanos ansiamos. Cuando la sensación de agrado y de disfrute nos arropa, la gratitud aflora de manera natural. La gratitud pasa entonces a ser la firma (o manifestación) emocional de algo que ya ha sucedido, al menos, en nuestra mente. El cerebro es el maestro del engaño y, gracias a Dios, es muy fácil engañarlo. Desde lo que llamo el preciado aprecio, desarrollamos la visión de futuro en presente continuo, en el gozo del corazón expandido.

GRATITUD Y MERECIMIENTO

Sin embargo, no siempre sabemos recibir, y la gratitud es el estado máximo de recibir. Para recibir necesitamos humildad, no fingida, sino real, sentida, elevada. Cuántas personas a nuestro alrededor, quizás nosotros mismos, no saben recibir a los que nos quieren hacer el bien, se empeñan en desdeñar los esfuerzos gratuitos de quienes nos aprecian. En definitiva, tenemos un concepto deformado de nuestra propia realidad. No acabamos de creer que necesitamos recibir, y quien recibe debe siempre agradecer. No me lo niegues, es difícil recibir de manera auténtica, y ser agradecido, porque en el fondo seguimos pensando que ese servicio, don, detalle o regalo, lo merecemos. Entre más cercano es el vínculo, más frecuente es que se dé por sentado el merecer algo de esa persona.

Guardemos de Dispenza lo esencial: cuando una persona proyecta una intención clara de su futuro desde la certeza de que el Universo conspira a su favor, abre su corazón y siente la emoción positiva de ese futuro visualizado en el momento presente. Como el cerebro no distingue entre la experiencia real y la virtual, el cuerpo estará sujeto a esa mente subjetiva (que es la que está generando la emoción) y sentirá que realmente *está* en ese futuro. Es como colapsar los tiempos y traer al futuro dentro de nuestro cuerpo, corazón y mente y sentirlo ya realizado, ya manifestado, ya real.

Voy a elaborar un ejemplo que, además, es un patrón universal: la adolescencia displicente. Me explico: ¿conoces algún adolescente que no sea contestatario, particularmente con sus padres? Los adolescentes, por supuesto, aman a sus padres, pero a su vez los culpan, se distancian, los ignoran cuando menos. La razón es natural, el adolescente está tan convencido subjetivamente de sus méritos y suficiencia, como ignorante de su propio estadio de construcción personal. Nosotros ya pasamos por la adolescencia, aunque a veces nos comportamos con respecto al agradecimiento como los adolescentes con sus progenitores. No hay padre o madre perfecto, pero la gran mayoría de ellos ama de manera plena y merece agradecimiento. Así pues, cuando no agradeces de corazón no pienses que eres un fracaso: tan solo padeces el síndrome del adolescente y te estás mirando en tu propio universo más de lo necesario. Te has desconectado del archipiélago humano para convertirte en isla.

LA FRECUENCIA DE LA GRATITUD

> El agradecimiento es la memoria del corazón.
>
> —Lao Tse

Investigaciones del Heartmath Institute demuestran que el campo electromagnético del corazón se extiende alrededor del cuerpo entre dos y cuatro metros. Es decir, todos los que nos rodean reciben la información energética contenida en nuestro corazón. Está demostrado que cuando el ser humano utiliza el cerebro del corazón, crea un estado de coherencia biológico, todo se armoniza y funciona correctamente. Ambos lóbulos del cerebro se integran. Es una inteligencia superior que se activa a través de las emociones positivas. Cuando logramos esa sincronía entre corazón y cerebro, sentimos el fluir correcto de la energía.

Una forma efectiva de elevar el bienestar mental, emocional, físico y espiritual es invocar y mantener la apreciación sincera. Esto significa valorar y agradecer de manera genuina cuanto tenemos y sucede en nuestra vida. Cuanto mayor sea tu capacidad de apreciación sincera, más profunda será la conexión con tu corazón, lugar donde residen la intuición, la inspiración y las posibilidades ilimitadas.

Según el Centro de Investigación de Consciencia de la Atención Integral de la UCLA (Mindfulness Awareness Research Center), expresar gratitud impacta directamente en la estructura molecular del cerebro y en nuestro sistema nervioso central. Los psicólogos descubrieron que los cambios significativos producto de la gratitud comenzaban en el cerebro.

La gratitud promueve el funcionamiento óptimo de la materia gris, mejora nuestra salud y nos permite experimentar estados plenos de felicidad. Vivir desde el estado de gratitud nos permite fluir y reaccionar ante las circunstancias de manera serena y proactiva.

En otro estudio sobre la gratitud se tomó como muestra a un grupo de adultos que sufrían trastornos neuromusculares congénitos, la mayoría de ellos el síndrome pospolio. Se les pidió que anotaran todas las noches las cosas por las que estaban agradecidos. Los participantes que expresaron gratitud sintieron mayor energía al despertar y mayor conexión con las demás personas, a diferencia de aquellos que no hicieron el ejercicio.

La gratitud fomenta la liberación de dopamina, conocida por todos como la hormona del placer. Gregg Braden, autor de *bestsellers* del *New York Times*, orador de renombre internacional y miembro del Comité Directivo de la Iniciativa de Coherencia Global HeartMath, habla de la gratitud como un estado cerebral superior que libera un neurotransmisor autogratificante que nos hace sentir bien. También asegura la evidencia reciente de estudios de imágenes cerebrales que el "centro de recompensa" del cerebro se ilumina cuando nos sentimos agradecidos. Entonces, no solo ser agradecidos es de bien nacidos, sino que es también de bien crecidos. Agradecer a diario es una práctica de nuestra madurez espiritual y consciente.

MEDITACIÓN Y EMOCIÓN ELEVADA

Están demostrados científicamente los efectos de la meditación en el cerebro humano y sus beneficios en el estado mental, emocional y corporal. Las investigaciones sobre el ser humano y su relación con el mundo avanzan de manera veloz, sobre todo aquellas que tienen que ver con el cerebro y sus estados.

Al principio se hablaba de cinco estados básicos:

Delta: (0-1.4 Hz) Ondas cerebrales lentas, asociadas a estados de sueño curativo y restauración.

Theta: (4- 8 Hz) Ondas cerebrales un poco más rápidas, asociadas con soñar despierto. Nos permite sentir emociones profundas.

Alpha: (8-14 Hz) Relajación profunda. Puente entre el pensamiento consciente y la mente inconsciente.

Beta: (14-30 Hz) Vigilia, pensamiento consciente.

Gamma: (30-50 Hz) Tareas de procesamiento más altas (aprendizaje, memoria y procesamiento de información).

En un estudio realizado con monjes tibetanos, se descubrió que estos podían alcanzar una frecuencia cerebral por encima de la gamma, llamada lambda, con ondas por encima de los 200 ciclos; pero también que podían alcanzar un nivel de profunda relajación y estado de consciencia elevado con ondas por debajo de los 0.5 Hz (imperceptibles para algunos equipos de encefalogramas). Lo curioso del descubrimiento es que muestra que ambos extremos de ondas conducen a un mismo estado de profunda consciencia, gracias a conectar con sentimientos elevados como la apreciación y la gratitud. Esos son los estados que personalmente llamo "el sagrado aprecio por lo eterno en el ser que somos".

> **Muchas personas se enferman porque no tienen amor, solo tienen dolor y frustración.**
>
> —David R. Hawkins

Retomando lo que vimos en el capítulo anterior con relación a los niveles de consciencia, el Dr. David R. Hawkins descubrió que la gratitud / aprecio se calibra en 500 en la escala de 0 a 1,000. Como puedes ver en su tabla, estas emociones están en el mismo estadio que el amor incondicional. A su vez, estos se relacionan con la sincronía y los resultados extraordinarios.

NIVELES DE CONSCIENCIA

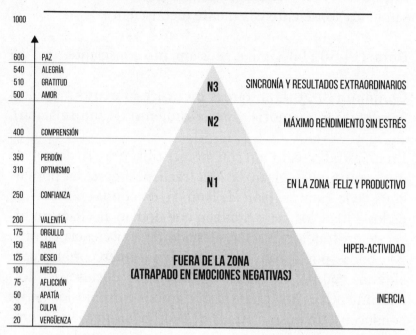

Fuente: David Hawkins

¿Aún eres de los que creen que la felicidad está afuera? El cuerpo humano está diseñado para ser autosustentable, tenemos todos los recursos necesarios para ser felices y tener una vida plena y trascendente. Lo único que se nos ha dado que depende de nosotros mismos es el gran poder del discernimiento, pero muchas veces parece que elegimos alejarnos de la felicidad. Es por ello que el autodescubrimiento y el autoconocimiento son de vital importancia para jugar a nuestro favor.

Quiero contarte brevemente la historia de María Grazia Lo Giudice, quien perdió a su esposo y a su único hijo en un accidente aeronáutico. Su actitud y sus decisiones hicieron la diferencia para poder transformar su dolor en gratitud. Vivir en estado de gracia le permitió ser resiliente y dar sentido a su vida, creando un movimiento en Venezuela llamado Juventud Plena, a través del cual ayuda a jóvenes a conectar con su pasión y a vivir la vida al máximo. María Grazia entendió el valor de vivir el presente y agradecer por lo que hay, sin aferrarse a lo que definitivamente no está.

Cada mañana debemos dar las gracias, no solo por las cosas que comienzan, sino también por aquellas que acaban. Desde el ejercicio de la gratitud deliberada reconoceremos y encontraremos el regalo del adiós de cada pérdida o evento doloroso en nuestras vidas. Y ese proceso se completa desde una apertura de mente y corazón, confiando siempre en el bien mayor y en que la vida no nos pasa en contra sino a favor.

En la página de recursos encontrarás un interesante test, desarrollado por Michael McCullough y Robert Emmons con el objetivo de medir tu nivel de gratitud. Recuerda visitar www.fluirparanosufrir.com

---

➤ REFLEXIONA:

¿Vivo desde la gratitud o habitualmente estoy en la queja?

¿Siento que la vida juega a mi favor o, por el contrario, creo que soy víctima de mis "circunstancias"?

¿Me es fácil dar las gracias o, por el contrario, se me pasa a menudo sellar el ciclo de dar y recibir con un "gracias"?

¿Puedo apreciar los pequeños milagros a mi alrededor o siempre estoy esperando que algo grande suceda en mi vida para sentir satisfacción y agradecimiento?

¿Aprecio verdaderamente la presencia de las personas especiales que tengo en mi vida? Hoy es un buen día para conectar con la gratitud y expresarles tu cariño. Solo la práctica puede enseñarle a tu cuerpo una nueva manera de ser y estar en el mundo, desde la gratitud.

➡ DE LA RAZÓN A LA ACCIÓN...:

¿Cómo aplicar ese principio en mi vida?

¿Cuál es mi próxima acción para manifestar este principio?

Haz un listado de al menos 50 cosas por las que debas sentirte agradecida/o a lo largo de tu vida.

Haz un listado de al menos 50 personas a las que debas agradecer algún aporte en tu vida, incluyendo algún aprendizaje por duro que parezca.

Ten un diario de gratitud, haz un hábito del hecho de agradecer.

LAS TRES CLAVES

Para poder aplicar este principio a tu vida, a tu propia realidad, quiero darte tres claves prácticas que serán de mucha utilidad:

Agradece por la mañana y antes de dormir: Por lo que tienes, por lo que eres, por lo que comienza, por lo que termina. Por lo que fue, por lo que no pudo ser. Toma consciencia e *intenciónala* apropiándote de ella en tu corazón.

Llama para decir gracias: Convierte la gratitud en acción.

Haz un favor a alguien: Desarrolla la humildad para servir dentro de ti.

SI NO LO APLICO, ¿QUÉ PRECIO PAGO?

Vivir desapegado de la gratitud nos aleja totalmente de las posibilidades y de vivir una vida plena y con sentido. Nos coloca en una posición de víctima ante la vida, de escasez y estancamiento. Una vida sin gratitud es el reflejo más vívido de la pobreza, de esa que se engendra en el espíritu: la indigencia espiritual. Vale la pena aclarar que la gratitud genuina no es aquella que espera algo. El dar gracias desde el corazón es un acto de amor profundo y desinteresado, un regalo que nos hacemos como fuente de paz y buena salud.

Para no caer en este tipo de conducta, reflexionemos con esta poderosa frase del escritor francés François de La Rochefoucauld: "La gratitud de muchos no es más que la secreta esperanza de recibir beneficios nuevos y mayores".

¿Qué vida estás viviendo? ¿Qué vida quieres vivir? Te invito a cultivar ese espacio dentro de ti y a beber del fruto de la abundancia que allí crece desde un vórtice de amor conectado a una inagotable corriente de bienestar que está siempre disponible ante ti.

La dinámica que ha tomado el mundo parece atraparnos en una suerte de remolino, por lo que es muy fácil sacarnos de nuestro centro y dejarnos llevar por su inercia. Detenernos de vez en cuando, respirar y observar a nuestro alrededor, nos permite apreciar la belleza y la simplicidad que habita en nosotros y la armonía que yace en la esencia de todo cuanto nos rodea. La invitación es a descubrir ese muy sereno océano de paz que, desde la gratitud, fluye dentro de ti, y a visitarlo —sin juzgar— cada vez que te sientas abrumada/o por algún pensamiento o con una sensación de baja energía.

Quiero cerrar este capítulo con algunos versos de
Gratitud, un poema del gran Oliverio Girondo, que refleja
la gratitud hacia lo más simple y esencial de la vida: "(...)
Gracias a los racimos / a la tarde, a la sed / al fervor / a las
arrugas (...) Muchas gracias al humo / a los microbios, / al
despertar / al cuerno / a la belleza, / a la esponja / a la duda
(...) Gracias a lo que nace, / a lo que muere...".

Conclusiones

Leer este libro y haber llegado a su final es solo poder personal en potencia, como toda información útil que se nos revela ante la consciencia. Su gran valor se expresaría si es llevado a la acción, a través de tu muy personal integración de estos principios que pueden guiarte hacia el bienestar, el verdadero éxito y el mejor triunfo en esta vida que es poder mejorarnos como seres humanos. Hoy el mérito de un ser humano no está en su habilidad para memorizar y archivar datos útiles, sino en su capacidad creativa y consciente de crear una visión estratégica de futuro y en la expansión de su liderazgo con resultados medibles y progresivos.

Estos 11 principios que te he explicado son la combinación de un metaprograma holístico de desarrollo integral del ser humano, en un proceso que no acabará hasta que demos nuestro último aliento. El camino del líder bambú es el del aprendiz humilde con mentalidad de principiante y maestría serena, el de perenne estudiante de la escuela de vida para toda la vida.

Este libro nos acompaña en el muy personal camino de encontrar el verdadero concepto de la felicidad, la autorrealización y el tan manoseado "éxito". En medio de todo lo que nos hace vivir como autómatas gracias al programa subconsciente que es resultado de nuestro condicionamiento, este libro es un manifiesto, es un principio y nunca un final, pues el mayor trabajo del ser humano y su gran desafío es el autoconocimiento constante.

Sin valores o principios bien enraizados, la vida nos presenta continuos dilemas frente a los cuales muchas veces seremos capaces de traicionar un principio por satisfacer una necesidad no cubierta. En el estudio del modelo del líder bambú, a través de la integración de estos valores reducimos exponencialmente la posibilidad de traicionar nuestro potencial y nuestra esencia en la búsqueda de la realización del ego en su necesidad de significado, poder y aprobación externa. Y me refiero a disyuntivas de vida que no necesariamente sean una situación de vida o muerte o de supervivencia pura para nosotros o nuestros seres más cercanos. En esto último, podríamos entender que alguien traicione un principio a consciencia por darle de comer a su hijo. Aún en este caso, el ser de principios agotaría todas las opciones antes de saberse traicionando un valor personal.

Isaac Newton dijo: "Llegué más alto y llegué más lejos porque me subí en hombros de gigantes". Esos gigantes para mí no solo son mis múltiples mentores de vida, virtuales y presenciales, sino también los colaboradores del Grupo Cala Enterprises. Sin ellos, esta misión que compartimos de investigar y divulgar todo aquello que nos hace mejores seres humanos no tendría sentido, y no existiría, sobre todo, el impacto que juntos seguimos logrando con cada experiencia, llámese libro, retiro, seminario, viajes de poder, Cala Academy, nuestra aplicación de meditaciones guiadas *EsCala Meditando* o nuestro Influencers Circle.

Gracias a cada uno de los miembros del equipo liderado por Bruno Torres, nuestro CEO y cofundador. Gracias también a Mario Rodríguez, nuestro CFO, a nuestro equipo de creatividad y contenidos, y a nuestras agentes de transformación personal Bertha, Yonaida, Marbelis y Dayana.

Siempre he creído en el poder de la inteligencia colectiva, y honrar me honra. Gracias a Jacques Giraud, director de contenidos de CALA GROUP por su liderazgo y por mantenernos a todos comprometidos en la investigación, la curaduría y el diseño de este libro. Gracias a Juan Pablo Cox, Carol Finlay y Yesmin Sánchez por sus incontables horas de aporte a todos los estudios y contenidos que le dan sustento a nuestra propuesta académica del modelo del líder bambú.

Gracias a mi agente literaria, Alicia González Sterling, y un especial agradecimiento a Silvia Matute, Rita Jaramillo y Larry Downs, de Penguin Random House Grupo Editorial, por acogerme con tanto amor una vez más en esta que ha sido varias veces mi casa editorial. Asimismo, agradezco el trabajo de Indira Pupo, Isaily Pérez, Fernando Ruiz y Marcos Quevedo. Es una delicia encontrar personas de integridad y valores tan altos con los cuales impactar al mundo a través del poder de los libros.

En este universo donde todos, de alguna manera, debemos buscar y encontrar un lugar de aporte y abundancia, nuestra gran premisa es que este sea, cada vez más, un mundo donde la alta consciencia prime por encima de la poderosa y lacerante trilogía de empobrecidos estados de conciencia. Estos principios del líder bambú son el antídoto contra esa empobrecida trinidad de egoísmo, avaricia y apatía.

Si estudiamos y aplicamos estos 11 principios de vida, seremos capaces de cultivar un corazón compasivo y generoso para añadir valor a las personas, y una mente alerta y reflexiva para crear un legado personal que trascienda la muerte de los sentidos. Solo así podremos vivir en las semillas sembradas a nuestro paso por la vida, esas que continuarán germinando aun más allá de nuestra transición.

Como dijo el mítico Steve Jobs: "Las personas que están lo suficientemente locas como para pensar que pueden cambiar al mundo son usualmente quienes lo consiguen". Sin embargo, preferimos que esa aspiración de cambio global y exterior se fundamente en la creación primaria de un sólido imperio interior, que luego te regalará un imperio a tu alrededor. Y aquí nos vemos reflejados en el legado de Mahatma Gandhi cuando nos invitó a *ser* el cambio que queremos *ver* en el mundo. Ese es el llamado que este libro y este autor, junto a su equipo, te hacen. Seamos el cambio en la consciencia que queremos ver en este hermoso planeta.

O creamos excusas o hacemos el cambio, pero no podemos hacer ambas.

En este libro hablamos de principios porque estamos tomándolos de esa referencia externa que es la Pachamama, la naturaleza donde el bambú es el referente. Sin embargo, el gran tesoro en este proceso es beber de estos principios y convertirlos en valores personales que guíen tus decisiones y acciones desde tu corazón y tu mente. Estos principios serán la esencia de tu carácter y talante para usar tus talentos. De entre los 11, siempre habrá algunos que consideres más importantes, y esos son los tres principios que formarán la cúspide de tus valores.

Después de leer este manifiesto: ¿cuáles son los tuyos? Escríbelos aquí en esta misma hoja como valores propios, y ya no solo como principios de un modelo del líder bambú.

Mis valores son:

_____

_____

_____

Liderazgo es influencia, y solo podremos crear una influencia positiva si tenemos una vida congruente y llena de pasión por servir y por añadir valor a otros. Esos valores propios son tu brújula y tu mapa para cocrear un *masterpiece*, una obra maestra de tu historia de vida, trascendiendo el punto de partida y enfocado hacia donde está tu punto de dirección, porque nunca hay una meta final si de expansión y sabiduría hablamos.

Estos principios no son el final sino el comienzo de un viaje que no necesita grandes heroicidades, pero sí una conciencia altruista para cambiar nuestro mundo, autoconociéndonos más para así lograr superarnos. Desde esa superación constante nace tu mayor aporte al mundo, desde la integridad, la humildad y tu corazón generoso y compasivo. Ese es tu legado inmortal. Es el lugar donde vives en otros.

Tener valores y principios nos valoriza más, nos hace ser más valorados y nos permite añadir más valor positivo a otros.

Hagamos el trabajo, porque no hay atajos en el camino de expandir nuestro liderazgo. Lleva práctica, tiempo, presencia y dedicación construir un camino de éxitos que nos permita dejar a otros más exitosos de lo que eran antes de nuestro aporte a sus vidas.

Fue a través de mi gran amiga Norma Díaz que conocí la historia de la estrella de mar, o *starfish*, como le llaman en inglés. Y es una historia originalmente inspirada en una anécdota real de Loren Eiseley en *The Unexpected Universe*.

Un señor va caminando por la costa después del paso de una tormenta, donde habían quedado varadas en la arena miles de estrellas de mar. Mientras el señor camina, ve a lo lejos a un niño agachándose y lanzando al agua desde la costa cosas que no lograba divisar. Al acercarse, ve que el niño está lanzando estrellitas de mar, de una en una, de vuelta al mar.

El hombre le dice al niño que hay miles y miles de estrellas de mar varadas en la costa, y le pregunta: "¿Qué posible diferencia podrías hacer ante la desgracia?".

El niño le responde, con una estrella de mar en la mano a la cual observa con compasión: "Hace la diferencia para esta, que tengo en la mano".

Esa es la urgencia que siento de que cada lector, de uno en uno, cambiando su vida y elevándola en conciencia, haga la diferencia para sí mismo y luego, por ejemplaridad, haga la diferencia hasta donde su área de impacto alcance en este particular momento. Si creces en valores, creces en coherencia, y esa es la base del liderazgo valiente, compasivo y flexible que el mundo hoy necesita.

Hay líderes realistas…, hay líderes optimistas. Y este manifiesto apuesta por líderes que se nutren de la esperanza y la fe de saberse parte de un movimiento que se atreve a accionar para cambiar el mundo, cambiando ellos mismos de adentro hacia afuera.

Mi último llamado a la acción en este libro es a que compartas, si así te nace del corazón, algo de lo que en estas páginas te ha servido e inspirado. Seamos parte de esos agentes de cambio que diseminan luz, paz y amor para generar un mundo más consciente. Si crees en el valor de las palabras para transformar realidades, usa tus palabras y las palabras del libro para generar una cadena de liderazgo *mindful* exponencial global. Acompaña tus trinos o publicaciones en redes sociales con el *hashtag* #Líderbambú, y desde este instante recibe mi infinita gratitud por tu contribución leyendo y promoviendo este manual de vida.

Gracias, desde el fondo de mi corazón, por escuchar esta lectura que muy humildemente ha sido escrita para inspirar, sacudir nuestros cimientos y provocar acción consciente que nos permita cambiar nuestro entorno y así mejorar el mundo. ¡Dios es amor, hágase el milagro!

El secreto del buen vivir es no dejar de sonreír.

Libros consultados por el autor

Para la creación de este libro he consultado y citado múltiples materiales y fuentes.

INTRODUCCIÓN
Mihaly Csikszentmihalyi, *Fluir: una psicología de la felicidad.*
John Heider, *The Tao of Leadership.*
Don Miguel Ruiz, *Los Cuatro Acuerdos.*
Deepak Chopra, *Las 7 leyes espirituales del éxito.*

CAPÍTULO I
Greg Mckeown, *Esencialismo.*
Ray Dalio, *Principles*
Rick Warren, *Liderazgo con propósito: Lecciones de liderazgo basadas en Nehemías.*

CAPÍTULO 2
David Fischman, *Inteligencia Espiritual en la práctica.*
Anthony de Mello, *Caminar sobre las aguas.*
Roberto Juarroz, *Poesía Vertical.*
Lynne McTaggart, *El campo.*

Stella Maris Maruso, *El laboratorio del alma*.
Joe Dispenza, *Deja de ser tú. La mente crea la realidad*.

CAPÍTULO 3
Stuart Wilde, *God's Gladiators*.
Sifu Rama y Adelaida Nieto, *La Fuerza Serena: Chi Kung Shaolin - Voces y Silencios*.
Stella Maris Maruso, *El laboratorio del alma*.
Carlos Castaneda, *Las enseñanzas de Don Juan: una forma Yaqui de conocimiento*.
José Luis Parise, *Los once pasos de la magia*.
Miguel Ruiz, *Los cuatro acuerdos*.

CAPÍTULO 4
José Töpf, *El perdón desde el punto de vista del psicoanálisis*.
Deepak Chopra, *Reinventing the Body, Resurrecting the Soul: How to Create a New You*.
Virginia Satir, *Satir Step by Step: A Guide to Creating Change in Families*.

CAPÍTULO 5
Julia Cameron, *El camino del artista*.
Edward de Bono, *Seis sombreros para pensar*.

CAPÍTULO 6
Wayne Dyer, *El poder de la intención*.
World Economic Forum, *This is what passionate people do differently*.
Entrevista propia realizada a Walter Riso en 2020 publicada en su canal de Youtube, sección dMente Positivo.
Ismael Cala, *Un buen hijo de p…*
Tom Ough, The Telegraph, *Finding your ikigai: the Japanese secret to health and happiness*.

Travis Bradberry, World Economic Forum, *This is what passionate people do differently.*

Jorge Álvarez Camacho, *50 pensamientos poderosos para alcanzar el éxito.*

CAPÍTULO 7

Ken Blanchard y Paul Hersey, *Administración del comportamiento organizacional: Liderazgo situacional.*

CAPÍTULO 8

Peter Diamandis y Steven Kotler, *Bold.*

José Antonio Marina, *Objetivo: Generar talento: Cómo poner en acción la inteligencia.*

CAPÍTULO 9

Marcel Proust, *In Search of Lost Time.*

Edith Henderson Grotberg, *Tapping Your Inner Strength: How to Find the Resilience to Deal with Anything.*

Porter B. Williamson, *General Patton's Principles for Life and Leadership.*

Jacques Giraud, *Súper Resiliente.*

CAPÍTULO 10

John Heider, *The Tao of Leadership.*

David R. Hawkins, *The Map of Consciousness Explained: A Proven Energy Scale to Actualize Your Ultimate Potential.*

Khalil Gibran, *El río y el océano.*

CAPÍTULO 11

David Steindl-Rast, en *The Psychology of Gratitude*, recopilación de ensayos editado por Robert A. Emmons y Michael E. McCullough.

Rhonda Byrne, *El Secreto.*

Joe Dispenza, "You are the creator of your world – Do this one thing to control your mind". Interview with Tom Bilyeu.

David R. Hawkins, *The Map of Consciousness Explained: A Proven Energy Scale to Actualize Your Ultimate Potential*.

Oliverio Girondo, *Persuasión de los días*.

Sobre el autor

Ismael Cala es estratega de vida y desarrollo humano, periodista, autor *bestseller*, filántropo y conferencista internacional. Durante más de cinco años presentó el show *Cala*, en CNN en Español, convirtiéndose en uno de los comunicadores más queridos e influyentes de las Américas. Es el presidente del consorcio empresarial CALA Group y de la Fundación Ismael Cala, y autor de los libros *El poder de escuchar*, *La vida es una piñata*, *El analfabeto emocional*, *Un buen hijo de P...*, *El secreto del bambú* y *Despierta con Cala*, entre otros. Es egresado del Executive Program de la Singularity University en Silicon Valley, California. Es además ganador del premio Personalidad de Iberoamérica 2013 y huésped ilustre de más de una decena de ciudades latinoamericanas. Ismael es el embajador del concepto de "felicidad corporativa" en América Latina, sobre el que ha impartido formaciones en más de 400 empresas de todo el continente. Ha trabajado con grandes maestros como Deepak Chopra y John C. Maxwell, y se ha formado junto a *coaches* como Tony Robbins, Dr. Bruce Lipton. Dr. Joe Dispenza, Robin Sharma, Brian Tracy y Don Miguel Ruiz, entre otros.

Síguelo en

 ismaelcala
 ismaelcala1
 cala